梁啓超 著

飲冰室合集

專集

第十六册

中華書局

飲冰室專集之七十三

中國歷史研究法

自序

中國歷史可讀耶。二十四史兩通鑑九通五紀事本末乃至其他別史雜史等都計不下數萬卷。幼童習焉。白首而不能殫。在昔猶苦之。况於百學待治之今日。學子精力能有幾者。中國歷史可不讀耶。然則此數萬卷者。以之覆瓿。以之當薪。舉凡數千年來我祖宗活動之跡足徵於文獻者。認爲一無價值。而永屏諸人類文化產物之圈外。非惟吾儕爲人子孫者所不忍。抑亦全人類所不許也。旣不可不讀。而又不可讀。其必有若而人焉竭其心力以求善讀之。然後出其所讀者以供人之讀。是故新史之作。可謂我學界今日最迫切之要求也已。近今史學之進步有兩特徵。其一。爲客觀的資料之整理。——疇昔不認爲史蹟者。今則認之。疇昔認爲史蹟者。今或不認。舉從前棄置散佚之跡。鉤稽而比觀之。其夙所因襲者。則重加鑑別。以估定其價值。如此則史學立於「眞」的基礎之上。而推論之功。乃不至枉施也。其二。爲主觀的觀念之革新。——以史爲人類活態之再現。而非其殭跡之展覽。爲全社會之業影。而非一人一家之譜錄。如此。然後歷史與吾儕生活相密接。讀之能親切有味。如此。然後能使讀者領會團體生活之意義。以助成其爲一國民爲一世界人之資格也。歐美近百數十年之史學界。全向於此兩種方嚮以行。今雖僅見其進。未見其止。顧所成就。則旣斐然矣。我國史界浩如煙海之資料。苟無法以整理之耶。則誠如一堆瓦礫。只覺其可厭。苟有法以整理之耶。則如在礦之金。採之不竭。學者任擇治其一部分。皆可以名家。而其所貢獻於世界者皆可以極大。啓超不自揆。蓄志此業。逾二十年。所積叢殘之稿。亦既盈尺。顧不敢自信。遷延不以問諸世。客歲在天津南開大學任課外講演。乃裒理舊業。益以新知。以與同學商榷。一學期終。得中國歷史研究法一卷。凡十萬言。孔子曰『工欲善其事。必先利其器。』吾治史所持之器。大略在是。吾發心殫三四年之力。用此方法以創造一新史。吾之稿本。將悉以各學校之巡迴講演成之。其第二卷爲五千年史勢鳥瞰。以今春在北京清華學校講焉。第三卷以下。以時代爲次。更俟續布也。顧茲事體大。原非一手一足之烈。所能爲力。況學殖淺薄如啓超者。重以講堂匆匆開演。講義隨講隨布。曾未獲稍加覆勘。則其紕繆舛誤矛盾漏略之多。又豈俟論。區區此稿。本宜堅鐍之以俟他日之改定。既而覆思吾研究之結果。雖未必有價值。其或者因吾之研究以引起世人之研究焉。因世人之研究以是正吾之研究焉。則其所得不已多耶。故貿然刊布。而字之曰史稿。孟子曰『取人爲善與人爲善。』吾之此書。非敢有以與人也。將以取諸人而已。願讀者鑒茲微尚。痛予別裁。或糾其大端之謬。或繩其小節之疏。或著論箴駁。或通函誨責。俾得自知其失而自改之。由稿本蛻變以成定本。則片言之錫。皆吾師也。十一年一月十八日啓超自述。

中國歷史研究法

目錄

飲冰室專集之七十三

中國歷史研究法

第一章　史之意義及其範圍

史者何記述人類社會賡續活動之體相校其總成績求得其因果關係以爲現代一般人活動之資鑑者也其專述中國先民之活動供現代中國國民之資鑑者則曰中國史

今宜將此定義分析說明

一　活動之體相　人類爲生存而活動亦爲活動而生存活動休止則人道或幾乎息矣凡活動以能活動者爲體以所活動者爲相史也者綜合彼參與活動之種種體與其活動所表現之種種相而成一有結構的敍述者也是故非活動的事項——例如天象地形等屬於自然界現象者皆非史的範圍反之凡活動的事項——人類情感理智意志所產生者皆活動之相卽皆史的範圍也此所謂相者復可細分爲二一曰活動之產品二曰活動之情態產品者活動之過去相因活動而得此結果者也情態者活動之現在相結果之所從出也產品者譬猶海中生物經無數個體一期間協合之嬗化而產出一珊瑚島此珊瑚島實經種種活動情態而始成而今則既殭矣情態不復可得見凡史蹟皆人類過去活動之殭迹也史家能事乃在將殭迹變爲活化——因其

結果以推得其情態。使過去時代之現在相。再現於今日也。

二　人類社會之賡續活動　不曰「人」之活動而曰「人類社會」之活動者。一個人或一般人之食息生殖爭鬬憶念談話等等。不得謂非活動也。然未必皆爲史蹟。史蹟也者。無論爲一個人獨力所造或一般人協力所造。要之必以社會爲範圍。必其活動力之運用貫注。能影響及於全社會——最少亦及於社會之一部。然後足以當史之成分。質言之。則史也者。人類全體或其大多數之共業所構成。故其性質非單獨的。而社會的也。復次言活動而必申之以「賡續」者。個人之生命極短。人類社會之生命極長。社會常爲螺旋形的向上發展。隱然若懸一目的以爲指歸。此目的地遼遠無垠。一時代之人之所進行。譬猶涉塗萬里者之僅跬一步耳。於是前代之人。恆以其未完之業遺諸後代。後代襲其遺產而繼長增高焉。如是遞遺遞襲。積數千年數萬年。雖到達尚邈無其期。要之與目的地之距離。必日近一日。含生之所以進化。循斯軌也。史也者。則所以敍累代人相續作業之情狀者也。準此以談。則凡人類活動在空際含孤立性。在時際含偶現性斷滅性者。皆非史的範圍。其在空際有周徧性。在時際有連續性者。乃史的範圍也。

三　活動之總成績及其因果關係　活動必有成績。然後可記。不待言矣。然成績云者。非一個人一事業成功失敗之謂。實乃簿錄全社會之作業而計其總和。質言之。卽算總帳也。是故成績有彰顯而易見者。譬猶澍雨降而麥苗茁。烈風過而林木摧。歷史上大聖哲大英雄之出現。大戰爭大革命之經過。是其類也。亦有微細而難見者。譬猶退潮刷江岸而成淤灘。宿茶浸陶壺而留陳漬。雖聰察者猶不之覺。然其所演生之蹟。乃不可磨滅。（佛典謂之「不可思議熏」）一社會一時代之共同心理共同習慣。不能確指其爲何時何人所造。而匹夫匹婦日用飲食之活動皆與有力焉。是其類也。吾所謂總成績者。卽指此兩類之總和也。夫成績者。今所現之果也。然必有昔之成績以爲之因。而今之成績又自爲因。以孕產將來之果。因果相續。如環無端。必尋出其因果關係。然後活動之繼續性。可得而懸解也。然因果關係。至複賾而難理。一果或出數因。一因或產數果。或潛伏而易代乃顯。或反動而別證始明。故史家以爲難焉。

四　現代一般人活動之資鑑。　凡作一書。必先問吾書將以供何等人之讀。然後其書乃如隰之有畔。不致泛濫失歸。且能針對讀者以發生相當之效果。例如資治通鑑。其著書本意。專以供帝王之讀。故凡帝王應有之史的智識無不備。非彼所需則從擯闕。此誠絕好之「皇帝教科書」。而亦士大夫之懷才竭忠以事其上者所宜必讀也。今日之史。其讀者爲何許人耶。既以民治主義立國。人人皆以國民一分子之資格立於國中。又以人類一分子之資格立於世界。共感於過去的智識之萬不可缺。然後史之需求生焉。質言之。今日所需之史。則「國民資治通鑑」或「人類資治通鑑」而已。史家目的。在使國民察知現代之生活與過去未來之生活息息相關。而因以增加生活之興味。睹遺產之豐厚。則歡喜而自壯。念先民辛勤未竟之業。則矍然思所以繼志述事而不敢自暇逸。觀其失敗之跡與夫惡因惡果之遞嬗。則知恥知懼。察吾遺傳性之缺憾而思所以匡矯之也。夫如此然後能將歷史納入現在生活界使生密切之聯鎖。夫如此則史之目的。乃爲社會一般人而作。非爲某權力階級或某智識階級而作。昭昭然也。

今人韋爾思有言。「距今二百年前。世界未有一著述足稱爲史者。」（注一）夫中外古今書籍之以史名者亦多矣。何以謂竟無一史。則今世之史的觀念。有以異於古所云也。我國二千年來史學。視他國爲獨昌。雖然。彼其體例多屬千餘年前學者之所創彼時所需要之史與今不同彼時學問未分科凡百智識皆恃史以爲之記載故史之範圍廣漠無垠積年愈久爲書愈多馴至爲一人畢生精力所不能殫讀吾儕居今日而讀舊史正所謂「披沙揀金往往見寶」離沙無金固也然數斗之沙得金一顆爲事既已甚勞況揀金之術非盡人而能苟誤其塗則取沙棄金在所不免不幸而中國現在歷史的敎育乃正類是吾昔在友家見一八歲學童其父面試以元明兩代帝王世次及在位年數童對客僂數一無漏譌倘此童而以他朝同一之事項質客（我）者客惟有忸怩結舌而已吾既歎異此童之慧敏轉念以如此慧敏之腦而役以此等一無價值之勞動其寃酷乃眞無極也不寧惟是舊史因專供特殊階級誦讀故目的偏重政治而政治又偏重中樞遂致吾儕所認爲極重要之史蹟有時反闕不載試舉其例如巴蜀滇黔諸地自古本爲中華民族文化所未被其次第同化之跡治史者所亟欲聞也而古代史上有兩大役實茲事之關鍵其在巴蜀方面爲戰國時秦司馬錯之定蜀其在滇黔方面爲三國時蜀諸葛亮之平蠻然而史記之敍述前事僅得十一字三國志之敍述後事僅得六十四字（注二）其簡略不太甚耶又如隋唐間佛敎發達其結果令全國思想界及社會情狀生一大變化此共見之事實也然而徧讀隋書新舊唐書此種印象竟絲毫不能印入吾腦也如元明間雜劇小說爲我文學界闢一新紀元亦共見之事實也然而徧讀元史明史此間消息乃竟未透漏一二也又如漢之攘匈奴唐之征突厥皆間接予西方史蹟以莫大之影響明時歐人之「航海覓地熱」其影響之及於我者亦至鉅此參稽彼我年代事實而可見者然而徧讀漢唐明諸史其能導吾以入於此種智識之塗徑者乃甚稀也由此觀之彼舊史者一方面因範圍太濫卷帙浩繁使一般學子望洋而歎一方面又因範圍太狹事實闕略不能予吾儕以圓滿的印象是故今日而欲得

一理想的中國史以供現代中國人之資鑑者非經新史家一番努力焉不可也

（注一）看英人韋爾思 H. G. wells 所著史綱 Cutline of History 初版第二四七葉

（注二）史記敘秦定蜀事。僅秦本紀中有『六年蜀侯煇反司馬錯定之』十一字三國志敍蜀平蠻事。僅後主傳中有『三年春三月丞相亮南征四郡四郡皆平改益州郡爲建寧郡分建寧永昌郡爲雲南郡又分建甯牂牁爲興古郡』凡四十四字。又諸葛亮傳中有『三年春亮率衆南征其秋悉平軍資所出國以富饒』凡二十字。此兩役可謂史上極重要之事實。然正史所紀乃簡略至此使非有戰國策華陽國志等稍補其闕。則此西南徼兩片大地。何以能與中原民族發生關係。吾儕將瞢無所知矣。

今欲成一適合於現代中國人所需要之中國史其重要項目例如。

中華民族是否中國之原住民抑移住民。

中華民族由幾許民族混合而成。其混合醇化之蹟何如。

中華民族最初之活動以中國何部分之地爲本據。何時代發展至某部分。何時代又發展至某部分。最近是否仍進行發展抑已停頓。

外來蠻族——例如匈奴突厥等。其與我共爭此土者凡幾。其來歷何如。其紛爭結果影響於我文化者何如。我文化之影響於彼者又何如。

世界他部分之文化民族——例如印度歐洲等。其與我接觸交通之蹟何如。其影響於我文化者何如。我文化之影響於彼者又何如。

中華民族之政治組織——分治合治交迭推移之蹟何如。

統治異民族及被統治於異民族其成敗之迹何如。

階級制度——貴族平民奴隸之別何時發生何時消滅其影響於政治者何如。

國內各種團體——例如家族團體地方團體宗教團體職業團體等其盛衰興廢何如影響於政治者何如。

民治主義基礎之有無其久不發育之故安在。

法律因革損益之跡何如其效力之及於社會者何如。

經濟基件——衣食住等之狀況自初民時代以迄今日其進化之大勢何如。

農工商業更迭代嬗以占經濟之主位其推移之跡何如。

經濟制度——例如貨幣之使用所有權之保護救濟政策之施行等等其變遷何如其影響於經濟狀況者何如。

人口增殖移轉之狀況何如影響於經濟者何如。

與外國交通後所生經濟之變動何如。

中國語言文字之特質何在其變遷何如其影響於文化者何如。

民族之根本思想何在其各時代思潮蛻變之跡何如。

宗教信仰之情狀及其變遷何如。

文化之繼承及傳播其所用教育方式何如其變遷及得失何如。

哲學文學美術音樂工藝科學等各時代進展之跡何如其價值何如。

各時代所受外國文化之影響何如我文化之曾貢獻或將貢獻於世界者何如。

上所論列不過略舉綱領未云詳盡也要之現代之史必注目於此等事項校其總成績以求其因果然後史之爲物乃與吾儕之生活不生距離而讀史者乃能親切而有味舉要言之則中國史之主的如下。

第一 說明中國民族成立發展之跡而推求其所以能保存盛大之故且察其有無衰敗之徵。

第二 說明歷史上曾活動於中國境內者幾何族我族與他族調和衝突之跡何如其所產結果何如。

第三 說明中國民族所產文化以何爲基本其與世界他部分文化相互之影響何如。

第四 說明中國民族在人類全體上之位置及其特性與其將來對於全人類所應負之責任。

遵斯軌也庶可語於史矣。

第二章 過去之中國史學界

人類曷爲而有史耶曷爲惟人類爲能有史耶人類又曷爲而貴有史耶人類所以優勝於其他生物者以其富於記憶力與模倣性常能貯藏其先世所遺傳之智識與情感成爲一種「業力」以作自己生活基礎而各人在世生活數十年中一方面既承襲所遺傳之智識情感一方面又受同時之人之智識情感所薰染一方面又自濬發其智識情感於是復成爲一種新業力以貽諸後來如是展轉遞增展轉遞蛻而世運乃日進而無極此中關鍵則在先輩常以其所經驗之事實及所推想之事理指導後輩後輩則將其所受之指導應用於實際生

活。而經驗與推想皆次第擴充而增長。此種方法。在高等動物中。已解用之。如犬如猴……等等。常能以己之動作指導或暗示其幼兒。其幼兒亦不怠於記憶與模倣。此固與人類非大有異也。而人類所以優勝者。乃在記憶模倣之能繼續。他種動物之指導暗示。恆及身而止。第一代所指導暗示者。無術以傳至第二第三代。故第二第三代之指導暗示。亦無以加乎其舊。人類不然。先代所指導所暗示。常能以記誦或記錄的形式傳諸後代。歷數百年數千年而不失墜。其所以能遞增遞蛻者皆恃此。此即史之所由起與史之所以爲有用也。

最初之史烏乎起。當人類之漸進而形成一族屬或一部落也。其族部之長老。每當游獵鬥戰之隙暇。或值佳辰令節。輒聚其子姓。三三五五。圍爐藉草。縱談己身或其先代所經之恐怖。所演之武勇……等等。聽者則娓娓忘倦。興會飆舉。其間有格外奇特之情節可歌可泣者。則蟠鏤於聽衆之腦中。湔拔不去。展轉作談料。歷數代而未已。其事蹟遂取得史的性質。所謂『十口相傳爲古』也。史蹟之起原。罔不由是。今世北歐諸優秀民族。如日耳曼人荷蘭人英人等。每當基督誕節。猶有家族團聚徹夜談故事之俗。其近代名著。如熙禮爾之詩。華克拿之劇。多取材於此等傳說。此即初民演史之遺影也。

最初之史用何種體裁以記述耶。據吾儕所臆推。蓋以詩歌。古代文字傳寫甚不便。或且並文字亦未完具。故其對於過去影事之保存。不恃記錄而恃記誦。而最便於記誦者。則韻語也。試觀老聃之談道。孔子之贊易。乃至秦漢間人所造之小學書。皆最喜用韻。彼其時文化程度已極高。猶且如此。古代抑可推矣。四吠陀中之一部分。印度最古之社會史宗教史也。皆用梵歌。此蓋由人類文化漸進之後。其所受之傳說日豐日賾。勢難悉記。思用簡便易誦之法以永其傳。一方面則愛美觀念日益發達。自然有長於文學之人。將傳說之深入人心者。播諸詩歌以應社會之需於是乎有史詩是故遂古傳說可謂爲「不文的」之史其「成文的」史則自史詩始我國史之發展殆亦不能外此公例古詩或删或佚不盡傳於今日但以今存之詩經三百篇論其屬於純粹的史詩體裁者尚多篇例如

玄鳥篇——天命玄鳥降而生商宅殷土芒芒古帝命武湯正域彼四方……

長發篇——洪水芒芒禹敷下土方外大國是疆……有娀方將帝立子生商……玄王桓撥……率履不越……相土烈烈海外有截……武王載旆有虔秉鉞……韋顧既伐昆吾夏桀……

殷武篇——撻彼殷武奮伐荆楚罙入其阻……昔有成湯自彼氐羌莫敢不來享莫敢不來王……

生民篇——厥初生民時維姜嫄……履帝武敏歆……載震載夙載生載育時維后稷……

公劉篇——篤公劉匪居匪康……迺裹餱糧于橐于囊……干戈戚揚爰方啓行……篤公劉于豳斯館涉渭爲亂取厲取鍛止基乃理……

六月篇——六月棲棲戎車既飭……玁狁孔熾我是用急……玁狁匪茹整居焦穫侵鎬及方至于涇陽……薄伐玁狁至于太原文武吉甫萬邦爲憲

此等詩篇殆可指爲中國最初之史玄鳥生民等述商周開國之迹半雜神話殷武六月等鋪敍武功人地粲然觀其詩之內容而時代之先後亦略可推也此等史詩所述之事既饒興趣文章復極優美一般人民咸愛而誦之則相與謳思其先烈而篤念其邦家而所謂「民族心」者遂於茲播殖焉史之最大作用蓋已見端矣

中國於各種學問中惟史學爲最發達史學在世界各國中惟中國爲最發達（二百年前可云如此）其原因何在吾未能斷

言。然史官建置之早與職責之崇或亦其一因也。泰西史官之建置沿革吾未深考。中國則起原確甚古。其在遂古如黃帝之史倉頡沮誦等雖不必深信。然最遲至殷時必已有史官則吾儕從現存金文甲文諸遺蹟中可以證明。吾儕又據尙書國語左傳諸事所稱述確知周代史職已有分科有大史小史內史外史左史右史等名目。又知不惟王朝有史官乃至諸侯之國及卿大夫之家莫不皆有。（注一）又知古代史官實爲一社會之最高學府。其職不徒在作史而已乃兼爲王侯公卿之高等顧問每遇疑難諮以決焉（注二）所以者何。蓋人類本有戀舊之通性。而中國人尤甚故設專司以記錄舊聞認爲國家重要政務之一。既職在記述則凡有關於人事之簿籍皆歸其保存。故史官漸成爲智識之中樞（注三）又古代官人以世其累代襲此業者漸形成國中之學問階級。例如周任史佚之徒。幾於吐辭爲經。先秦第一哲學家老子其職即周之守藏史也。漢魏以降世官之制雖革。而史官之華貴不替所謂「文學侍從之臣」歷代皆妙選人才以充其職每當易姓之後修前代之史則更網羅一時學者不遺餘力故得人往往稱盛焉。三千年史乘常以此等史官之著述爲中心。雖不無流弊（說詳下）然以專才任專職。習慣上法律上皆認爲一種重要事業。故我國史形式上之完備他國殆莫與京也。

（注一）殷周史官人名見於古書者如夏太史終古殷內史向摯。見呂覽先識。周史佚見周書世俘左僖十五周語上。史扃見文選注引六韜。太史辛甲見左襄四。晉語韓非說林。太史周任見論語。左隱六。左史戎夫見周書史記。史角見呂覽當染。史伯見鄭語。內史過見左莊三十二周語上。內史叔興見左僖十六二十八。周語上。內史叔服見左文元。太史儋見史記老子傳。史大弢見莊子則陽。右吾雜舉所記憶者如此。尙未備也。

各國史官可考者。魯有太史。見左昭二。鄭有太史。見左昭元。齊有太史南史。見左襄二十五。楚有左史見左昭十二楚語上。秦趙皆有御史。見史記廉藺傳。薛有傳史見史記孟嘗傳。其人名可考者。如虢有史嚚見晉語二。晉有史趙董狐見左襄三十。楚有倚相見左昭十二。有史皐見左定四。趙有史墨見左昭二十九。右亦雜舉所記。恐尚有遺漏。

（注二）右所舉史官諸名。大半皆應當時公卿之顧問。而古書述其語者。

（注三）衞宏漢儀注云。『漢法天下計書先上太史。副上丞相。』其言信否雖未敢斷。然古制恐是如此。蓋史官爲保管文籍一重要機關也。

古代史官所作史。蓋爲文句極簡之編年體。晉代從汲冢所得之竹書紀年。經學者考定爲戰國時魏史官所記者。即其代表。惜原書今復散佚。不能全覩其眞面目。惟孔子所修春秋。體裁似悉依魯史官之舊。吾儕得藉此以窺見古代所謂正史者其內容爲何如。春秋第一年云。

「元年春王正月。 三月。公及邾儀父盟于蔑。 夏五月。鄭伯克段於鄢。 秋七月。天王使宰咺來歸惠公仲子之賵。 九月。及宋人盟于宿。 冬十有二月。祭伯來。 公子益師卒。」

吾儕以今代的史眼讀之。不能不大詫異。第一。其文句簡短。達於極點。每條最長者不過四十餘字。如定四年云『三月公會劉子晉侯宋公蔡侯衛侯陳子鄭伯許男曹伯莒子邾子頓子胡子滕子薛伯杞伯小邾子齊國夏於召陵侵楚』最短者乃僅一字。如隱八年云『螟』第二。一條紀一事。不相聯屬。絕類村店所用之流水帳簿。每年多則十數條。少則三四條。竹書紀年記夏殷事有數十年乃得一條者又絕無組織。任意斷自某年。皆成起訖。第三。所記僅各國宮廷事。或宮廷間相互之關係。而於社會情形一無所及。第四。天災地變等現象本非歷史事項者。反一一注意詳記。吾儕因此可推知當時之史的觀念。及史的範圍。非惟與今日不同。即與秦漢後亦大有異。又可見當時之史。只能謂之簿錄。不能謂之著述。雖然。世界上正式的年代史。恐不能不推我國史官所記爲最古（注四）竹書紀年起自夏禹距今既四千年卽春秋爲孔子斷代之書亦既當西紀前七二二至四八一年其時歐洲史蹟有年可稽者尙絕稀也此類之史當春秋戰國間各國皆有故孟子稱「晉之乘楚之檮杌魯之春秋」墨子稱「周之春秋燕之春秋宋之春秋」又稱「百國春秋」則其時史書之多略可概見乃自秦火之後蕩然無存司馬遷著書時已無由資其參驗（注五）汲冢幸得碩果旋又壞於宋後之竄亂（注六）而孔子所修又藉以寄其微言大義只能作經讀不能作史讀（注七）於是二千年前爛若繁星之古史竟無一完璧以傳諸今日吁可傷也

（注四）埃及及米梭必達迷亞諸國古史蹟多由後人從各種遺物及雜記錄中推尋而得並非有正式一史書也

（注五）史記秦始皇本紀云『臣請史官非秦紀皆燒之』六國表云『秦焚書諸侯史記尤甚』可知當時各國之史受禍最烈故漢興後詩書百家語多存而諸史則無一也

（注六）竹書紀年來歷別見第三章注十八但今所傳者非原書蓋出宋以後人雜糅竄補淸朱右曾別輯汲冢紀年存眞二卷今人王國維因之更成古本竹書紀年輯校一卷稍復本來面目然所輯僅得四百二十八條以較晉書束晳傳所云十三篇隋書經籍志所云十二卷知其所散佚者多矣

（注七）看今人康有爲孔子改制考春秋筆削大義微言考

同時復有一種近於史類之書其名曰「書」或曰「志」或曰「記」「今六經中之尙書卽屬此類漢書藝文志謂『左史記言右史記事事爲春秋言爲尙書』此種嚴格的分類是否古代所有雖屬疑問要之此類記載必發源甚古觀春秋戰國時人語常引夏志商志周志或周書周記等文可知也此等書蓋錄存古代策命告誓之原文性質頗似檔案又似文選但使非出杜撰自應認爲最可寶之史料蓋不惟篇中所記事實直接有關

於史蹟。卽單詞片語之格言。亦有時代思想之背景在其後也。此類書現存者有尚書二十八篇。（注八）其年代上起堯舜下訖春秋之秦穆。然應否全部認爲正當史料尚屬疑問。此外尚有逸周書若干篇。眞贋參半（注九）然其眞之部分。吾儕應認爲與尚書有同等之價值也。

（注八）據漢人所傳說謂古代書有三千二百四十篇。孔子刪纂之爲百篇。遭秦而亡焉。漢興由伏生傳出二十八篇。共三十三卷。卽所謂今文尚書也。其後孔安國所傳復多十六篇。卽所謂古文尚書也。古文尚書出而復佚焉。此事爲二千年學界一大公案。是否百篇外尚有書。孔子所刪定是否確爲百篇。孔安國之古文尚書爲眞爲僞。皆屬未決之問題。惟有一事則已決定者。今四庫所收之尚書五十八卷。其中有二十五卷爲東晉人所僞造。並非孔安國原本。此則經淸儒閻若璩惠棟輩所考證。久成定讞者也。今將眞本二十八篇篇目列擧如下。其在此目以外諸篇。萬不容誤認爲史料而徵引之也。

堯典第一（今本舜典乃割原本堯典下半而成） 皋陶謨第二（今本益稷乃割原本皋陶謨下半而成） 禹貢第三 甘誓第四 湯誓第五 盤庚第六 高宗肜日第七 西伯戡黎第八 微子第九 牧誓第十 洪範第十一 金縢第十二 大誥第十三 康誥第十四 酒誥第十五 梓材第十六 召誥第十七 洛誥第十八 多士第十九 毋逸第二十 君奭第二十一 多方第二十二 立政第二十三 顧命第二十四（今本康王之誥乃割原本顧命下半而成） 費誓第二十五 呂刑第二十六 文侯之命第二十七 秦誓第二十八

（注九）漢書藝文志載周書七十一篇。原注云『周史記』顏師古注云『今之存者四十五篇矣』今四庫所收有逸周書七十一篇之目具在。文則佚其十篇。現存者爲六十一篇。反多於唐時顏氏所見本矣。以吾度之。今最少應有十一篇爲僞造者。其餘諸篇亦多竄亂。但某篇爲眞某篇爲僞。未能確指。俟他日當爲考證。然此書中一大部分爲古代極有價值之史料。則可斷言也。

春秋尚書二體皆可稱爲古代正史。然此外尚非無史籍焉。蓋文字之用既日廣。疇昔十口相傳者。漸皆著諸竹帛。其種類非一。例如左傳所稱三墳五典八索九丘。莊子所稱金版六弢。孟子所云『於傳有之』。其書今雖皆不傳。然可懸想其中所記。皆前言往行之屬也。汲冢所得古書。有瑣語。有雜書。有穆天子傳。其雜書中。有周食田法。有美人盛姬死事。（穆天子傳及美人盛姬死事。今存。瑣語亦有輯佚本）凡此皆正史以外之記錄。即後世別史雜史之濫觴。計先秦以前此類書當不少。大抵皆經秦火而亡。漢藝文志中各書目。或有一部分屬此類。惜今並此不得見矣。

右三類者。或為形式的官書。或為備忘的隨筆。皆未足以言著述。史學界最初有組織之名著。則春秋戰國間得二書焉。一曰左丘之國語。二曰不知撰人之世本。左丘或稱左丘明。今本左傳共稱為彼所撰。然據史記所稱述。則彼固名丘不名丘明。僅撰國語而未撰左傳。或謂今本左傳乃漢人割裂國語以偽撰。其說當否且勿深論。但國語若既經割裂。則亦必須與左傳合讀。然後左氏之面目得具見也。左氏書之特色。第一。不以一國為中心點。而將當時數個主要的文化國平均敘述。蓋自春秋以降。我族已漸為地方的發展。非從各方面綜合研究。不能得其全相。當時史官之作。大抵皆偏重王室或偏重於其本國。（例如春秋以魯為中心。竹書紀年自周東遷後以晉為中心。三家分晉後以魏為中心）左氏反是。能平均注意於全部。其國語將周魯齊晉鄭楚吳越諸國分篇敘述。無所偏畸。左傳是否原文雖未敢斷。即以今本論之。其溥徧的精神固可見也。第二。其敘述不局於政治。常涉及全社會之各方面。左氏對於一時之典章與大事。固多詳敘。而所謂「瑣語」之一類。亦采擇不遺。故能寫出當時社會之活態。予吾儕以頗明瞭之印象。第三。其敘事有系統。有別裁。確成為一種「組織體的」著述。彼「帳簿式」之春秋。「文選式」之尚書。雖極莊嚴典重。而讀者寡味矣。左氏之書。其斷片的敘事。雖亦不少。然對於重大問題。時復遡原竟委。前後照應。能使讀者相悅以解。此三特色者。皆以前史家所無。劉知幾云。『左氏為書。不遵古法。……然而言事相兼。煩省合理。』（史通載言篇）誠哉然也。故左丘可謂商周以來史界之革命也。又秦漢以降史界不祧之大宗也。左丘舊云孔子弟子。但細讀其書。頗有似三家分晉田氏篡齊以後所追述者。苟非經後人竄亂。則此公著書應在戰國初年。恐不逮事孔子矣。希臘大史家希羅多德生於紀前四八四年。即孔子卒前六年。恰與左氏並世。不朽大業。東西同揆。亦人類史中一佳話也。

世本一書。宋時已佚。然其書爲史記之藍本。則司馬遷嘗自言之。今據諸書所徵引。知其內容篇目。有帝系。有世家。有傳。有譜。有氏姓篇。有居篇。有作篇。帝系世家及氏姓篇。敍王侯及各貴族之系牒也。傳者記名人事狀也。譜者年表之屬。史注所謂旁行斜上之周譜也。居篇則彙紀王侯國邑之宅都焉。作篇則紀各事物之起原焉。（注十）吾儕但觀其篇目。即可知其書與前史大異者兩點。其一。開後此分析的綜合的研究之端緒。彼能將史料縱切橫斷。分別部居。俾讀者得所比較以資推論也。其二。特注重於社會的事項。前史純以政治爲中心。彼乃詳及氏姓居作等事。已頗具文化史的性質也。惜著述者不得其名。原書且久隨灰燼。而不然者。當與左氏同受吾儕尸祝也。

（注十）漢書藝文志著錄世本十五篇。原注云『古史官記黃帝以來迄春秋時諸侯大夫』。漢書司馬遷傳後漢書班彪傳皆言『司馬遷刪據世本等書作史記』。今據世本篇目以校遷書可以知其淵源所自矣。原書宋鄭樵王應麟尙及見其佚當在宋元之交。淸錢大昭孫馮翼洪飴孫秦嘉謨茆泮林張澍各有輯本。茆張二家較精審。

史界太祖。端推司馬遷。遷之年代。後左丘約四百年。此四百年間之中國社會。譬之於水。其猶經百川競流波瀾壯闊以後。乃匯爲湖泊。恬波不揚。民族則由分展而趨統一。政治則革閥族而歸獨裁。學術則倦貢新而思竺舊。而遷之史記。則作於其間。遷之先。既世爲周史官。遷襲父談業。爲漢太史。其學蓋有所受。遷之自言曰。『余所謂述故事整齊其世傳非所謂作也』（太史公自序）然而又曰『考之行事稽其成敗興壞之理……欲以究天人之際通古今之變成一家之言』（報任安書）蓋遷實欲建設一歷史哲學而借事實以爲發明故又引孔子之言以自況謂『載之空言不如見之行事之深切著明』（自序）舊史官紀事實而無目的孔子作春秋時或爲目的而犧牲事實其懷抱深遠之目的而又忠勤於事實者惟遷爲兼之遷書取材於國語世本戰國策楚漢春秋……等以十二本紀十表八書三十世家七十列傳組織而成其本紀以事繫年取則於春秋其八書詳紀政制蛻形於尚書其十表稽牒作譜印範於世本其世家列傳既宗雅記亦采瑣語則國語之遺規也諸體雖非皆遷所自創而遷實集其大成兼綜諸體而調和之使互相補而各盡其用此足徵遷組織力之强而文章技術之妙也班固述劉向揚雄之言謂『遷有良史之材善序事理』（漢書本傳贊）鄭樵謂『自春秋後惟史記擅制作之規模』（通志總序）諒矣其最異於前史者一事曰以人物爲本位故其書廁諸世界著作之林其價値乃頗類布爾達克之英雄傳其年代略相先後（布爾達克後司馬遷約二百年）其文章之佳妙同其影響所被之廣且遠亦略同也後人或能譏彈遷書然遷書固已皋牢百代二千年來所謂正史者莫能越其範圍豈後人創作力不逮古耶抑遷自有其不朽者存也

司馬遷以前無所謂史學也漢書藝文志以史書附於六藝略之春秋家著錄者僅四百二十五篇（其在遷前者僅百九十一篇）及隋書經籍志史部著錄乃驟至一萬六千五百八十五卷數百年間加增四十倍此遷以後史學開放之明效也古者惟史官爲能作史私人作史自孔子始然孔子非史家吾既言之矣司馬遷雖身爲史官而其書實爲私撰觀其傳授淵源出自其外孫楊惲斯可證也（看漢書惲傳）遷書出後續者蠭起見於本書者有褚少孫見於七略者有馮商見於後漢書班彪傳注及史通者有劉向等十六人見於通志者有賈逵其人大率皆非史官也班固

雖嘗爲蘭臺令史然其著漢書實非以史官資格故當時猶以私改史記構罪繫獄焉（看後漢書本傳）至如魚豢孫盛王銓王隱習鑿齒華嶠陳壽袁宏范曄何法盛臧榮緒輩則皆非史官（看史通正史篇）曷爲古代必史官乃能作史而漢以後則否耶世官之制至漢已革前此史官專有之智識今已漸爲社會所公有此其一也文化工具日新著寫傳鈔收藏之法皆加便史料容易蒐集此其二也遷書既美善引起學者研究興味社會靡然向風此其三也自茲以還蔚爲大國兩晉六朝百學蕪穢而治史者獨盛在晉尤著讀隋書經籍志及清丁國鈞之補晉書藝文志可見也故吾常謂晉代玄學之外惟有史學而我國史學界亦以晉爲全盛時代

斷代爲史始於班固劉知幾極推尊此體謂『其包舉一代撰成一書學者尋討易爲其功』（史通六家篇）鄭樵則極詆之謂『善學司馬遷者莫如班彪彪續遷書自孝武至於後漢欲令後人之續己如己之續遷既無衍文又無絕緒……固爲彪之子不能傳其業……斷代爲史無復相因之格……會通之道自此失矣』（通志總序）此兩種反對之批評吾儕蓋祖鄭樵樵從編纂義例上論斷代之失其言既已博深切明（看原文）然遷固兩體之區別在歷史觀念上尤有絕大之意義焉史記以社會全體爲史的中樞故不失爲國民的歷史漢書以下則以帝室爲史的中樞自是而史乃變爲帝王家譜矣夫史之爲狀如流水然抽刀斷之不可得斷今之治史者强分爲古代中世近世猶苦不能得正當標準而況可以一朝代之興亡爲之劃分耶史名而冠以朝代是明告人以我之此書爲某朝代之主人而作也是故南朝不得不謂北爲索虜北朝不得不謂南爲島夷王淩諸葛誕毋丘儉之徒著晉史者勢不能不稱爲賊而雖以私淑孔子自命維持名教之歐陽修其新五代史開宗明義第一句亦不能不對於積年劇盜朱溫其人者大書特書稱爲「太祖神武元聖孝皇帝」也斷代史之根本謬誤在此而今者官書

二十四部，咸率循而莫敢立異，則班固作俑之力，其亦偉矣。

章學誠曰：『遷書一變而爲班氏之斷代，遷書通變化而班氏守繩墨，以示包括也。後世失班史之意，而以紀表志傳同於科舉之程式，官府之簿書，則於記注撰述，兩無所取』。又曰：『紀傳行之千有餘年，學者相承，殆如夏葛冬裘，渴飲饑食，無更易矣。然無別識心裁可以傳世行遠之具……』（文史通義書教篇）此言班書以下，作者皆陳陳相因，無復創作精神，其論至痛切矣。然今所謂二十四史者，其品之良穢，亦至不齊，同在一體裁中，而價值自固有高下。前人比較評騭之論既甚多，所評當否，當由讀者自懸一標準以衡審之，故今不具論。惟有一明顯之分野最當注意者，則唐以前書皆私撰而成於一人之手，唐以後書皆官撰而成於多人之手也。最有名之馬班陳范四史，皆出私撰，前已具陳。即沈約蕭子顯魏收之流，雖身爲史官奉勅編述，然其書什九獨力所成。自唐太宗以後，而此風一變。太宗既以雄才大略，削平天下，又以「右文」自命，思與學者爭席，因欲自作陸機王羲之兩傳贊，乃命史臣別修晉書，書成而舊著十八家俱廢。（看史通正史篇）同時又勅撰梁陳齊周隋五書，皆大開史局，置員猥多，而以貴官領其事。自茲以往，習爲成例，於是著作之業，等於奉公，編述之人，名實乖迕。例如房喬魏徵劉昫托克托宋濂張廷玉等，尸名爲某史撰人，而實則於其書無與也。蓋自唐以後，除李延壽南史北史，歐陽修新五代史之外，其餘諸史，皆在此種條件之下而成立者也。此種官撰合撰之史，其最大流弊，則在著者無責任心。劉知幾傷之曰：『每欲記一事，載一言，皆閣筆相視，含毫不斷，故頭白可期，汗青無日』。又曰：『史官記注，取稟監修，一國三公，適從何在』（史通忤時篇）。既無從負責，則羣相率於不負責，此自然之數矣。坐此之故，則著者之個性湮滅，而其書無復精神。司馬遷忍辱發憤，其目的乃在『成一家之言』，班范諸賢，亦同斯志，故讀其書而著者之思想品格皆見焉。歐陽修新五代史。其價值如何。雖評者異辭。要之固修之面目也。若隋唐宋元明諸史。則如聚羣匠共畫一壁。非復藝術。不過一絕無生命之粉本而已。坐此之故。並史家之技術。亦無所得施。史料之別裁。史筆之運用。雖有名手。亦往往被牽掣而不能行其志。故愈晚出之史。卷帙愈增。而蕪累亦愈甚也。(明史不在此例) 萬斯同有言『治史者。譬如入人之室。始而周其堂寢匽湢焉。繼而知其蓄產禮俗焉。久之其男女少長性質剛柔輕重無不習察。然後可制其家之事也。官修之史。倉卒而成於衆人。不暇擇其材之宜與事之習。是猶招市人而與謀室中之事耳。』(方苞撰萬季野墓表) 此言可謂博深切明。蓋我國古代史學。因置史官而極發達。其近代史學。亦因置史官而漸衰敝。則史官之性質。今有以異於古所云也。

與紀傳體並峙者為編年體。帳簿式之舊編年體。起原最古。既如前述。其內容豐富而有組織之新編年體。舊說以為起於左傳。雖然。以近世學者所考訂。則左氏書原來之組織。殆非如是。故論此體鼻祖。與其謂祖左氏。毋寧謂祖陸賈之楚漢春秋。惜賈書今佚。其眞面目如何。不得確知也。漢獻帝以漢書繁博難讀。詔荀悅要刪之。悅乃撰為漢紀三十卷。此現存新編年體之第一部書也。悅自述謂『列其年月。比其時事。撮要舉凡。存其大體。以副本書。』又謂『省約易習。無妨本書。』語其著作動機。不過節鈔舊書耳。然結構既新。遂成創作。蓋紀傳體之長處在內容繁富。社會各部分情狀。皆可以納入其短處在事蹟分隸淩亂。其年代又重複。勢不可避。劉知幾所謂『同為一事。分為數篇。斷續相離。前後屢出。……又編次同類。不求年月。……故賈誼與屈原同列。曹沫與荊軻並編。』(史通二體篇) 此皆其弊也。漢紀之作。以年繫事。易人物本位為時際本位。學者便焉。悅之後則有張璠袁宏之後漢紀。孫盛之魏春秋。習鑿齒之漢晉春秋。干寶徐廣之晉紀。裴子野之宋略。吳均之齊春秋。何之元之梁典。……

……等（現存者僅荀袁二家）蓋自班固以後。紀傳體旣斷代爲書。故自荀悅以後。編年體亦循其則。每易一姓。紀傳家旣爲作一書。編年家復爲作一紀。而皆繫以朝代之名。斷代施諸紀傳。識者猶譏之。編年效顰。其益可以已矣。宋司馬光毅然矯之。作資治通鑑。以續左傳。上紀戰國。下終五代。（西紀前四〇三至後九五九）千三百六十二年間大事按年紀載。一氣銜接。光本邃於掌故。（觀所著涑水紀聞可見）其別裁之力又甚強。（觀通鑑考異可見）其書斷制有法度。胡三省注而序之曰。『溫公徧閱舊史。旁採小說。抉擿幽隱。薈萃爲書。而修書分屬。漢則劉攽。三國訖於南北朝則劉恕。唐則范祖禹。皆天下選也。歷十九年而成。』其所經緯規制。確爲中古以降一大創作。故至今傳習之盛。與史漢埒。後此朱熹因其書稍加點竄。作通鑑綱目。竊比孔氏之春秋。然終莫能奪也。光書旣訖五代。後人紛紛踵而續之。卒未有能及光者。故吾國史界稱前後兩司馬焉。

善鈔書者可以成創作。荀悅漢紀而後。又見之於宋袁樞之通鑑紀事本末。編年體以年爲經。以事爲緯。使讀者能瞭然於史蹟之時際的關係。此其所長也。然史蹟固有連續性。一事或亘數年或亘百數十年。編年體之紀述。無論若何巧妙。其本質總不能離帳簿式。讀本年所紀之事。其原因在若干年前者。或已忘其來歷。其結果在若干年後者。苦不能得其究竟。非直翻檢爲勞。抑亦寡味矣。樞鈔通鑑。以事爲起訖。千六百餘年之書。約之爲二百三十有九事。其始亦不過感翻檢之苦痛。爲自己研究此書謀一方便耳。及其旣成。則於斯界別闢一蹊徑焉。楊萬里敍之曰。『搴事之成以後於其萌。提事之微以先於其明。其情匿而泄。其故悉而約。』蓋紀傳體以人爲主。編年體以年爲主。而紀事本末體以事爲主。夫欲求史蹟之原因結果以爲鑑往知來之用。非以事爲主不可。故紀事本末體於吾儕之理想的新史最爲相近。抑亦舊史界進化之極軌也。章學誠曰。『本末之爲體。因事命篇。

不爲常格。非深知古今大體。天下經綸。不能網羅隱括。無遺無濫。文省於紀傳。事豁於編年。決斷去取。體圓用神。……在袁氏初無其意。且其學亦未足語此。……但即其成法。沈思冥索。加以神明變化。則古史之原。隱然可見。』〔文史通義書教篇〕其論當矣。樞所述僅局於政治。其於社會他部分之事項。多付闕如。其分目又仍涉瑣碎。未極貫通之能事。然彼本以鈔通鑑爲職志。所述不容出通鑑外。則著書體例宜然。即提要鉤元之功。亦愈後起而愈易致力。未可以吾儕今日之眼光。苛責古人也。樞書出後。明清兩代踵作頗多。然謹嚴精粹。亦未有能及樞者。

紀傳體中有書志一門。蓋導源於尙書。而旨趣在專紀文物制度。此又與吾儕所要求之新史較爲接近者也。然茲事所貴。在會通古今。觀其沿革。各史既斷代爲書。乃發生兩種困難。苟不追敍前代。則源委不明。追敍太多。則繁複取厭。況各史非皆有志。有志之史。其篇目亦互相出入。遇所闕遺。見斯滯矣。於是乎有統括史志之必要。其卓然成一創作以應此要求者。則唐杜佑之通典也。其書『採五經羣史。上自黃帝。至於有唐天寶之末。每事以類相從。舉其始終。歷代沿革廢置。及當時羣士論議得失。靡不條載。附之於事。如人支脈。散綴於體。』〔李翰序文〕此實史志著作之一進化也。其後元馬端臨倣之作文獻通考。雖篇目較繁備。徵引較雜博。然無別識。無通裁。〔章學誠文史通義評彼書語〕僅便繙檢而已。

有通鑑而政事通。有通典而政制通。正史斷代之不便。矯正過半矣。然猶未盡也。梁武帝勅吳均等作通史。上自漢之太初。下終齊室。意欲破除朝代界限。直接遷書。厥意甚盛。但其書久佚。無從批評。劉知幾譏其蕪累。謂『使學者甯習本書。怠窺新錄。』〔史通六家篇〕想或然也。宋鄭樵生左馬千歲之後。奮高掌。邁遠蹠。以作通志。可謂豪傑之士也。其自序抨擊班固以下斷代之弊。語語皆中竅要。淸章學誠益助樵張目。嘗曰『通史之修。其便有六。一曰免重複。二曰　類例。三曰便銓配。四曰平是非。五曰去牴牾。六曰詳鄰事。其長有二。一曰具翦裁。二曰立家法。』又曰『鄭氏通志。卓識名理。獨見別裁。古人不能任其先聲。後代不能出其規範。雖事實無殊舊錄。而諸子之意寓於史裁。』（文史通義釋通篇）其所以推獎者至矣。吾儕固深贊鄭章之論。認通史之修爲不可以已。其於樵之別裁精鑑。亦所心折。雖然。吾儕讀通志一書。除二十略外。竟不能發見其有何等價值。意者仍所謂『甯習本書。怠窺新錄』者耶。樵雖抱宏願。然終是向司馬遷圈中討生活。松柏之下。其草不植。樵之失敗。宜也。然僅二十略。固自足以不朽。史界之有樵。若光芒竟天之一彗星焉。

右所述爲舊目錄家所指紀傳編年紀事本末政書之四體。皆於創作之人加以評騭。而踵效者略焉。二千年來斯學進化軌迹。略可見矣。自餘史部之書。隋書經籍志分爲雜史、霸史、起居注、故事、職官、雜傳、儀注、刑法、目錄、譜牒、地理凡十一門。史通雜述篇臚舉偏記、小錄、逸事、瑣言、郡書、家史、別傳、雜記、地理書、都邑簿凡十種。此後累代著錄門類。皆小異而大同。以吾觀之。可中分爲二大類。一曰供後人著史之原料者。二曰製成局部的史籍者。第一類。並未嘗經錘鍊組織。不過爲照例的或一時的之記錄。備後世作者之蒐採。其在官書。則如起居注、實錄、諭旨、方略之類。儀注、通禮、律例、會典之類。其在私著。則或專紀一地方。如趙岐三輔決錄、潘岳關中記等。或在一地方中復專紀一事類。如陸機建康宮殿記、楊衒之洛陽伽藍記、楊孚交州異物志等。或專紀一時代。如陸賈楚漢春秋、王度二石僞治時事等。或在一時代中專紀一事。如晉修復山陵故事、晉八王故事等。有專紀一類人物者。如劉向列女傳、皇甫謐高士傳等。有紀人物復限於一地方或一年代者。如陳壽益部耆舊傳、謝承會稽先賢傳、袁敬仲正始名士傳等。有專爲一家或一人作傳者。如江統之江氏家傳、范汪之范氏家傳、慧立之慈恩法師傳等。或記載游歷見聞。如郭象述征記。法顯佛國記等。或採錄異聞。作半小說體。如山海經。穆天子傳。飛燕外傳等。或拾遺識小。聊供談噱。如劉義慶世說。裴榮期語林等。凡此皆未嘗以述作自居。惟取供述作者之資料而已。右所舉例皆取諸隋唐兩志其書今存者希

其等二類。則蒐集許多資料。經一番組織之後。確成一著述之體裁。但所敍者專屬於某種事狀。其性質爲局部的。而與正史編年等含有普遍性質者殊科焉。此類之書。發達最早者爲地方史。常璩之華陽國志。其標本也。其流衍爲各省府州縣之方志。次則法制史。如歷代職官表。歷代鹽法志等類。次則宗教或學術史。如佛祖歷代通載明儒學案等類。其餘專明一義。如律歷。金石。目錄……等等。所在多有。然裒然可觀者實稀。蓋我國此類著述。發達尚幼稚也。

史籍既多。則注釋考證。自然踵起。注釋有二。一曰注訓詁。如裴駰。徐野民等之於史記。應劭。如淳等之於漢書。二曰注事實。如裴松之之於三國志。前者於史蹟無甚關係。後者則與本書相輔矣。考證者。所以審定史料之是否正確。實爲史家求徵信之要具。隋書經籍志有劉寶之漢書駁議。姚察之定漢書疑。蓋此類書之最古者。司馬光既寫定通鑑。即自爲考異三十卷。亦著述家之好模範也。大抵考證之業。宋儒始引其緒。劉攽。洪邁輩之書。稍有可觀。至清而大盛。其最著者。如錢大昕之廿二史考異。王鳴盛之十七史商榷。趙翼之廿二史箚記。其他關於一書一篇一事之考證。往往析入豪芒。其作者不可僂指焉。

近代著錄家。多別立史評一門。史評有二。一批評史蹟者。二批評史書者。批評史蹟者。對於歷史上所發生之事項而加以評論。蓋左傳。史記已發其端。後此各正史及通鑑。皆因之。亦有泐爲專篇者。如賈誼過秦論。陸機辨亡

論之類是也。宋明以後。益尙浮議。於是有史論專書。如呂祖謙之東萊博議。張溥之歷代史論等。其末流只以供帖括勦說之資。於史學無與焉。其較有價値者爲王夫之之讀通鑑論宋論。雖然此類書無論若何警拔。總易導讀者入於奮臆空談一路。故善學者弗尙焉。批評史書者。質言之。則所評卽爲歷史硏究法之一部分。而史學所賴以建設也。自有史學以來二千年間。得三人焉。在唐則劉知幾。其學說在史通。在宋則鄭樵。其學說在通志總序及藝文略校讐略圖譜略。在淸則章學誠。其學說在文史通義。知幾之自述曰『史通之爲書也。蓋傷當時載筆之士。其義不純。思欲辨其指歸。殫其體統。其書雖以史爲主。而餘波所及。上窮王道。下掞人倫。……蓋談經者惡聞服杜之嗤。論史者憎言班馬之失。而此書多譏往哲。喜述前非。獲罪於時。固其宜矣』（史通自敘）樵之自述曰『凡著書者。雖采前人之書。必自成一家之言。……臣今總天下之大學術。而條其綱目。名之曰略。凡二十略。百代之憲章。學者之能事。盡於此矣。其五略漢唐諸儒所得而聞。其十五略漢唐之儒所不得而聞也』又曰『夫學術造詣本乎心識。如人入海。一入一深。臣之二十略。皆臣自有所得。不用舊史之文』（通志總序）學誠自述曰『鄭樵有史識而未有史學。曾鞏具史學而不具史法。劉知幾得史法而不得史意。此予文史通義所爲作也』（志隅自序）又曰『拙撰文史通義。中間議論開闢。實有不得已而發揮。爲千古史學闢其榛蕪。然恐驚世駭俗。爲不知己者詬厲』（與汪輝祖書）又曰『吾於史學。自信發凡起例。多爲後世開山。而人乃擬吾於劉知幾。不知劉言史法。吾言史意。劉議館局纂脩。吾議一家著述』（家書二）讀此諸文。可以知三子者之所以自信爲何如。又可知彼輩卓識。不見容於並時之流俗也。竊常論之。劉氏事理縝密。識力銳敏。其勇於懷疑。勤於綜核。王充以來一人而已。其書中疑古惑經諸篇。雖於孔子亦不曲徇。可謂最嚴正的批評態度也。章氏謂其所議僅及館局纂脩。斯固然也。然鑑別史料之法劉氏言之最精非鄭章所能逮也鄭氏之學前段已略致評章氏評之謂『其精要在乎義例蓋一家之言諸子之學識而寓於諸史之規矩』（文史通義釋通篇）又謂『通志例有餘而質不足以副』（與邵二雲書）皆可謂知言然劉章惟有論史學之書而未嘗自著成一史鄭氏則既出所學以與吾人共見而確信彼自有其不朽者存矣章氏生劉鄭之後較其短長以自出機杼自更易為功而彼於學術大原實自有一種融會貫通之特別見地故所論與近代西方之史家言多有冥契惜其所躬自撰述者僅限於方志數種未能為史界闢一新天地耳要之自有左丘司馬遷班固荀悅杜佑司馬光袁樞諸人然後中國始有史自有劉知幾鄭樵章學誠然後中國始有史學矣至其持論多有為吾儕所不敢苟同者則時代使然環境使然未可以居今日而輕謗前輩也

吾草此章將竟對於與吾儕最接近之清代史學界更當置數言前清為一切學術復興之時代獨於史界之著作最為寂寥唐宋去今如彼其遠其文集雜著中所遺史蹟尚纍纍盈望清則舍官書及諛墓文外殆無餘物可以相餉史料之涸乏未有如清者也此其故不難察焉試一檢康雍乾三朝諸文字之獄則知其所以箝吾先民之口而奪之氣者其凶悍為何如其敢於有所論列而倖免於文網者吾見全祖望一人而已（看鮚埼亭集）竊位者壹意摧殘文獻以謀自固今位則成閏矣而已湮已亂之文獻終不可復哀哉耗矣雖然士大夫之聰明才力終不能無所用故壓於此者伸於彼史學之在清代亦非無成績之可言章學誠之卓犖千古前既論之矣此外關於史界尚有數種部分的創作其一如顧祖禹之讀史方輿紀要其書有組織有斷制全書百三十卷一氣呵成為一篇文字以地理形勢為經而緯之以史蹟其善於駕馭史料蓋前人所莫能逮故魏禧稱為『數千百年絕無僅有之書』也其二如顧棟高之春秋大事表將全部左傳拆碎而自立門類以排比之善用其法則於一時代

之史蹟能深入而顯出矣。其三如黃宗羲之明儒學案。實為中國有史學之始。其書有宗旨。有條貫。異乎鈔撮駁雜者。其四如趙翼之廿二史劄記。此書雖與錢大昕王鳴盛之作齊名。（見前）然性質有絕異處。錢王皆為狹義的考證。趙則教吾儕以蒐求抽象的史料之法。昔人言『屬辭比事春秋之教』。趙書蓋最善於比事也。此法自宋洪邁容齋隨筆漸解應用。至趙而其技益進焉。此四家者皆卓然有所建樹。足以自附於述作之林者也。其他又尚有數類書在清代極為發達。（一）表志之補續。自萬斯同著歷代史表後。繼者接踵。各史表志之缺。殆已補綴無遺。且所補常有突過前作者。（二）史文之考證。考證本為清代樸學家專門之業。初則僅用以治經。繼乃並用以治史。此類之書有價值者毋慮百數十種。對於古籍訂譌糾繆。經此一番整理。為吾儕省無限精力。（三）方志之重修。各省府州縣志什九皆有新修本。董其事者皆一時名士。乃至如章學誠輩之所懷抱。皆借此小試焉。故地方史蔚然可觀。為前代所無。（四）年譜之流行。清儒為古代名人作年譜者甚多。大率皆精詣之作。章學誠所謂『一人之史而可以與家史國史一代之史相取證』者也。（五）外史之研究。自魏源徐松等喜談邊徼形事。漸引起研究蒙古史蹟之興味。洪鈞之元史釋文證補。知取材於域外。自此史家範圍益擴大。漸含有世界性矣。凡此皆清代史學之成績也。雖然。清儒所得自效於史學界者而僅如是。固已為史學界之不幸矣。

我國史學根柢之深厚既如彼。故史部書之多亦實可驚。今刺取累代所著錄之部數卷數如下。

漢書藝文志	一一部	四二五篇
隋書經籍志	八一七部	一三二六四卷
舊唐書經籍志	八八四部	一七九四六卷

宋史藝文志	二一四七部	四三一〇九卷
通志藝文略	二三〇一部	三七六一三卷（在圖譜外）
文獻通考經籍考	一〇三六部	二四〇九六卷
明史藝文志	一三一六部	三〇〇五一卷（限於明代人著作）
清四庫書目	二一七四部、	三七〇四九卷（存目合計）

右所著錄者代代散佚。例如隋志之萬三千餘卷。今存者不過十之一二。明志之三萬餘卷。採入四庫者亦不過十之一二。而現存之四庫未收書及四庫編定後續出之書。尚無慮數萬卷要而言之自左丘司馬遷以後。史部書曾箸竹帛者。最少亦應在十萬卷以外。其質之良否如何。暫且勿問。至於其量之豐富。實足令吾儕撟舌矣。此二千年來史學經過之大凡也。

第三章　史之改造

吾生平有屢受窘者一事。每遇青年學子叩吾以治國史宜讀何書。輒沈吟久之而卒不能對。試思吾舍二十四史資治通鑑三通等書外。更何術以應此問。然在今日百學待治之世界。而讀此浩瀚古籍。是否爲青年男女日力之所許。姑且勿論。尤當問費此莫大之日力。其所得者究能幾。吾儕欲知吾祖宗所作事業。是否求之於此而已足。豈惟僅此不足。恐雖徧讀隋唐志明史……等所著錄之十數萬卷。猶之不足也。夫舊史既不可得徧讀。即徧讀之亦不能養吾欲而給吾求。則惟有相率於不讀而已。信如是也。吾恐不及十年而中國史學。將完全被驅出於學問圈外。夫使一國國民而可以無需國史的智識。夫復何言。而不然者。則史之改造。眞目前至急迫之一問題矣。

吾前嘗言著書須問將以供何等人之讀。今請申言此義。古代之史。是否以供人讀。蓋屬疑問。觀孔子欲得諸國史。求之甚艱。而魏史乃瘞諸汲冢中。雖不敢謂其必禁傳讀。要之其目的在珍襲於祕府。而不在廣布於公衆。殆可斷言。後世每朝之史。必易代而始布。故吾儕在今日。尙無淸史可讀。此尤舊史半帶祕密性之一證也。私家之史。自是爲供讀而作。然其心目中之讀者。各各不同。「孔子成春秋而亂臣賊子懼。」春秋蓋以供當時貴族中爲人臣子者之讀也。司馬光資治通鑑。其主目的以供帝王之讀。其副目的以供大小臣僚之讀。則吾旣言之矣。司馬遷史記自言『藏諸名山傳與其人』。蓋將以供後世少數學者之讀也。自餘諸史目的略同。大率其讀者皆求諸祿仕之家與好古績學專門之士。夫著作家必針對讀者以求獲其所希望之效果。故緣讀者不同。而書之精神及其內容組織亦隨而不同。理固然也。讀者在祿仕之家。則其書宜爲專制帝王養成忠順之臣民。讀者在績學專門之士。則其書不妨浩瀚雜博奧衍。以待彼之徐整理而自索解。而在此兩種讀者中。其對於人生日用飲食之常識的史蹟。殊非其所渴需。而一般民衆自發自進的事業。或反爲其所厭忌。質而言之。舊史中無論何體何家。總不離貴族性。其讀客皆限於少數特別階級——或官閥階級。或智識階級。故其效果亦一如其所期。助成國民性之畸形的發達。此二千年史家所不能逃罪也。此類之史。在前代或爲其所甚需要。非此無以保社會之結合均衡。而吾族或早已潰滅。雖然。此種需要。在今日早已過去。而保存之則惟增其毒。在今日惟個性圓滿發達之民。自進而爲種族上地域上職業上之團結互助。夫然後可以生存於世界而求有所貢獻。而歷史其物。卽以養成人類此種性習爲職志。今之史家常常念吾書之讀者與彼遷記光鑑之讀者絕不同倫而矢忠覃精以善爲之地焉其庶可以告無罪於天下也

復次歷史爲死人——古人而作耶爲生人——今人或後人而作耶。據吾儕所見此蓋不成問題。得直答曰爲生人耳。然而舊史家殊不爾爾彼蓋什九爲死人作也。史官之初起實由古代人主欲紀其盛德大業以昭示子孫。故紀事以宮廷爲中心而主旨在隱惡揚善。觀春秋所因魯史之文而可知也。其有良史則善惡畢書於是褒貶成爲史家特權。然無論爲褒爲貶而立言皆以對死人則一也。後世獎厲虛榮之塗術益多墓誌家傳之類汗牛充棟其目的不外爲子孫者欲表揚其已死之祖父而最後榮辱一繫於史。馴至帝者以此爲駕馭臣僚之一利器。試觀明淸以來飾終之典以「宣付史館立傳」爲莫大恩榮至今猶然。則史之作用可推矣。故如魏收市佳傳以驕儕輩袁樞謝曲筆以忤鄉人（看北史收傳宋史樞傳）賢否雖殊而壹皆以陳死人爲鵠。後人評史良穢亦大率以其書對於死人之態度是否公明以爲斷。乃至如各史及各省府縣志對於忠義節孝之搜訪惟恐不備凡此皆求有以對死者也。此類觀念其在國民道德上有何等關係自屬別問題。若就史言史。費天地間無限縑素。乃爲千百年前已朽之骨校短量長果何爲者。夫史蹟爲人類所造吾儕誠不能於人外求史。然所謂「歷史的人格者」別自有其意義與其條件。（此意義與條件當於第七章說明之）史家之職惟在認取此「人格者」與其周遭情狀之相互因果關係而加以說明。若夫一個個過去之古人其位置不過與一幅之畫一坐之建築物相等只能以彼供史之利用而不容以史供其利用。抑甚明矣。是故以生人本位的歷史代死人本位的歷史實史界改造一要義也。

復次史學範圍當重新規定以收縮爲擴充也。學術愈發達則分科愈精密。前此本爲某學附庸而今則蔚然成

一獨立科學者比比然矣。中國古代史外無學。舉凡人類智識之記錄。無不叢納之於史。厥後經二千年分化之結果。各科次第析出。例如天文、歷法、官制、典禮、樂律、刑法等。疇昔認爲史中重要部分。其後則漸漸與史分離矣。今之舊史實以年代記及人物傳之兩種原素糅合而成。然衡以嚴格的理論。則此兩種者實應別爲兩小專科。曰「年代學」。曰「人譜學」——卽「人名辭典學」。而皆可謂在史學範圍以外。若是乎則前表所列若干萬卷之史部書。乃無一部得復稱爲史。若是乎疇昔史學碩大無朋之領土。至是乃如一老大帝國。逐漸瓦解而無復餘。故近代學者或昌言史學無獨立成一科學之資格。論雖過當。不爲無見也。雖然。今之史學則既已獲有新領土。而此所謂新領土實乃在舊領土上而行使新主權。例如天文。自史記天官書迄明史天文志。皆以星座躔度等記載充滿篇幅。此屬於天文學範圍。不宜以入歷史。固也。雖然。就他方面言之。我國人何時發明中星。何時發明置閏。何時發明歲差。乃至恆星行星之辨別。蓋天渾天之論爭。黃道赤道之推步……等等。此正吾國民繼續努力之結果。其活動狀態之表示。則歷史範圍以內之事也。是故天文學爲一事。天文學史又爲一事。例如音樂。各史律歷志及樂書樂志詳述五聲十二律之度數。郊祀鐃歌之曲辭。此當委諸音樂家之專門研究者也。至如漢晉間古雅樂之如何傳授。如何廢絕。六朝南部俚樂之如何興起。隋唐間羌胡之樂譜樂器如何輸入。來自何處。元明間之近代的劇曲如何發展。此正乃歷史範圍以內之事也。是故音樂學爲一事。音樂史又爲一事。推諸百科。莫不皆然。研究中國哲理之內容組織。哲學家所有事也。述哲學思想之淵源及其相互影響遞代變遷。與夫所産之結果。史家所有事也。研究中國之藥劑證治。醫家所有事也。述各時代醫學之發明及進步。史家所有事也。對於一戰爭。研究其地形阨塞機謀進止。以察其勝負之由。兵家所有事也。綜合古今戰役而觀兵器戰術之改良進步。對於關係重大之諸役。尋其起因而推論其及於社會之影響。史家所有事也。各列傳中記各人之籍貫門第傳統等等。譜牒家所有事也。其嘉言懿行。摭之以資矜式。教育家所有事也。觀一時代多數人活動之總趨嚮與夫該時代代表的人物之事業動機及其反響。史家所有事也。由此言之。今後史家。一面宜將其舊領土一一劃歸各科學之專門。使爲自治的發展。勿侵其權限。一面則以總神經系——總政府自居。凡各活動之相。悉攝取而論列之。乃至前此亘古未入版圖之事項——例如吾前章所舉隋唐佛教元明小說等。悉吞納焉以擴吾疆宇。無所讓也。舊史家惟不明此區別。故所記述往往侵入各專門科學之界限。對於該學。終亦語焉不詳。而史文已繁重蕪雜而不可殫讀。不甯惟是。馳騖於此等史外的記述。則將本範圍內應負之職責而遺卻之。徒使學者讀破萬卷。而所欲得之智識。仍茫如捕風。今之作史者。先明乎此。庶可以節精力於史之外。而善用之於史之內矣。

復次。吾儕今日所渴求者。在得一近於客觀性質的歷史。我國人無論治何種學問。皆含有主觀的作用……攙以他項目的。而絕不願爲純客觀的研究。例如文學。歐人自希臘以來。即有「爲文學而治文學」之觀念。我國不然。必曰因文見道。道其目的。而文則其手段也。結果則不誠無物。道與文兩敗而俱傷。惟史亦然。從不肯爲歷史而治歷史。而必侈懸一更高更美之目的——如「明道」「經世」等。一切史蹟。則以供吾目的之芻狗而已。其結果必至强史就我。而史家之信用乃墜地。此惡習起自孔子。而二千年之史。無不播其毒。孔子所修春秋。今日傳世最古之史書也。宋儒謂其「寓褒貶別善惡」。漢儒謂其「微言大義撥亂反正」。兩說孰當。且勿深論。要之孔子作春秋。別有目的。而所記史事。不過借作手段。此無可疑也。坐是之故。春秋在他方面有何等價值。此屬別問題。若作史而宗之則乖莫甚焉。例如二百四十年中魯君之見弒者四，（隱公閔公子般子惡）見逐者一，（昭公）見戕於外者一（桓公）而春秋不見其文。孔子之徒猶云「魯之君臣未嘗相弒」（禮記明堂位文）又如狄滅衞此何等大事因掩齊桓公之恥。則削而不書。（看閔二年穀梁傳『狄滅衞』條下）晉侯傳見周天子。此何等大變因不願暴晉文公之惡則書而變其文。（看僖二十八年『天王狩于河陽』條下左傳及公羊傳）諸如此類徒以有「為親賢諱」之一主觀的目的。遂不惜顛倒事實以就之。又如春秋記杞伯姬事前後凡十餘條。以全部不滿萬七千字之書安能為一婦人分去爾許篇幅。則亦曰借以奬厲貞節而已。其他記載之不實不盡不均類此者尚難悉數。故漢代今文經師謂春秋乃經而非史。吾儕不得不宗信之。蓋春秋而果為史者則豈惟如王安石所譏斷爛朝報。恐其穢乃不減魏收矣。顧最不可解者。孔叟既有爾許微言大義。何妨別著一書。而必淆亂歷史上事實以惑後人。而其義亦隨之而晦也。自爾以後陳陳相因。其宗法孔子愈篤者。其毒亦愈甚。致令吾儕常有「信書不如無書」之歎。如歐陽修之新五代史朱熹之通鑑綱目。其代表也。鄭樵之言曰。『史冊以詳文該事。善惡已章。無待美刺。讀蕭曹之行事。豈不知其忠良。見莽卓之所為。豈不知其凶逆。……而當職之人不知留意於憲章。徒相尚於言語。正猶當家之婦不事饔飧。專鼓脣舌。』（通志總序）此言可謂痛切。夫史之性質與其他學術有異。欲為純客觀的史。是否事實上所能辦到。吾猶未敢言。雖然。吾儕有志史學者。終不可不以此自勉。務持鑑空衡平之態度。極忠實以蒐集史料。極忠實以敘論之。使恰如其本來。當如格林威爾所云『畫我須是我。』當如醫者之解剖。奏刀砉砉。而無所謂惻隱之念擾我心曲也。乃至對本民族偏好溢美之辭。亦當力戒。良史固所以促國民之自覺。然真自覺者決不自欺。欲以自覺覺人者尤不宜相蒙。故吾以為今後作史者。宜於可能的範圍內。裁抑其主觀而忠實於客觀。以史為目的而不以為手段。夫然後有信史有信史然後有良史也。

復次。吾前言人類活動相而注重其情態。夫摹體尙易。描態實難。態也者。從時間方面論。則過而不留。後刹那之態方呈。前刹那之態已失。從空間方面論。則凡人作一態。實其全身心理生理的各部分協同動作之結果。且又與環境爲緣。若僅爲局部的觀察。覩其一而遺其他。則眞態終末由見。試任取一人而描其一日之態。猶覺甚難。而況史也者。積千萬年間千千萬萬生死相續之人。欲觀其繼續不斷之全體協同動作。茲事抑談何容易。史蹟既非可由瞑想虛構。則不能不取資於舊史。然舊史所能爲吾資者。乃如兒童用殘之舊課本。原文本已編輯不精。譌奪滿紙。而復東缺一葉。西缺數行。油汚墨漬。存字無幾。又如電影破片。若干段已完全失卻。前後不相銜接。其存者亦罅漏模糊。不甚可辨。昔顧炎武論春秋戰國兩時代風尙之劇變。而深致歎息於中間百三十三年史文之闕佚。（日知錄卷十三）夫史文闕佚。雖僅此百三十三年。而史蹟之湮亡。則其數量云胡可算。蓋一切史蹟。大半藉舊史而獲傳。然舊史著作之目的。與吾儕今日所需求者多不相應。吾儕所認爲極可寶貴之史料。其爲舊史所擯棄而遂湮沒以終古者。實不知凡幾。吾儕今日乃如欲研究一燹餘之燕城廢殿。從瓦爍堆中搜集斷椽破甓。東拼西補。以推測其本來規制之爲何若。此種事業。備極艱辛。猶且僅一部分有成功希望。一部分或竟無成功希望。又不惟殘缺之部分爲然耳。卽向來公認爲完全美備之史料——例如正史——試以科學的眼光嚴密審查。則其中誤者僞者。又不知凡幾。吾儕今日對於此等史蹟。殆有一大部分須爲之重新估價。而不然者。則吾史乃立於虛幻的基礎之上。而一切研索推論。皆爲枉費。此種事業。其艱辛亦與前等。而所得或且更微末。以上兩種勞作。一曰蒐補的勞作。二曰考證的勞作。皆可謂極不經濟的——勞多而穫少的。雖然。當知近百年來歐洲史學所以革新，純由此等勞作導其先路。吾國史苟不經過此一番爬剔洗鍊，則完善之作，終不可期。今宜專有人焉胼手胝足以耕以畬以待後人之穫。一部分人出莫大之勞費以爲代價，然後他部分人之勞費乃可以永節省。此吾儕今日應有之覺悟也。此兩種勞作之下手方法，皆於第五章專論之，今不先贅。

復次古代著述，大率短句單辭，不相聯屬，恰如下等動物，寸寸斷之，各自成體。此固由當時文字傳寫困難，不得不然。抑亦思想簡單，未加組織之明證也。此例求諸古籍中，如老子，如論語，如易傳，如墨經，莫不皆然。其在史部，則春秋、世本、竹書紀年，皆其類也。厥後左傳、史記等書，當有長篇記載，篇中首尾完具，視昔大進矣。然而以全書論，仍不過百數十篇之文章彙成一帙而已。漢書以下各史，踵效史記；漢紀、通鑑等，踵效左傳。或以一人爲起訖，或以一事爲起訖，要之不免將史蹟縱切橫斷，紀事本末體稍矯此弊，然亦僅以一事爲起訖，事與事之間，不生聯絡。且社會活動狀態，原不僅在區區數件大事，紀事縱極精善，猶是得肉遺血，得骨遺髓也。吾不嘗言歷史爲過去人類活動之再現耶？夫活動而過去，則動物久已消滅，曷爲能使之再現？非極巧妙之技術不爲功也。故眞史當如電影片，其本質爲無數單片，人物逼眞，配景完整，而復前張後張，緊密銜接，成爲一軸，然後射以電光，顯其活態。夫舍單張外，固無軸也。然軸之爲物，卻自成一有組織的個體，而單張不過爲其成分。若任意抽取數片，全沒卻其相互之動相，木然隻影，黏著布端，觀者將卻走矣。惟史亦然，人類活動狀態，其性質爲整個的，爲成套的，爲有生命的，爲有機能的，爲有方向的。故事實之敍錄與考證，不過以樹史之軀幹，而非能盡史之神理。善爲史者之馭事實也，橫的方面，最注意於其背景與其交光，然後甲事實與乙事實之關係明，而整個的不至變爲碎件；縱的方面，最注意於其來因與其去果，然後前事實與後事實之關係明，而成套的不至變爲斷幅。是故不能僅以敍述畢乃事。必也有說明焉。有推論焉。所敍事項雖千差萬別。而各有其湊筍之處。書雖累百萬言。而筋搖脈注。如一結構精悍之短札也。夫如是庶可以語於今日之史矣。而惜乎求諸我國舊史界竟不可得。卽歐美近代著作之林。亦不數數覯也。

今日所需之史。當分爲專門史與普遍史之兩途。專門史如法制史文學史哲學史美術史……等等。普遍史卽一般之文化史也。治專門史者。不惟須有史學的素養。更須有各該專門學的素養。此種事業與其責望諸史學家。毋寧責望諸各該專門學者。而凡治各專門學之人。亦須有兩種覺悟。其一。當思人類無論何種文明。皆須求根柢於歷史。治一學而不深觀其歷史演進之跡。是全然蔑視時間關係。而茲學系統終末由明瞭。其二。當知今日中國學界。已陷於「歷史饑餓」之狀況。吾儕不容不亟圖救濟。歷史上各部分之眞相未明。則全部分之眞相亦終不得見。而欲明各部分之眞相。非用分功的方法深入其中不可。此決非一般史學家所能辦到。而必有待於各學之專門家分擔責任。此吾對於專門史前途之希望也。專門史多數成立。則普遍史較易致力。斯固然矣。雖然。普遍史並非由專門史叢集而成。作普遍史者須別具一種通識。超出各專門事項之外而貫穴乎其間。夫然後甲部分與乙部分之關係見。而整個的文化始得而理會也。是故此種事業。又當與各種專門學異其範圍。而由史學專門家任之。昔自劉知幾以迄萬斯同。皆極言衆手修史之弊。鄭樵章學誠尤矢志向上。以「成一家之言」爲鵠。是皆然矣。雖然。生今日極複雜之社會。而欲恃一手一足之烈。供給國人以歷史的全部智識。雖才什左馬。識伯鄭章。而其事終不可以致。然則當如之何。曰惟有聯合國中有史學興味之學者。各因其性之所嗜與力之所及。爲部分的精密研究。而懸一公趨之目的與公用之研究方法。分途以赴。而合力以成。如是則數

年之後吾儕之理想的新史或可望出現乎黃宗羲之言曰『此非末學一人之事也』（明儒學案發凡語）

第四章　說史料

治玄學者與治神學者或無須資料因其所致力者在瞑想在直覺在信仰不必以客觀公認之事實爲重也治科學者——無論其爲自然科學爲社會科學罔不恃客觀所能得之資料以爲其研究對象而其資料愈簡單愈固定者則其科學之成立也愈易愈反是則愈難天文學所研究之對象其與吾儕距離可謂最遠然而斯學之成爲科學最早且已決定之問題最多者何也其對象之爲物較簡單且以吾儕渺小短促之生命與彼相衡則彼殆可指爲恆存而不壞治此學者第一無資料罣漏之患第二無資料散失之患故成功最易焉次如地質學地文學等其資料雖趨複雜然比較的含固定性質研究亦較易次如生物學等蕃變之態益甚資料之選擇與保存漸難矣又如心理學等其資料雖俯拾卽是無所謂散失與不散失然而無具體的物象可指且其態稍縱卽逝非有極强敏之觀察力不能捉取故學者以爲難焉史學所以至今未能完成一科學者蓋其得資料之道視他學爲獨難史料爲史之組織細胞史料不具或不確則無復史之可言史料者何過去人類思想行事所留之痕跡有證據傳留至今日者也思想行事留痕者本已不多所留之痕又未必皆有史料的價值有價值而留痕者其喪失之也又極易因必有證據然後史料之資格備證據一失則史料卽隨而湮沈而證據散失之塗徑甚多或由有意隱匿例如清廷之自改實錄（詳第五章）或由有意蹂躪例如秦之燒列國史記或由一新著作出而所據之舊資料遂爲所淹沒例如唐修晉書成而舊史十八家俱廢或經一次喪亂而大部分史籍悉淪沒如牛

弘所論書有五厄也。或孤本孤證，散在人間，偶不注意，卽便散亡，斯則爲例甚多，不可確舉矣。要而言之，往古來今之史料，殆如江浪淘沙，滔滔代逝，蓋幸存至今者，殆不逮吾儕所需求之百一也。其幸而存者，又散在各種遺器遺籍中，東鱗西爪，不易尋覓，卽偶尋得一二，而孤證不足以成說，非薈萃而比觀不可，則或費莫大之勤勞而無所獲。其普通公認之史料，又或誤或僞，非經別裁審定，不堪引用。又斯學所函範圍太廣，各人觀察點不同，雖有極佳良現存之史料，苟求之不以其道，或竟熟視無睹也。合以上諸種原因，故史學較諸他種科學，其蒐集資料與選擇資料，實最勞而最難，史學成就獨晚，職此之由。

時代愈遠，則史料遺失愈多，而可徵信者愈少，此常識所同認也。雖然，不能謂近代便多史料，不能謂愈近代之史料卽愈近眞。例如中日甲午戰役，去今三十年也，然吾儕欲求一滿意之史料，求諸記載而不可得，求諸耆獻而不可得，作史者欲爲一翔實透闢之敍述，如通鑑中赤壁淝水兩役之比，抑已非易易。例如二十年前「制錢」爲國家唯一之法幣，「山西票號」管握全國之金融，今則此兩名辭久已逸出吾儕記憶線以外，舉國人能道其陳跡者，殆不多覯也。一二事如此，他事則亦皆然。現代且然，而遠古更無論矣。

孔子有言：『文獻不足故也，足則吾能徵之矣。』不治史學，不知文獻之可貴，與夫文獻散佚之可爲痛惜也。距今約七十年前，美國人有彭加羅夫者 H. H. Bancroft 欲著一加里佛尼省志，竭畢生之力，傾其極富之家資，誓將一切有關係之史料蒐輯完備，然後從事。凡一切文件，自官府公牘下至各公司各家庭之案卷帳簿，願售者不惜重價購之，不願售者展轉借鈔之，復分隊派員諏詢故老，搜其口碑傳說。其書中人物有尚生存者，彼用種種方法巧取其談話及其經歷。如是者若干年，所叢集之資料盈十室。彼乃隨時將其所得者爲科學分類，先製成「長編式」之史稿最後乃進而從事於眞著述若以嚴格的史學論則採集史料之法必如此方爲合理雖然欲作一舊邦之史安能以新造之加里佛尼省爲比例且此種「美國風」的搜集法原亦非他方人所能學步故吾儕今日之於史料只能以抱殘守缺自甘惟旣矢志忠實於史則在此殘缺範圍內當竭吾力所能逮以求備求確斯今日史學之出發點也吾故於此章探索史料之所在且言其求得之之塗徑資省覽焉

得史料之塗徑不外兩種一曰在文字記錄以外者二曰在文字記錄者

（一）在文字記錄以外者　此項史料之性質可略分爲三類曰現存之實蹟曰傳述之口碑曰遺下之古物

（甲）現存之實蹟及口碑　此所謂實蹟指其全部現存者質言之則現代史蹟——現在日日所發生之事實其中有構成史料價値者之一部分也吾儕居常慨歎於過去史料之散亡當知後之視今猶今之視昔吾儕今日不能將其耳聞目見之史實搜輯保存得毋反欲以現代之信史責望諸吾子孫耶所謂現在日日發生之事實有構成史料之價値者何耶例如本年之事若粤桂川湘鄂之戰爭若山東問題日本之提出交涉與我之拒絕若各省議會選舉之醜態若京津間中交銀行擠兌風潮若上海商教聯合會之活動……等凡此等事皆有其來因去果將來在史上確能占有相當之篇幅其資料皆琅琅在吾目前吾輩不速爲收拾以貽諸方來而徒日日欷歔望古遙集奚爲也其漸漸已成陳迹者例如三年前學界之五四運動如四年前之張勳復辟如六年前之洪憲盜國如十年前之辛亥革命如二十年前之戊戌政變拳匪構難如二十五年前之甲午戰役……等等躬親其役或目覩其事之人猶有存者採訪而得其口說此

即口碑性質之史料也。司馬遷作史多用此法。如云『吾如淮陰。淮陰人爲余言……』（淮陰侯列傳贊）如云『吾視郭解狀貌不及中人言語無足採者。』（游俠列傳贊）凡此皆用現存之實蹟或口碑爲史料之例也。

（乙）實蹟之部分的存留者　前項所論爲實蹟之全部。蓋並其能活動之人與所活動之相皆具焉本條所謂實蹟者其人與相皆不可得見矣。所留者僅活動製成品之一種委蛻而已。求諸西洋例如埃及之金字塔及塔中所藏物得此而五六千年前之情狀略可見焉。如意大利之三四名都。文藝復興時代遺物觸目皆是。此普遍實蹟之傳留者也。例如入埃汾河之索士比亞遺宅則此詩聖之環境及其性行宛然在望。登費城之議事堂則美十三州制憲情狀湊會心目。此局部實蹟之傳留者也。凡此者苟有一焉皆爲史家鴻寶。我國人保存古物之念甚薄。故此類實蹟能全者日稀。然亦非絕無。試略舉其例如萬里長城一部分爲秦時遺物。衆所共見也。如始皇所開馳道。參合諸書。尚能察其路線。而二千年來官驛之一部分多因其舊。如漢通西域之南北兩道。雖中間一段淪於沙漠。而其沿襲至今者十尚六七。凡此之類。殆皆非人力所能湮廢。而史家永世之寶也。又如今之北京城。其大部分爲明永樂四年至十八年（西一四〇五至一四二〇）間所造。諸城堞宮殿乃至天壇社稷壇等。皆其遺構。十五世紀之都會。其規模如此其宏壯。而又大段完整以傳至今者。全世界實無此比。此外各地方之城市。年代更古者尚多焉。又如北京彰儀門外之天甯寺塔。實隋開皇時物。觀此可以知六世紀末吾國之建築術爲何如。如山西大同雲岡石窟之佛像。爲北魏太安迄太和間所造。（西四五五至四九九）種類繁多。彫鐫精絕。觀此可以知五世紀時中國彫刻美術之成績。及其與印度希臘藝術之關係。以之與龍門諸造象對照。當時佛教信仰之狀況。亦略可概見。（注一）如北京舊欽天監之元代觀象儀器及地圖等觀之可以見十六世紀中國科學之一斑也(注二)昔司馬遷作孔子世家自言『適魯觀仲尼廟堂車服禮器諸生以時習禮其家低徊留之不能去焉』作史者能多求根據於此等目覩之事物史之最上乘也其實此等史料俯拾卽是吾不必侈語遠者大者請舉吾鄉一小事爲例吾鄉一古屋明中葉吾祖初遷時所建累蠔殼爲牆牆厚二尺餘結構緻密乃勝甎甓至今族之宗嫡居焉卽此亦可見十五六世紀時南部瀕海鄉村之建築與其聚族襲產之規則此甯非一絕好史料耶夫國中實蹟存留若此類者何限惜舊史家除朝廷典章制度及聖賢豪傑言論行事外不認爲史則此等史料棄置不顧宜也今之治史者能一改其眼光知此類遺蹟之可貴而分類調查蒐積之然後用比較統計的方法編成抽象的史料則史之面目一新矣

(注一)龍門佛像雖多而小雲崗諸像高至六七丈者甚多其彫成全幅圖畫者亦不少實吾國佛教美術精華所聚也日本松本文三郎之支那佛教遺物記載甚詳且能言其與印度犍陀羅美術之異同近人蔣希召之遊記第一集所紀亦翔實

(注二)諸器大抵皆元郭守敬所造拳禍時爲德人所掠前年遵威賽條約還我者卽此物也

(丙)已湮之史蹟其全部意外發現者　此爲可遇而不可求之事苟獲其一則裨益於史乃無量其最顯著之例如六十年前意大利拿波里附近所發見之邦渒古城蓋羅馬共和時代爲火山流燄所蓋者距今垂二千年矣自此城發現後意人發掘熱驟盛羅馬城中續得之遺跡相繼不絕而羅馬古史乃起一革命舊史謬誤匡正什九此種意外史料他國罕聞惟我國當民國八年曾在直隸鉅鹿縣發見一古城實宋大觀二年(西一一零八)被黃河淹沒者距今垂九百年矣惜乎國無政而民無學一任遺蹟散佚破壞以盡所留

以資益吾儕者甚希，苟其能全部保存，而加以科學的整理，則吾儕最少可以對於宋代生活狀況得一明確印象，甯非快事。(注三)然吾因此忽涉遐想，以爲數千年來河患如彼其劇，沿舊河道兩岸城邑如鉅鹿之罹厄者或不止一次，不止一處，頗冀他日再有發現焉。若果爾者，望國人稍加注意，毋任其如今度之狼籍也。

(注三)鉅鹿古城，即在今城原址，入地二丈許，知爲大觀二年故墟者，有碑可證也。前年夏秋間，居民掘地，忽睹破屋，且有陶磁等物，持以適市，竟易得錢，漸掘其旁屋，乃櫛比。事聞於骨董商，乃麕集而掘，遺物以善價沽諸外國人者什而八九。今一小部分爲教育部所收得，陳諸午門之歷史博物館，然其細已甚矣。且原有房屋破壞無餘，若政府稍有紀綱，社會稍有智識者，能於初發見時即封存之，古屋之構造，悉勿許毀傷，而盡收其遺物，設一博物館於鉅鹿，斯亦一「小邦渒」矣。惟聞故城大於今城，今已掘兩年，猶未及垣，或者更有所獲。又聞其地掘井須二十丈乃得水源，而入地十丈許，往往遇甃瓦之屬，則安知非大觀二年以前，已經一兩度之淹沒耶。果爾則商周間社會生活狀態，竟從此得意外之發明，未可知也。姑懸此說，以俟後之治科學者。

(丁)原物之寶存或再現者。　古器物爲史料之一部分，盡人所能知也。器物之性質，有能再現者，有不能再現者。其不能再現者，例如繪畫繡織及一般衣服器具等，非繼續珍重收藏，不能保存。在古代未有公衆博物院時，大抵宮廷享祚久長，貴族閥閱不替之國，恆能護傳此等故物之一部分。若如中國之慣經革命，且絕無故家遺族者，雖有存焉寡矣。今存畫最古者極於唐，然已無一幀焉能確辨其眞贋。壁畫如岱廟所塗，號稱唐製，實難徵信。惟最近發見之高昌一壁，稱絕調矣。(注四)紙絹之畫及刻絲畫，上遡七八百年前之宋代而止。至衣服及其他尋常用具，則清乾嘉遺物已極希見，更無論遠昔也。故此類史料在我國可謂極貧乏焉。其能再現者，則如金石陶甎之屬，可以經數千年瘞土中，復出而供吾儕之摩挲。試舉其類：(

一）曰殷周間禮器。漢許愼說文序。言『郡國往往於山川間得鼎彝』。是當時學者中。已有重視之者。而搜集研究。曾無聞焉。至宋代始啓端緒。尋亦中絕。（注五）至清中葉以後而極盛。據諸家所記有文字款識之器。宋代著錄者六百四十三。清代著錄者二千六百三十五。而內府所藏尚不與焉。（注六）此類之器除所鐫文字足補史闕者甚多。當於次條別論外。吾儕觀其數量之多。可以想見當時社會崇尚此物之程度。觀其種類之異。可以想見當時他種器物之配置。觀其質相之純固。可以想見當時鑄冶術之精良。觀其花紋之複雜優美。圖案之新奇淵雅。可以想見當時審美觀念之發達。凡此皆大有造於史學者也。（二）曰兵器。最古者如殷周時之琱戈矢鏃等。最近者如漢晉間弩機等。（三）曰度量衡器。如秦權、秦量、漢建初尺、新莽始建國尺、晉前尺、漢量、漢鍾、漢鈁、漢斛等。制度之沿革可考焉。（四）曰符璽。上自秦虎符。下迄唐宋魚符。又秦漢間璽、印、封泥、之屬。出土者千數。於研究當時兵制官制。多所補助。（五）曰鏡。屬自秦漢至元明。比其年代。觀其款識。可以尋美術思想發展之跡。（六）曰貨幣。上遡周末列國。下迄晚清。條貫而絜校之。蓋與各時代之經濟狀況息息相關也。此六者皆銅器之屬。此外銅製雜器存者尚多。不備舉。銅在諸金屬中比較的能耐久。而冶鑄之起原亦較古。故此類史料之供給稱豐富焉。然金屬器一燬卽亡。故失亦甚易。觀宋器今存者百不一二。可推知也。清潘祖蔭謂古代金屬器在秦、後漢、隋、後周、宋、金。曾經六厄。而隨時沈薶毀棄盜鑄改爲者尚不與焉。（注七）晚近交通大開。國內既無專院以事蒐藏。而胡賈恆以大力負之以走。凡百古物皆次第大去其國。昔之豐富者。今轉涸竭。又不獨銅器爲然矣。（七）曰玉石。古玉鐫文字者少。故難考其年代。然漢以前物傳至今者確不乏。以難毀故也。吾儕研究古玉。亦可以起種種聯想。例如觀其雕紋之美，可知其攻玉之必有利器。觀其流行之盛，可推見古代與產玉區域交通之密。此皆足資史料者也。至石刻研究，則久已成專門之學。自岐陽石鼓李斯刻石，以迄近代，聚其搨片，可汗百牛。其文字內容之足裨史料者幾何，下條論之，茲不先贅。至如觀所刻儒佛兩教所刻之石經，可以想見古人氣力之雄偉。且可比較兩教在社會上所憑藉焉。（注八）又如觀漢代各種石刻畫象，循溯而下，以至魏齊造象，唐昭陵石馬，宋靈巖羅漢，明碧雲刻桷，清圓明雕柱等，比較研究，不啻一部美術變遷史矣。（注九）又如橋柱井闌石闕地莂等類，或可以睹異製，或可以窺殊俗，無一非史家取材之資也。（八）曰陶瓷。吾國以製瓷擅天下，外人至以吾國名名斯物。今存器孔多，派別尤衆，治者別有專家，不復具論。陶器比來出土愈富，間有碎片，範以極奇古之文字，流傳當出三代上。綜此兩物，以觀其遞嬗趨良之蹟，亦我民族藝術的活動之一表徵也。（九）曰瓦專。我族以宅居大平原之故，石材缺乏，則以人造之甎瓦爲建築主要品，故斯物發達最早，且呈種種之進步。今之瓦當專甎，殆成考古一專科矣。（十）曰石層中之石器。茲事在中國舊骨董家曾未留意，晚近地質學漸昌，始稍有從事者。他日研究進步，則有史以前之生活狀態，可以推見也。（注十）

器物本人類活動結果中之一小部分，且其性質已純爲固定的，而古代孑遺之物，又不過此小部分之斷片耳。故以上所舉各項，在史料中不過占次等位置，或對於其價值，故爲誇大，吾無取焉。雖然，善爲史者，固可以舉其所聞所見無一而非史料，豈其於此可寶之故物而遺之。惟史學家所以與骨董家異者，骨董家之研究，貴分析的而深入乎該物之中；史學家之研究，貴概括的而橫通乎該物之外。吾前所論列，已略示其端倪。若循此而更進焉。例如當其研究銅器也。則思古代之中國人何以特精範銅而不能如希臘人之琢石。當其研究瓷器也。則思中古之中國人何以能獨擅窰窯而不能如南歐人之製玻璃。凡此之類。在在歸納諸國民活動狀況中悉心以察其因果。則一切死資料皆變爲活資料矣。凡百皆然。而古物其一端耳。

（注四）周秦間畫壁之風甚盛。（吾別有考證）不知後來何以漸替。今全國傳留者。祇少泰安縣嶽廟兩壁畫「嶽帝出巡圖」。相傳是唐畫。然吾不敢信。卽爾。亦不知經後人塗抹幾次矣。高昌壁畫與燉煌石室遺書同時發現。坊間近有影本。

（注五）宋人專門著錄銅器之書。有宣和博古圖。呂大臨考古圖。無名氏續考古圖。薛尙功鐘鼎款識。王厚之復齋鐘鼎款識。張掄紹興內府古器評。

（注六）此所舉數。據今人王國維所著宋金文著錄表。國朝金文著錄表。但皆兼兵器雜器合計。宋表且兼及秦漢以後器。惟無文字款識者。不在此數。

（注七）潘祖蔭攀古樓彝器款識自序云。『古器自周秦至今。凡有六厄。史記曰。「始皇鑄天下兵器爲金人。」兵者戈戟之屬。器者鼎彝之屬。秦政意在盡天下之銅。必盡括諸器可知。此一厄也。後漢書「董卓更鑄小錢。悉取洛陽及長安鐘虡飛廉銅馬之屬以充鑄焉。」此二厄也。隋書「開皇九年四月毀平陳所得秦漢三大鐘越三大鼓。十一年正月以平陳所得古物多爲禍變。悉命燬之。」此三厄也。五代會要。「周顯德二年九月敕兩京諸道州府銅象器物諸色。限五十日內並須毀廢送官。」此四厄也。大金國志，「海陵正隆三年詔毀平遼宋所得古器。」此五厄也。宋史。「紹興六年斂民間銅器。二十八年出御府銅器千五百事付泉司。」此六厄也……』觀此可想見古器毀壞之一班。四年前歐戰正酣。銅價飛漲。僻邑窮村之銅。悉搜括以輸於外。此間又不知燬去史蹟幾許矣。

（注八）漢熹平。魏正始。唐開成。宋嘉祐。西蜀孟氏。南宋高宗。清乾隆。皆嘗有石經之刻。今惟唐刻存西安府學。清刻存北京國子監。佛教石經至多。最大者爲大房山之雷音洞。共二千三百餘石。作始於隋。竣事於遼。歷七百餘年。實人類繼續活動中之最偉大者也。自餘石經。今人葉昌熾語石卷三卷四。記述頗詳。

（注九）漢人石闕石壁。多爲平面雕刻的畫象。其見於諸家著錄者。都凡九十二種三百二十九石。內出河南者三十石。出四川者四十四石出江蘇者二石出甘肅者一石其餘則皆出山東也以吾所聞知此種石畫今在日本者十九石在法國者十二石在德國者三石在美國者一石近一二年來有無再流出不可知矣能悉集其拓本比較研究實二千年前我國繪畫彫刻之一大觀也

魏齊隋唐造象不可以數計僅龍門一處其可拓者已二千三百餘種矣其中尤有極詭異精工之畫唐昭陵六馬高等原形靈巖之宋雕四十羅漢神采飛動皆吾國石刻不朽之品也歷代石畫概略語石卷五論列得要

（注十）今人章鴻釗著石雅記國內外地質學者研究所得結果極可觀

（戊）實物之模型及圖影　實物之以原形原質傳留至今者最上也然而非可多覯有取其形範以圖之而圖範獲傳於今抑其次也例如漢晉之屋舍竈磑杵臼唐人之服裝髻形樂器及戲劇面具今日何由得見然而有殉葬之陶製明器殊形詭類至夥若能得一標準以定其年代則其時社會狀況髣髴可見也又如唐畫中之屋宇服裝器物及畫中人之儀態必為唐時現狀或更古於唐者宋畫必為宋時現狀或更古於宋者吾儕無論得見眞本或摹本苟能用特殊的觀察恆必有若干稀奇史料可以發見則亦等於間接的目覩矣夫著作家無論若何淹博安能盡見其所欲見之物從影印本中間接復間接以觀其概亦慰情勝無也已

（二）文字記錄的史料　前項所論記錄以外的史料時間空間皆受限制欲作數千年之史而記述又互於社會之全部其必不能不乞靈於記錄明矣然記錄之種類亦甚繁今當分別論列之

（甲）舊史　舊史專以記載史事為職志吾儕應認為正當之史料自無待言雖然等是舊史也因著作年代著作者之性格學識所著書之宗旨體例等種種差別而其所含史料之價值亦隨而不同例如晉書

所以不饜人望者。以其修史年代與本史相隔太遠。而又官局分修無人負責也。魏書所以不饜人望者、以魏收之人格太惡劣。常以曲筆亂事實也。元史所以不饜人望者。以纂修太草率而董其事者又不通蒙古語言文字也。新五代史自負甚高而識者輕之。以其本屬文人弄筆。而又附加以「因文見道」之目的而史蹟乃反非其所甚厝意也。此僅舉正史數部以爲例。其餘編年別史雜史等皆然。持此義以評衡諸史則價值標準其亦什得四五矣。

人物本位之史。既非吾儕所尙。然則諸史中列傳之價值不銳減耶。是又不然。列傳之價值。不在其爲史而在其爲史料。苟史中而非有「各色人等」之列傳者。則吾儕讀史者將惟見各時代中常有若干半人半獸之武夫出沒起伏。聚衆相斫。中間點綴以若干篇塗民耳目之詔令奏議。史之爲史。如是而已。所謂社會。所謂文化。何絲豪之能覩。舊史之作列傳。其本意固非欲以紀社會紀文化也。然人總不能不生活於社會環境之中。既叙人則不能不涉筆以叙及其環境。而吾儕所最渴需之史料。求諸其正筆而不得者。求諸其涉筆而往往得之。此列傳之所爲可貴也、

既如是也。則對於舊史之評價。又當一變。卽以前所評四書言之。例如晉書自劉知幾以下共譏其雜采小說。體例不純。吾儕視之。則何傷者。使各史而皆如陳壽之三國志字字精嚴。筆筆鍾鍊。則苟無裴松之之注。吾儕將失去許多史料矣。例如魏書其穢固也。雖然。一個古人之貞邪貪廉等。雖紀載失實。於我輩何與。於史又何與。只求魏收能將當時社會上大小情態多附其書以傳。則吾所責望於彼者已足。他可勿問也。例如元史猥雜極矣。其中半錄官牘鄙俚一仍原文。然以較北周書之「行文必尙書出語皆左傳」孰爲眞

面目孰爲可據之史料則吾毋寧取元史也是故吾儕若以舊史作史讀則馬班猶不敢妄許遑論餘子若作史料讀則二十四史各有短長略等夷耳若作史讀惟患其不簡嚴簡嚴乃能壹吾趨嚮節吾精力若作史料讀惟患其不雜博雜博乃能擴吾範圍恣吾別擇昔萬斯同作明史稿嘗自言曰『昔人於宋史已病其繁而吾所述倍焉非不知簡之爲貴也吾恐後之人務博而不知所裁故先爲之極使知吾所取者有可損而所不取者必非其事與言之眞』（清國史館斯同傳）吾輩於舊史皆作史稿讀故如斯同書之繁博乃所最歡迎也

既如是也則所謂別史雜史雜傳雜記之屬其價值實與正史無異而時復過之試舉其例吾儕讀尚書史記但覺周武王伐罪弔民之師其文明程度殆爲「超人的」倘非有逸周書克殷世俘諸篇誰復能識『血流漂杵』四字之作何解且吾不嘗言陳壽三國志諸葛亮傳記亮南征事僅得二十字耶然常璩華陽國志則有七百餘字吾儕所以得知茲役始末者賴據書也至如元順帝系出瀛國公淸多爾袞烝其太后此等在舊史中不得不謂爲極大之事然正史曷嘗一語道及欲明眞相非求諸野史焉不可也是故以舊史作史料讀不惟陳壽與魏收可以等夷視司馬遷班固與一不知誰何之人所作半通不通之筆記亦可作等夷視也

（乙）關係史蹟之文件　此等文件在愛惜文獻之國民蒐輯寶存惟力是視例如英之大憲章法之人權宣言美之十三州憲法其原稿今皆珍襲且以供公衆閱覽其餘各時代公私大小之文件稍有價值者靡不羅而庋之試入各地之圖書館博物館櫥中琅琅盈望皆是也烔眼之史家得此則新發明日出焉中

國既無公衆收藏之所，私家所蓄，爲數有限，又復散布不能稽其跡，湮滅抑甚易，且所寶惟在美術品。其有裨史蹟者至微末。今各家著錄墨蹟，大率斷自宋代，再上則唐人寫經之類，然皆以供骨董摩挲而已。故吾國此類史料，其眞屬有用者，恐不過上遡三四百年前物極矣（注十一）。此等史料收羅，當自近代始，其最大宗者，則檔案與函牘也。歷代官署檔案，汗牛充棟，其有關史蹟者，千百中僅一二，而此一二或竟爲他處所絕不能得。檔案性質本極可厭，在平時固已束諸高閣，聽其蠹朽，每經喪亂，輒蕩無復存。舊史紀志兩門，取材什九出檔案，檔案被采入者，則附其書以傳，其被擯汰者，則永永消滅。而去取得當與否，則視乎其人之史識。其極貴重之史料，被史家輕輕一抹而宣告死刑以終古者，殆不知凡幾也。二千年間史料之罹此冤酷者，計復何限，往者不可追矣。其現存者之運命，亦危若朝露。吾三十年前在京師，曾從先輩借觀總理衙門舊檔鈔本千餘冊，其中關於鴉片戰役者，便四五十冊，他案稱是。雖中多極可笑之語，然一部分之事實含在焉，不可誣也。其中尤有清康熙間與俄法往復文件甚多，其時法之元首則路易十四，俄之元首則大彼得也。試思此等文件，在史料上之價值，當居何等。今外交部是否尚有全案，此鈔本尚能否存在，而將來所謂「淸史」者，能否傳其要領於百一，舉在不可知之數。此可見檔案之當設法簡擇保存，所關如是其重也。至於函牘之屬，例如明張居正太岳集及晚清胡曾左李諸集所載，其與當時史蹟關係之重大，又盡人所知矣。善爲史者，於此等資料，斷不肯輕易放過，蓋無論其爲舊史家所已見所未見，而各人眼光不同，彼之所棄，未必不爲我之所取也。

私家之行狀家傳墓文等類，舊史家認爲極重要之史料，吾儕亦未嘗不認之。雖然，其價值不宜夸張太過。

蓋一個人之所謂豐功偉烈嘉言懿行。在吾儕理想的新史中本已不足輕重。況此等虛榮溢美之文。又半非史實耶。故據吾所立標準以衡量史料。則任昉集中齊竟陵文宣王行狀。其價值不如彼敍述米鹽瑣屑之奏彈劉整。而在漢人文中蔡邕極有名之十餘篇碑誄。其價值乃不敵王褒之一篇游戲滑稽的僮約。（注十二）此非好爲驚人之論。蓋前者專以表彰一個人爲目的。且其要點多已采入舊史中。後者乃描述當時社會一部分之實況。而求諸並時之著作。竟無一篇足與爲偶也。持此以衡其孰輕孰重。不已較然可見耶。

（注十一）羅馬敎皇宮圖書館中有明永歷上敎皇頌德書。用紅緞書方寸字。略如近世之壽屏。此類史料之非佚而再現。直以原蹟傳至今者。以吾所見此爲最古矣。日本聞有中國隋唐間原物甚多。惜未得見。

（注十二）任昉兩文皆見文選。其奏彈劉整一篇。全錄當時法庭口供九百餘字。皆爭產賴債盜物虐使奴婢等瑣事。供詞半屬當時白話。王褒僮約見藝文類聚三十五。其性質爲「純文學的」。本與具體的史蹟無關。然篇中材料。皆當時巴蜀間田野生活也。

（丙）史部以外之羣籍。　以舊史作史讀。則現存數萬卷之史部書。皆可謂爲非史。以舊史作史料讀。則豈惟此數萬卷者皆史料。舉凡以文字形諸記錄者。蓋無一而不可於此中得史料也。試舉其例。

羣經之中。如尙書如左傳全部分殆皆史料。詩經中之含有史詩性質者。亦皆屬純粹的史料。前既言之矣。餘如易經之卦辭爻辭。卽殷周之際絕好史料。如詩經之全部分。如儀禮。卽周代春秋以前之絕好史料。因彼時史蹟太缺乏。片紙隻字皆爲環寶。抽象的消極的史料。總可以向彼中求得若干也。以此遞推。則論語孟子可認爲孔孟時代之史料。周禮中一部分可認爲戰國史料。二戴禮記可認爲周末漢初史料。至如小學類之爾雅。說文等書。因其名物訓詁以推察古社會之情狀。其史料乃益無盡藏也。在此等書中搜覓史料之方法。當於次章雜舉其例。至原書中關於前代事蹟之記載。當然爲史料的性質。不必更論列也。

子部之書。其屬於哲學部分——如儒道墨諸家書。爲哲學史或思想史之主要史料。其屬於科學部分——如醫術天算等類書。爲各該科學史之主要史料。此衆所共知矣。書中有述及前代史蹟者。當然以充史料。又衆所共知矣。然除此以外。抽象的史料可以蒐集者蓋甚多。大率其書愈古。其料愈可寶也。若夫唐宋以後筆記類之書。汗牛充棟。其間一無價值之書固甚多。然絕可寶之史料。往往出其間。在治史者能以炯眼拔識之而已。

集部之書。其專紀史蹟之文。當然爲重要史料之一部。不待言矣。「純文學的」之文——如詩辭歌賦等。除供文學史之主要史料外。似與其他方面無甚關係。其實亦不然。例如屈原天問。即治古代史者極要之史料。班固兩都賦張衡兩京賦。即研究漢代掌故極要之史料。至如杜甫白居易諸詩。專記述其所身歷之事變。描寫其所目睹之社會情狀者。其爲價值最高之史料。又無待言。章學誠云。『文集者。一人之史也』（韓柳年譜書後）可謂知言。非惟詩古文辭爲然也。卽小說亦然。山海經今四庫以入小說。其書雖多荒誕不可究詰。然所紀多爲半神話半歷史的性質。確有若干極貴重之史料出乎羣經諸子以外者。不可誣也。中古及近代之小說。在作者本明告人以所紀之非事實。然善爲史者。偏能於非事實中覓出事實。例如水滸傳中「魯智深醉打山門」。固非事實也。然元明間犯罪之人。得一度牒。卽可以借佛門作逋逃藪。此卻爲一事實。儒林外史中「胡屠戶奉承新舉人女壻」固非事實也。然明清間鄉曲之人一登科第便成爲社會上特別階級。此卻爲一事實。此類事實往往在他書中不能得。而於小說中得之。須知作小說者無論騁其冥想至何程度。而一涉筆敍事，總不能脫離其所處之環境。不知不覺遂將當時社會背景寫出一部分以供後世史家之取材。小說且然。他更何論。善治史者能以此種眼光蒐捕史料。則古今之書無所逃匿也。

又豈惟書籍而已。在尋常百姓家故紙堆中往往可以得極珍貴之史料。試舉其例。一商店或一家宅之積年流水帳簿。以常識論之。寧非天下最無用之物。然以歷史家眼光觀之。倘將同仁堂王麻子都一處等數家自開店迄今之帳簿及城間鄉間貧富舊家之帳簿各數種。用科學方法一爲研究整理。則其爲瓌寶甯復可量。蓋百年來物價變遷。可從此以得確實資料。而社會生活狀況之大概情形。亦歷歷若睹也。又如各家之族譜家譜。又甯非天下最無用之物。然苟得其詳贍者百數十種爲比較的研究。則最少當能於人口出生死亡率及其平均壽數得一稍近真之統計。舍此而外。欲求此類資料。胡可得也。由此言之。史料之爲物。真所謂「牛溲馬勃具用無遺。」在學者之善用而已。

（丁）類書及古逸書輯本　古書累代散亡。百不存一。觀牛弘「五厄」之論。可爲浩歎。（注十三）他項書勿論。即如隋書經籍志中之史部書。倘其中有十之六七能與華陽國志水經注高僧傳等同其運命。原本流傳以迄今日者。吾儕甯不大樂。然終已不可得。其稍彌此缺憾者。惟恃類書。類書者將當時所有之書分類鈔撮而成。其本身原無甚價值。但閱世以後。彼時代之書多佚。而其一部分附類書以倖存。類書乃可貴矣。古籍中近於類書體者。爲呂氏春秋。而三代遺文賴以傳者已不少。現存類書。自唐之藝文類聚。宋之太平御覽．明之永樂大典．以迄清之圖書集成等．皆卷帙浩瀚．收容豐富．大抵其書愈古．則其在學問上之價値愈高．其價値非以體例之良窳而定．實以所收錄古書存佚之多寡而定也．（注十四）類書既分類．於學者之檢查滋便．故向此中求史料．所得往往獨多也．

自清乾隆間編四庫書．從永樂大典中輯出逸書多種．爾後輯佚之風大盛．如世本．竹書紀年．及魏晉間人所著史．吾輩猶得稍窺其面目者．食先輩蒐輯之賜也．

（注十三）牛弘論書有五厄．見隋書本傳．其歷代書籍散亡之狀況．文獻通考經籍考序所記最詳．

（注十四）纂輯類書之業．亦文化一種表徵．歐洲體裁略備之百科全書（Encyclopedia）蓋起自十五世紀以後．我國則自梁武帝時．（五〇二——五四九）盛弘斯業．今見於隋書經籍志者．有皇覽六百八十卷．類苑一百二十卷．華林遍略六百二十卷．壽光書苑二百卷．聖書堂御覽三百六十卷．長洲玉鏡二百三十八卷．書鈔一百七十四卷．其餘數十卷者尚多．惜皆已佚．今四庫中現存古類書之重要者如下．

北堂書鈔一百六十卷	唐虞世南撰	此書蓋成於隋代（約六〇一——六一〇）
藝文類聚一百卷	唐歐陽詢等奉敕撰	貞觀間（六二七——六四九）
初學記三十卷	唐徐堅等奉敕撰	
太平御覽一千卷	宋李昉等奉敕撰	太平興國二年（九七七）
册府元龜一千卷	宋王欽若等奉敕撰	景德二年（一〇〇五）
玉海二百卷	宋王應麟撰	
永樂大典二萬二千九百卷	明解縉等奉敕編	永樂間（一四〇三——一四二四）

其清代所編諸書不復錄．右各書惟永樂大典未刻．其寫本舊藏清宮．義和拳之亂．為聯軍所分掠．今歐洲日本諸圖書館中．每館或有一二册至十數册不等．

（戊）古逸書及古文件之再現。　歐洲近代學者之研究埃及史、巴比倫史，皆恃發掘所得之古文籍。蓋前此臆測之詞，忽別獲新證而改其面目者，比比然矣。中國自晉以後，此等再發現之古書，見於史傳者凡三事：其一在西晉時，其二在南齊時，其三在北宋時，皆記錄於竹木簡上之文字也。（注十五）原物皆非久旋佚，齊宋所得並文字目錄皆無傳。其在學界發生反響者，惟東晉所得，即前所述汲冢竹書是也。汲冢書凡數十車，其整理寫定者猶七十五卷。當時蓋為學界一大問題，學者之從事研究者有束皙、王接、衞恆、王庭堅、荀勗、和嶠、續咸、摯虞、謝衡、潘滔、杜預等。其討論概略，尚見史籍中。（注十六）其原書完整傳至今者，惟一穆天子傳耳。其最著名之竹書紀年，則已為贋本所奪。尤有名及周食田法等書，想為極佳之史料，今不可見矣。而紀年中載伯益、伊尹、季歷等事，乃與儒家傳說極相反。昔人所引為詬病者，吾儕今乃藉覩歷史之眞相也。（注十七）穆傳所述，多與山海經相應，為現代持華種西來說者所假借。此次發見之影響，不為不鉅矣。

最近則有從甘肅、新疆發見之簡書數百片，其年代則自西漢迄六朝約七百年間物也。雖皆零縑斷簡，然一經科學的考證，其裨於史料者乃無量。例如簡、縑、紙三物代興之次第，隸、草、楷字體遷移之趨勢，乃至漢晉間烽堠地段、屯戍狀況，皆可見焉。吾儕因此轉對於晉、齊、宋之三度虛此發見，不能無遺憾也。（注十八）最近古籍之再現，其大宗者則為甘肅之燉煌石室，中以唐人寫佛經為最多，最古者乃上逮符秦。（四世紀中葉）其上乘之品，今什九在巴黎矣。而我教育部圖書館拾其餘瀝，猶得七千餘軸，私人所分弆亦千數。此實世界典籍空前之大發見也。其間古經史寫本足供校勘者，與夫佛經在今大藏外者，皆甚多，不可枚舉。其他久佚之著作。亦往往而有。以吾所知。如慧超往五天竺傳。唐末已亡。忽於此間得其殘卷。與法顯元奘之名著鼎足而三。寧非快事。惜其他諸書性質。以傳鈔舊籍爲主。裨助新知稍希。然吾確信苟有人能爲統括的整理研究。其陸續供給史界之新資料必不乏也。（注十九）

（注十五）西晉時汲冢竹書。其來歷已略見本篇第二章注七。今更補述其要點。書藏汲郡之魏安釐王冢。晉太康二年。郡人不準盜發得之。凡數十車。皆竹簡素絲綸。簡長二尺四寸。以墨書。一簡四十字。初發冢者燒策照取寶物。及官收之。多燼簡斷札。武帝以其書付祕書校綴次第。尋考指歸。而以今文寫之。所寫出諸書如下（一）紀年十三篇（二）易經一篇（三）易繇陰陽卦二篇（四）卦下易經一篇（五）公孫段二篇（六）國語三篇（七）名三篇（八）師春一篇（九）瑣語十一篇（十）梁丘藏一篇（十一）繳書二篇（十二）生封一篇（十三）穆天子傳五篇（十四）大曆二篇（十五）雜書十九篇。內有周食田法。周穆王盛姬死事等。凡七十五篇。此晉書東晳傳荀勗傳所記大概也。

蕭齊時（四七九——五〇一）襄陽有盜發古塚者。相傳是楚王塚。大獲寶物玉屐玉屏風。竹簡書靑絲綸。盜以把火自照。後人有得十餘簡以示王僧虔。僧虔云是科斗書考工記也。事見南齊書文惠太子傳。

宋政和間（一一一一——一一一九）發地得竹木簡一甕。多漢時物。散亂不可考。獨永初二年討羌符文字尙完。皆章草書。吳思道曾親見之於梁師成所。其後淪於金以亡。事見黃伯思東觀餘論卷上。趙彥衛雲麓漫鈔卷七。

此可謂歷史上竹簡書之三大意見。惜其結果不傳至今耳。

（注十六）晉汲冢書發見後。學界陡生波瀾。荀勗和嶠首奉敕撰次。衛恆加以考正。東晳隨疑分釋。皆有義證。黃庭堅著書難晳。亦有證據。潘滔勸王接別著論。解二子之紛。摯虞謝衡見之。咸以爲允。事見晉書王接傳。

（注十七）竹書紀年最駭人聽聞者。如夏啓殺伯益。太甲殺伊尹。文王殺季歷等。又言夏之年祚較殷爲長。此皆與儒家舊說不相容。文見東晳傳。今僞本削去矣。

（注十八）淸光緒三十四年（距今十三年前）英人斯坦因 A. Stein 在敦煌附近。羅布淖爾附近。于闐附近。各得古簡牘多種。最古者有漢宣帝元康神爵五鳳諸年號大約兩漢物居半餘半則皆以後物也法人沙畹 Chavanes 著有考釋吾國則羅振玉王國維合著流沙墜簡考釋辨證極詳覈

（注十九）清光緒末法人白希和遊甘肅之燉煌見土人有爇故紙而調其灰於水謂爲神符能療病者視之則唐人所寫佛經也跡之知得自一石室即之則室中乃琳琅無盡藏考之知爲西夏藏書之府也白氏擇其精者輦以歸其中有摩尼教經典全世界所無也古畫亦有數軸白氏嘗爲余言吾載十大車而止過此亦不欲再傷廉矣其輦去者今一大部分在巴黎國立圖書館也白氏歸北京事頗聞於士大夫良久學部乃遣人往收其餘瀝所得猶將萬軸輦至京而達官名士巧取豪奪其尤精善者多入私家今存教育部圖書館者約七千軸又各人選擇之餘也然當時學部所收倘未盡非久有日本人續往訪所得亦千計其屬於儒書一部分羅振玉影印者已不少然此中什九皆佛經現已發現多種爲今佛藏中所無者且經典外之雜件亦非無之以吾所見已有地券信札等數紙其年代最古者爲苻秦時（忘其年）以千餘年前之古圖書館一旦發現不可謂非世界文化一大慶也惜原物今已散在各國並一總目錄而不能編集也

（己）金石及其他鏤文　金石爲最可寶之史料無俟喋陳例如有含摩拉比 Khammu Rabi 之古柱而巴比倫之法典略明有阿育王之豐碑而印度佛教傳播之跡大顯西方古代史蹟半取資於此途矣惜我國現存金石其關於典章文物之大者頗少以吾儕所聞諸史乘者如春秋時鄭有刑書晉有刑鼎其目的蓋欲將法律條文鏤金以傳不朽然三代彝器出土不乏而此類之鴻寶闕如實我學界一大不幸也金石之學逮晚清而極盛其發達先石刻次金文最後則爲異軍突起之骨甲文今順次以論其對於史料上之價值

自來談石刻者每盛稱其大有造於考史雖然吾不敢遽爲此誇大之詞也中國石刻除規模宏大之石經外造像經幢居十之五銘墓文居十之四造像經幢中文字無關考史不待問也銘墓文之價值其有以愈

於彼者又幾何．金石家每刺取某碑誌中述某人爵里年代及其他小事蹟與史中本傳相出入者．詫爲瓌寶．殊不知此等薄物細故．在史傳中已嫌其贅．今更補苴䟽漏．爲「點鬼簿」作「校勘記」．吾儕光陰．恐不應如是其賤．是故從石刻中求史料．吾認爲所得甚微．其中確有價值者．例如唐建中二年（西七八一）之大秦景教流行中國碑．爲基督教初入中國唯一之掌故．且下段附有敍里亞文．尤爲全世界所罕見．（注二十）如元至正八年居庸關之六體刻文．祥符大相國寺中．有元至元三年聖旨碑．書以蒙古．畏兀．漢字．三體．元至正八年之莫高窟造象記．其首行有書六體．異族文字．得借此以永其傳．如唐長慶間（八二一至八二四）之唐蕃會盟碑．將盟約原文．刻兩國文字．可以見當時條約格式及其他史實．（注二十一）如開封挑筋教人所立寺．有明正德六年（西一五一一）佚碑．可證猶太人及猶太教入中國之久．（注二十二）諸如此類．良可珍貴．大抵碑版之在四裔者．其有助於考史最宏．如東部之丸都紀功刻石．（魏正始間）新羅眞興王定界碑．（陳光大二年）平百濟碑．（唐顯慶三年）劉仁願紀功碑．（唐麟德龍翔間）等．西部之裴岑紀功刻石．（漢永和二年）沙南侯獲刻石．（漢永和五年）劉平國作關城頌．（無年月）姜行本紀功頌．（唐貞觀十四年）索勳紀德碑．（唐景德元年）等．北部之芯伽可汗碑．（唐開元二十三年）闕特勤碑．（唐開元二十年）九姓回鶻可汗碑．（無年月亦唐刻）等．南部之爨寶子碑．（晉大亨四年）爨龍顏碑．（劉宋大明二年）平蠻頌．（唐大曆十二年）大理石城碑．（宋開寶五年）等．皆跡存片石．價重連城．（注二十三）何則．邊裔之事．關於我族與他族之交涉者甚鉅．然舊史語焉不詳．非借助石刻．而此種史料遂湮也．至如內地一般銘窆之文．苟冢中人而無足重輕者．吾何必知其事蹟．其人如爲歷史上重要人物．則史既已有傳．而碑誌辭多溢美．或反不足信．是故其裨於史料者乃甚希也．研究普通碑版．與其從長篇墓銘中考證事蹟．毋甯注意於常人所認爲無足重輕之文與夫文中無足重輕之字句。例如觀西漢之趙王上壽魯王泮池兩刻石之年號。而知當時諸侯王在所封國內各自紀年。（注二十四）觀漢碑陰所紀捐錢數而略推當時之工價物價。（注二十五）此所謂無足重輕之字句也。例如觀各種買地莂可察社會之迷信滑稽的心理。（注二十六）觀元代諸聖旨碑可見當時奇異之文體及公文格式。（注二十七）此所謂無足重輕之文也。

吾從石刻中搜史料乃與昔之金石學家異其方向。吾最喜爲大量的比較觀察。求得其總括的概象。而推尋其所以然。試舉其例。吾嘗從事於石畫的研究。見漢石有畫無數。魏晉以後則漸少。以至於絕。此何故者。石畫惟山東最多。次則四川。他省殆無有。此又何故者。吾嘗從事於佛教石刻的研究。見造象惟六朝時最多。前乎此者無有。後乎此者則漸少。此何故者。同是六朝也。惟北朝之魏齊獨多。南朝及北周則極少。此又何故者。河南之龍門造象千餘龕。魏齊物什而七八。隋刻僅三耳。而山東之千佛雲門玉函諸山。殆皆隋刻。直隸之宣霧山南響堂山。又殆皆唐刻。此又何故者。自隋而經幢代造象以興。迄唐而極盛。此又何故者。宋以後而此類關於佛教之小石刻。殆皆滅絕。此又何故者。歷代佛教徒所刻佛經。或磨崖。或藏洞。或建幢。所至皆是。而儒經道經則甚希。此又何故者。吾嘗從事於墓文的研究。見北魏以後墓誌如鯽。兩漢則有碑而無誌。此何故者。南朝之東晉宋齊梁陳。墓文極稀。不逮並時北朝百分之二三。此又何故者。此不過隨舉數例。若采用吾法。則其可以綜析研究之事項更甚多。固無待言。吾之此法。先求得其概象。然後尋其原因。前文所謂「何故何故。」吾有略能解答者。有全未能解答者。然無論何項。其原因皆甚複雜。而與社會他部分之事實有種種聯帶關係。則可斷言也。此種搜集史料方法。或疑其瑣碎無用。實乃不然。即如佛教石刻一項。吾統觀而概想之。則當時四五百年間社會迷信之狀況。能活現吾前。其迷信之地方的分野與時代的蛻變。亦大略可覩。舍此以外。欲從舊史中得如此明確之印象。蓋甚難也。吾前所言抽象的史料。卽屬此種。凡百皆然。而石刻之研究亦其一例耳。

(注二十)景教碑今在長安碑林。其原文自金石萃編以下諸家書多全錄。前人或疑爲波斯教回回教等。今則景教確爲基督教。已成學界定論。今人錢恂歸潛記有跋一篇。考證最精確。

(注二十一)唐蕃會盟碑吾未見拓本。今人羅振玉西陲石刻錄有其全文。碑陽刻漢文。碑陰刻唐古忒文。兩文合璧。皆盟約正文也。兩側則刻兩國涖盟人之官銜姓名。此刻石文中之最特別者。

(注二十二)開封之挑筋教寺。據錢恂歸潛記引淸同治五年英人某報告。稱寺中有兩碑。言寺創設於宋隆興二年(一一六四)改築於明成化四年(一四六九)今碑已佚矣。淸洪鈞元史譯文證補卷二十九記此事。猶云『地有猶太碑。碑文附後』然今洪書無碑。殆刊時失之。此孤微之史料。恐從此湮滅矣。

(注二十三)各碑錄文多見淸王昶金石萃編。陸耀遹金石續編。惟丸都紀功乃新出土者。苾伽可汗九姓回鶻乃俄人以影本送致總理衙門者。諸家皆未著錄。

(注二十四)此兩石實漢石最古者。錄文見金石萃編。

(注二十五)漢碑紀此者。有禮器。倉頡廟。成陽靈臺。魯峻。堯廟。曹全。張遷等碑。

(注二十六)宋周密癸辛雜識言在洛陽見一石刻。其文云『大男楊紹從土公買冢地一丘。……直錢四百萬。卽日交畢。日月爲證。四時爲任。太康五年九月二十九日對共破莂』此類券莂之刻。唐以後頗多。今存拓本尚逾十數。見語石卷五。

(注二十七)元聖旨碑現存者。如泰安嶽廟。襄陽五龍廟。尙十餘通。語石卷三曾全錄其一。文詞之鄙俚怪誕。殊可發噱。嶽廟碑有云『和尙也里可溫。先生。達識蠻。每不拘揀甚麼差發休當者。』文見淸顧炎武山東考古錄。其所云「也里可溫」卽天主教徒。「先生」卽道士。「達識蠻」卽回教徒。「每」者們也。意言釋道耶回教徒人等皆蠲免賦役也。此亦可考當時信教自由之制。

金文之研究以商周彝器為主吾前已曾言其美術方面之價值矣今更從文字款識上有所論列金文證史之功過於石刻蓋以年代愈遠史料愈湮片鱗殘甲罔不可寶也例如周宣王伐玁狁之役實我民族上古時代對外一大事其跡僅見詩經而簡略不可理及小盂鼎虢季子白盤不𡢁敦梁伯戈諸器出世經學者悉心考釋然後茲役之年月戰線戰略兵數皆歷歷可推（注二十八）又如西周時民間債權交易準折之狀況及民事案件之裁判古書中一無可考自曶鼎出推釋之卽略見其概（注二十九）餘如克鼎大盂鼎毛公鼎等字數抵一篇尚書典章制度之藉以傳者蓋多矣又如秦詛楚文於當時宗教信仰情狀兩國交惡始末皆有關係雖原器已佚而摹本猶為瓌寶也（注三十）若衡以吾所謂抽象的史料者則吾曾將金文中之古國名試一蒐集竟得九十餘國其國在春秋時已亡者蓋什而八九矣若將此法應用於各方面其所得必當不乏也至如文字變遷之跡賴此大明而衆所共知無勞喋述矣

（注二十八）今人王國維有鬼方昆夷玁狁考及不𡢁敦蓋銘考釋兩篇考證茲役甚多新解

（注二十九）清劉心源奇觚室吉金文述釋曶鼎文最好

（注三十）詛楚文摹本見絳帖古文苑有釋文

距今十五六年前在河南安陽縣治西五里之小屯得骨甲文無數所稱「殷虛書契」者是也初出時世莫識其文且莫能名其為何物十年來經多數學者苦心鑽索始定其為龜甲獸骨之屬其發見之地為殷故都其所契為殷時文字字之可識者略已過千文亦寖可讀於是為治古代史者莫大之助蓋吾儕所知殷代史蹟除尚書中七篇及史記之殷本紀三代世表外一無所有得此乃忽若闢一新殖民地也此項甲

文中所含史料當於敘述殷代史時引用之今不先舉要之此次之發見不獨在文字源流學上開一新生面而其效果可及於古代史之全體吾不憚昌言也金石證史之價值此其最高矣（注三十一）

（注三十一）殷虛書契最初影印本有劉鐵雲之鐵雲藏龜其治此學最精深者爲羅振玉著有殷商貞卜文字考殷虛書契殷虛書契後編殷虛書契菁華殷虛書契考釋書契待問編等又王襄著有簠室殷契類纂

（庚）外國人著述　泰西各國交通夙開彼此文化亦相匹敵故甲國史料恆與乙國有關係即甲國人專著書以言乙國事者亦不少我國與西亞及歐非諸文化國既窵隔亙古不相聞問其在西北徼與我接觸之民族雖甚多然率皆蒙昧或並文字而無之遑論著述印度文化至高與我國交通亦早然其人躭悅冥想厭賤世務歷史觀念低至零度故我國猶有法顯玄奘義淨所著書爲今世治印度史者之寶笈（注三十二）然而印度碩學曾遊中國者百計梵書記中國事者無聞焉若日本則自文化系統上論五十年前尚純爲我附庸其著述之能匡裨我者甚希也故我國史蹟除我先民躬自記錄外未嘗有他族能爲我稍分其勞唐時有阿拉伯人僑商中國者所作遊記內有述黃巢陷廣東情狀者眞可謂鳳毛麟角其歐人空前述作則惟馬哥波羅一遊記歐人治東學者至今寶之（注三十三）次則拉施特之蒙古全史所述皆蒙古人征服世界事而於中國部分末之及僅足供西北徼沿革興廢之參考而已（注三十四）五六十年以前歐人之陋於東學一如吾華人之陋於西學其著述之關於中國之記載及批評者多可發噱最近則改觀矣其於中國古物其於佛教其於中國與外國之交涉皆往往有精詣之書爲吾儕所萬不可不讀（注三十五）蓋彼輩能應用科學方法以治史善蒐集史料而善駕馭之故新發明往往而有也雖然僅能爲窄

而深之局部的研究。而未聞有從事於中國通史者。蓋茲事艱鉅原不能以責望於異國人矣。

（注三十二）晉法顯。唐玄奘。義淨。皆游歷印度之高僧。顯著有佛國記。奘著有大唐西域記。淨著有南海寄歸傳。此三書英法俄德皆有譯本。歐人治印度學必讀之書也。

（注三十三）馬哥波羅。意大利之維尼斯人。生於一二五一。卒於一三二四。嘗仕元世祖。居中國十六年。歸而著一游記。今各國皆有譯本。近亦有譯爲華文者矣。研究元代大事及社會情狀極有益之參考書也。

（注三十四）拉施特。波斯人。仕蒙古西域宗王合贊。奉命修蒙古全史。書成。以波斯文寫之。今僅有鈔本。俄德英法皆有摘要鈔譯本。清洪鈞使俄。得其書。參以他書。成元史譯文證補三十卷。爲治元史最精詣之書。

（注三十五）現代歐人關於中國考史的著述。摘舉其精到者若干種列下。

（一）關於古物者。

Munsterbery: Geschichte der Chinesischen Kunste.

B. Laufer: Jade

B. Laufer: Sino-Iranica.

B. Laufer: Numerous other Scientific papers.

Chavannes: Numerous books and Scientific papers.

Pelliot: Mission Pellioten Asie Centrale.

A. Stein: Ancient Khotan.

A. Stein: Ruins of Desert Cathay.

（二）關於佛教者。

Waddell: Lhasa and its Mysteries.

Hornle: Manuscript Remains of Buddhist literature found in Eastern Turkestan.

Huth: Geschichte des Buddhismus in der Mongolei.

Thomas Watters: On Yuan Chwang's Travels in India.

（三）關於外國關係者。

Blochet: Introduction a une Histoire des Mongoles.

Hirth: China and the Roman Orient.

Mookerji: A History of Indian Shipping and Maritime activity from the earliest time

V. Stael—Holstein: Tocharisch und die Sprache 1.

V. Stael—Holstein: Tocharisch und die Sprache 2.

Chavannes: Les Tou—Kiue Occidentaux

O. Franke: Beitrage aus Chinesischen Quellen Zur Kenntniss der Turkvolker and Skythen Zentralasien

以上所列舉。雖未云備。然史料所自出之處。已略可見。循此例以旁通之。眞所謂『取諸左右逢其原』矣。吾草此章竟。吾忽起無限感慨。則中國公共收藏機關之缺乏。爲學術不能進步之極大原因也。歐洲各國自中古以還。卽以教會及王室爲保存文獻之中樞。其所藏者大抵歷千年未嘗失墜。代代繼長增高。其藏書畫器物之地。又大率帶半公開的性質。市民以相當的條件。得恣觀覽。近世以還。則此種機關純變爲國有或市有。人民既感其便利。又信其管理保存之得法。多舉私家所珍襲者叢而獻之。則其所積日益富。學者欲研究歷史上某種事項。入某圖書館或某博物館之某室。則其所欲得之資料粲然矣。中國則除器物方面絕未注意保存者不計外。其文籍方面向亦以「天祿石渠典籍之府」爲最富。然此等書號爲「中祕」。絕非一般市民所能望見。而以中國之野蠻革命賡續頻仍每經喪亂舊藏蕩焉例如董卓之亂漢獻西遷蘭臺石室之圖書縑帛軍人皆取爲帷囊梁元帝敗沒於江陵取天府藏書繞身焚之歎曰『文武之道盡今日矣』此類慘劇每閱數十百年例演一次讀隋書經籍志文獻通考等所記述未嘗不泫然流涕也其私家弆藏或以子孫不能守其業或以喪亂恆閱時而灰燼蕩佚天一之閣絳雲之樓百宋之廛……今何在矣直至今日交通大開國於世界者各以文化相見而我自首善以至各省都會乃竟無一圖書館無一博物館無一畫苑此其爲國民之奇恥大詬且勿論而學者欲治文獻復何所憑藉即如吾本章所舉各種史料試問以私人之力如何克致吾津津然道之則亦等於貧子說金而已即勉强以私力集得若干亦不過供彼一人之挐索而社會上同嗜者終不獲有所霑潤如是而欲各種學術爲平民式的發展其道無由吾儕既身受種種苦痛一方面既感文獻證跡之易於散亡宜設法置諸最安全之地一方面又感一國學問之資料宜與一國人共之則所以胥謀焉以應此需求者宜必有道矣

第五章　史料之蒐集與鑑別

前章列舉多數史料凡以言史料所從出也然此種史料散在各處非用精密明敏的方法以蒐集之則不能得又眞贋錯出非經謹嚴之抉擇不能甄別適當此皆更需有相當之技術焉茲分論之

第一　蒐集史料之法

普通史料之具見於舊史者或無須特別之蒐集雖然吾儕今日所要求之史料非即此而已足大抵史料之爲

。物往往有單舉一事，覺其無足重輕；及彙集同類之若干事比而觀之，則一時代之狀況可以跳活表現。此如治庭園者，孤植草花一本，無足觀也；若集千萬本，蒔以成畦，則絢爛眩目矣。又如治動物學者搜集標本，僅一枚之貝，一尾之蟬，何足以資擘索；積數千萬，則所資乃無量矣。吾儕之搜集史料，正有類於是。試舉吾所曾致力之數端以為例。（甲）吾曾欲研究春秋以前部落分立之情狀，乃從左傳國語中取其所述已亡之國最而錄之，得六十餘；又從逸周書蒐錄得三十餘；又從漢書地理志水經注蒐錄得七十餘；又從金文款識中蒐錄得九十餘；其他散見各書者尚三四十。除去重複，其夏商周古國名之可考見者猶將三百國，而大河以南江淮以北殆居三之二。其中最稠密之處——如山東河南湖北，有今之一縣而跨有古三四國之境者。試為圖為表以示之，而古代社會結構之迥殊於今日，可見一斑也。（乙）吾曾欲研究中國與印度文化溝通之跡，而考論中國留學印度之人物。據常人所習知者，則前有法顯，後有玄奘，三數輩而已。吾細檢諸傳記，陸續蒐集，乃竟得百零五人，其名姓失考者尚八十二人，合計百八十有七人。吾初研究時，據慧皎之高僧傳，義淨之求法傳，得六七十人，已大喜過望；其後每讀一書，遇有此者則類而錄之，經數月乃得此數。吾因將此百八十餘人者稽其年代籍貫學業成績經行路線等，為種種之統計，而中印往昔交通遺蹟，與夫隋唐間學術思想變遷之故，皆可以大明。（丙）吾曾欲研究中國人種變遷混合之跡，偶見史中載有某帝某年徙某處之民若干往某處等事，史文單詞隻句，殊不足動人注意也。既而此類事觸於吾目者屢見不一見，吾試彙而鈔之，所積已得六七十條，然猶未盡。其中徙置異族之舉較多，最古者如堯舜時之分背三苗；徙置本族者亦往往而有，最著者如漢之遷六國豪宗以實關中。吾覩此類史蹟，未嘗不掩卷太息，嗟彼小民，竟任政府之徙置我如弈棋也。雖然，就他方面觀之，所以摶挠此數萬萬人成一民族者。其間接之力。抑亦非細矣。吾又嘗向各史傳中專調查外國籍貫之人。例如匈奴人之金日磾。突厥人之阿史那忠。于闐人之尉遲敬德。印度人之阿那羅順等。與夫入主中夏之諸胡之君臣苗裔。統列一表。則種族混合之情形。益可見也。（丁）吾又嘗研究六朝唐造像。見初期所造者大率爲釋迦像。次期則多彌勒像。後期始漸有阿彌陀像觀世音像等。因此可推見各時代信仰對象之異同。即印度教義之變遷。亦略可推見也。（戊）吾既因前人考據。知元代有所謂「也里可溫」者即指基督教。此後讀元史及元代碑版與夫其他雜書。每遇「也里可溫」字樣輒乙而記之。若薈最成篇。當不下百條。試加以綜合分析。則當時基督教傳播之區域及情形。當可推得也。以上不過隨舉數端以爲例。要之吾以爲吾儕欲得史料。必須多用此等方法。此等方法。在前清治經學者多已善用之。如經傳釋詞。古書疑義舉例等書。即其極好模範。惟史學方面。則用者殊少。如宋洪邁之容齋隨筆。清趙翼之二十二史劄記。頗有此精神。惜其應用範圍尚狹。此種方法。恆注意於常人所不注意之處。常人向來不認爲史料者。吾儕偏從此間覓出可貴之史料。欲應用此種方法。第一步須將腦筋操練純熟。使常有銳敏的感覺。每一事項至吾前。常能以奇異之眼迎之。以引起特別觀察之興味。世界上何年何日不有平果落地。何以奈端獨能因此而發明吸力。世界上何年何日不有開水衝壺。何以瓦特獨能因此而發明蒸汽。此皆由有銳敏的感覺施特別的觀察而已。第二步須耐煩。每遇一事項吾認爲在史上成一問題有應研究之價值者。即從事於徹底精密的研究。搜集同類或相似之事項。綜析比較。非求得其眞相不止。須知此種研究法。往往所勞甚多。所獲甚簡。例如吾前文所舉（甲）項。其目的不過求出一斷案曰「春秋前半部落式之國家甚多」云爾。所舉（乙）項。其目的不過求出一斷案曰「六朝唐時中國人留學印度之風甚盛」云爾。斷案區區十數字。而研究者動費一年數月之精力。毋乃太勞。殊不知凡學問之用科學的研究法者。皆須如是。苟不如是。便非科學的。便不能在今世而稱爲學問。且宇宙間之科學。何一非積無限辛勞以求得區區數字者。達爾文養鴿蒔果數十年。著書數十萬言。結果不過詒吾輩以『物競天擇適者生存』八個大字而已。然試思十九世紀學界中。若少卻此八個大字。則其情狀爲何如者。我國史學界從古以來未曾經過科學的研究之一階級。吾儕今日若能以一年研究之結果。博得將來學校歷史教科書中一句之採擇。吾願已足。此治史學者應有之覺悟也。

尤有一種消極性質的史料。亦甚爲重要。某時代有某種現象。謂之積極的史料。某時代無某種現象。謂之消極的史料。試舉其例。（甲）吾儕讀戰國策。讀孟子。見屢屢有黃金若干鎰等文。知其時確已用金屬爲貨幣。但字書中關於財貨之字。皆从貝不从金。可見古代交易媒介物。乃用貝而非用金。再進而研究鐘鼎款識。記用貝之事甚多。用金者雖一無有。詩經亦然。殷墟所發見古物中。亦有貝幣無金幣。因此略可推定西周以前未嘗以金屬爲幣。再進而研究左傳、國語、論語。亦絕無用金屬之痕跡。因此吾儕或竟可以大膽下一斷案曰。『春秋以前未有金屬貨幣』。若稍加審慎。最少亦可以下一假說曰。『春秋以前金屬貨幣未通用』。（乙）我國未有紙以前。文字皆「著諸竹帛」。然漢書藝文志各書目。記篇數者什之七八。記卷數者僅十之二三。其記卷數者又率屬漢中葉以後之著述。因此可推定帛之應用爲時甚晚。又據史記漢書所載。當時法令公文私信。什有九皆用竹木簡。知當時用竹之廣。遠過於用帛。再證以最近發見之流沙墜簡。其用縑質者皆在新莽以後。其用紙質者皆在兩晉以後。因此可以下一假說曰。『戰國以前謄寫文書。不用縑紙之屬。兩漢始用而未盛行。』又可以下一假說曰。『魏晉以後。竹木簡牘之用驟廢』（丙）吾儕讀歷代高僧傳。見所記隋唐以前諸僧之重要事業。大抵云譯某經某論若干卷。或云講某經某論若干遍。或云為某經某論作注疏若干卷。宋以後諸僧傳中。此類記事絕不復見。但記其如何洞徹心源。如何機鋒警悟而已。因此可以下一斷案曰『宋以後僧侶不講學問。』（丁）吾儕試檢前清道咸以後中外交涉檔案。覺其關於教案者什而六七。當時士大夫關於時事之論著。亦認此為一極大問題。至光宣之交。所謂教案者已日少一日。入民國以來則幾無有。因此可以下一斷案曰『自義和團事件以後。中國民教互仇之現象殆絕。』此皆消極的史料例也。此等史料。其重要之程度。殊不讓積極史料。蓋後代極普通之事象。何故前此竟不能發生。前代極普通之事象。何故逾時乃忽然滅絕。其間往往含有歷史上極重大之意義。倘忽而不省。則史之真態未可云備也。此等史料正以無史蹟為史蹟。恰如度曲者於無聲處寄音節。如作書畫者於不著筆墨處傳神。但以其須向無處求之。故能注意者鮮矣。

亦有吾儕所渴欲得之史料。而事實上殆不復能得者。例如某時代中國人口有若干。此問題可謂為研究一切史蹟重要之基件。吾儕所亟欲知也。不幸而竟無法足以副吾之望。蓋吾國既素無統計。雖以現時之人口。已無從得其真數。況於古代。各史食貨志及文獻通考等書。雖間有記載。然吾儕絕不敢置信。且彼所記亦斷斷續續。不能各時代俱有。於是乎吾儕蒐集之路殆窮。又如各時代物價之比率。又吾儕所亟欲知也。然其紀載之闕乏。更甚於人口。且各時代所用為價值標準之貨幣。種類複雜。而又隨時變紊。於是乎吾儕蒐集之路益窮。若斯類者。雖謂之無史料焉可矣。雖然。吾儕正不必完全絕望。以人口問題論。吾儕試將各史本紀及食貨志所記者。姑作為假定。益以各地理志中所分記各地方戶口之數。再益以方志專書——例如常璩華陽國志范成大吳郡記等記述特詳者悉彙錄而勘比之又將各正史各雜史筆記中無論文牘及談話凡有涉及人口數目者——例如左傳記「衛戴公時衛民五千七百三十人」戰國策記蘇秦說齊宣王言「臨菑七萬戶戶三男子」等。凡涉及此類之文句一一鈔錄無遺又將各時代徵兵制度口算制度一一研究而與其時所得兵數所得租稅相推算如此雖不敢云正確然最少總能於一二時代中之一二地方得有較近眞之資料然後據此爲基本以與他時代他地方求相當之比例若有人能從此用力一番則吾儕對於歷史上人口之智識必有進於今日也。物價問題雖益複雜然試用此法以求之所得當亦不少是故史料全絕之事項吾敢信其必無不過所遺留者或多或寡蒐集之或難或易耳抑尤當知此類史料若僅列舉其一條兩條則可謂絕無意義絕無價值其價值之發生全賴博蒐而比觀之耳。

以上所舉例皆吾前此所言抽象的史料也然即具體的史料亦可以此法求之往往有一人之言行一事之始末在正史上覺其史料缺乏已極及用力蒐剔而所獲或意外甚豐例如史記關於墨子之記述僅得二十四字其文曰『蓋墨翟宋之大夫善守禦爲節用或曰並孔子時或曰在其後』（孟子荀卿列傳）此史料可謂枯竭極矣而孫詒讓生二千年後能作一極博贍翔實之墨子傳至數千言（看墨子閒詁）例如周宣王伐玁狁之役詩經、史記、竹書紀年所述皆僅寥寥數語而王國維生三千年後乃能將其將帥其戰線其戰狀詳細考出歷歷如繪（看雪堂叢刻）此無他謬巧其所據者皆人人共見之史料彼其爬羅搜剔之術操之較熟耳。

亦有舊史中全然失載或缺略之事實博搜旁證則能得意外之發見者例如唐末黃巢之亂曾大慘殺外國僑民此可謂千年前之義和團也舊史僅著『焚室廬殺人如刈』之一囫圇語而他無徵焉十世紀初期阿剌伯

人所著中國見聞錄。中一節云。『有 Khanfan 者爲商舶薈萃地。……紀元二百六十四年。叛賊 Bonschona 陷 Khanfan 殺回耶教徒及猶太波斯人等十二萬。……其後有五朝爭立之亂。貿易中絶。……』等語。歐洲人初譯讀此錄。殊不知所謂 Khanfan 者爲何地。所謂 Bonschona 者爲何人。及經東西學者細加考證。乃知回教紀元二六四年。當景教紀元之八七七——八七八年。卽唐僖宗乾符四年至五年也。而其年黃巢實寇廣州。廣州者。吾粵人至今猶稱爲「廣府」。知 Khanfan 卽「廣府」之譯音。而 Bonschona 必黃巢。吾儕因此一段記錄。而得有極重要之歷史上新智識。蓋被殺之外國人。多至十二萬。則其時外人僑寓之多可想。吾儕因此引起應研究之問題有多種。例如。其一。當時中外通商何以能如此繁盛。其二。通商口岸是否僅在廣州。抑尚有他處，其發達程度比較如何。其三。吾儕聯想及當時有所謂「市舶司」者。其起源在何時。其組織何若。其權限何若。其四。通商結果。影響於全國民生計者何如。其五。關稅制度可考見者何如。其六。今所謂領事裁判權制度者。彼時是否存在。其七。當時是否僅有外國人來。抑吾族亦乘此向外發展。其八。旣有許多外人僑寓我國。其於吾族混合之關係何如。其九。西人所謂中國三大發明——羅盤針製紙火藥——之輸入歐洲。與此項史蹟之關係何若。……吾儕苟能循此塗徑以致力研究。則因一項史蹟之發見。可以引起無數史蹟之發見。此類已經遺佚之史蹟。雖大半皆可遇而不可求。但吾儕總須隨處留心。無孔不入。每有所遇。斷不放過。須知此等佚蹟。不必外人紀載中乃有之。本國故紙堆中。所存實亦不少。在學者之能施特別觀察而已。

史料有爲舊史家故意湮滅或錯亂其證據者。遇此等事。治史者宜別蒐索證據以補之或正之。明陳霆考出唐僖宗之崩以馬踐。宋太宗之崩以箭瘡發。二事史冊皆祕之不言。霆考證前事據幸蜀記。考證後事據神宗諭滕章敏之言。（兩山墨談卷十四）前事在歷史上無甚價值。雖佚不足顧惜。後事則太宗因伐契丹。爲虜所敗。負傷遁歸。卒以瘡發而殂。此實宋代一絕大事。後此澶淵之盟。變法之議。靖康之禍。皆與此有直接間接關係。此蹟湮滅。則原因結果之系統紊矣。計各史中類此者蓋不乏。又不惟一二事爲然耳。乃至全部官書。自行竄亂者。往往而有。宋神宗實錄有日錄及朱墨本之兩種。因廷臣爭黨見。各自任意竄改。致同記一事。兩本或至相反。（看清蔡鳳翔著王荆公年譜卷廿四神宗實錄考）至清代而尤甚。清廷諱其開國時之穢德。數次自改實錄。實錄稿今入王氏東華錄者。乃乾隆間改本。與蔣氏東華錄歧異之處已甚多。然蔣氏所據亦不過少改一次之本耳。故如太宗后下嫁攝政王。世宗潛謀奪嫡等等宮廷隱慝。諱莫如深。自不待言。卽清初所興之諸大獄。亦掩其跡唯恐不密。例如順治十八年之「江南奏銷案」。一時搢紳被殺者十餘人。被逮者四五百人。黜革者萬三千餘人。摧殘士氣。爲史上未有之奇酷。然官書中並絲毫痕跡不可得見。今人孟森據數十種文集筆記。鉤距參稽。然後全案信史出焉。（看心史叢刊第一集）夫史料之偶爾散失者其蒐補也尚較易。故意湮亂者其治理也益極難。此視學者偵察之能力何如耳。

今日史家之最大責任。乃在蒐集本章所言之諸項特別史料。此類史料在歐洲諸國史經彼中先輩蒐出者已什而七八。故今之史家。貴能善因其成而運獨到之史識以批判之耳。中國則未曾經過此階級。尚無正當充實之資料。何所憑藉以行批判。漫然批判。恐開口便錯矣。故吾本章所論特注重此點。至於普通一事蹟之本末。則舊籍具在。蒐之不難。在治史者之如何去取耳。

第二　鑑別史料之法

史料以求眞爲尙眞之反面有二一曰誤二曰僞正誤辨僞是謂鑑別

有明明非史實而舉世誤認爲史實者任執一人而問之曰今之萬里長城爲何時物其人必不假思索立答曰秦始皇時殊不知此答案最少有一大部誤謬或竟全部誤謬也秦始皇以前有燕之長城趙之長城齊之長城秦始皇以後有北魏之長城北齊之長城明之長城具見各史其他各時代小小增築尙多試一一按其道里細校之將見秦時城線所占乃僅一小部分安能舉全城以傅諸秦況此小部分是否卽秦故墟尙屬問題欲解此問題其關鍵在考證秦時築城是否用塼抑用版築吾於此事雖未得確證然終疑用版築爲近若果爾者則現存之城或竟無一尺一寸爲秦時遺蹟亦未可知耳常人每語及道敎敎祖輒言是老子試讀老子五千言之著書與後世道敎種種矯誣之說風馬牛豈能相及漢初君臣若竇后文帝曹參輩著述家若劉安司馬談輩皆治老子之道家言又與後世道敎豈有絲毫相似道敎起源明見各史如後漢書襄楷傳所載楷事及宮崇于吉等事三國志張魯傳所載魯祖陵父衡及駱曜張角張修等事其妖妄煽播之跡歷歷可見此又與周時作守藏史之老子豈有絲毫關係似此等事本有較詳備之史料可作反證然而流俗每易致誤者此實根於心理上一種幻覺每語及長城輒聯想始皇每語及道敎輒聯想老子此非史料之誤乃吾儕自身之誤而以所誤誣史料耳吾儕若思養成鑑別能力必須將此種心理結習痛加滌除然後能向常人不懷疑之點能試懷疑能對於素來不成問題之事項而引起問題夫學問之道必有懷疑然後有新問題發生有新問題發生然後有研究有研究然後有新發明百學皆然而治史特其一例耳

頃所舉例吾命之曰局部的幻覺此外尤有一般的幻覺焉——凡史蹟之傳於今者大率皆經過若干年若干

人之口碑或筆述而識其概者也。各時代人心理不同。觀察點亦隨之而異。各種史蹟每一度從某新時代之人之腦中濾過。則不知不覺間輒微變其質。如一長河之水自發源以至入海中間所經之地所受之水含有種種雜異之礦質。則河水色味隨之而變。故心理上的史蹟脫化原始史蹟而喪失其本形者往往而有。例如左傳中有名之五大戰——韓城濮鞍邲鄢陵。吾腦際至今猶有極深刻之印象。覺此五役者爲我國史中規模宏大之戰事。其實細按史文五役者皆一日而畢耳。其戰線殆無過百里外者。語其實質僅得比今閩粵人兩村之械鬭。而吾儕動輒以之與後世國際大戰爭等量齊觀者。一方面固由左傳文章優美。其鋪張分析的敍述能將讀者意識放大。一方面則由吾輩生當二千年後。習見近世所謂國家者所謂戰爭者如彼如彼。動輒以今律古而不知所擬者全非其倫也。夫在貨幣交易或信用交易時代而語實物交易時代之史蹟。在土地私有時代而語土地公有時代之史蹟。在郡縣官治或都市自治時代而語封建時代或部落時代之史蹟。在平民自由時代而語貴族時代或教權時代之史蹟。皆最容易起此類幻覺。幻覺一起則眞相可以全蔽。此治學者所最宜戒懼也。

鑑別史料之誤者或僞者。其最直捷之法則爲舉出一極有力之反證。例如向來言中國佛教起源者皆云漢明帝永平七年遣使臣經西域三十六國入印度求得佛經佛像。但吾儕據後漢書西域傳及他書。確知西域諸國自王莽時已與中國絕。凡絕六十五年至明帝永平十六年始復通。永平七年正西域與匈奴連結入寇之時。安能派使通過其國。又如言上海歷史者每託始於戰國時楚之春申君黃歇。故共稱其地曰申江曰黃浦曰歇浦、但近代學者從各方面研究之結果。確知上海一區在唐以前尚未成陸地。安得有二千餘年春申君之古蹟。似此類者其反證力甚强。但得一而已足。苟非得更强之反證的反證。則其誤僞終不能迴護。此如人或誣陳平盜嫂。平曰。我乃無兄。倘不能別求得陳平有兄之確據。則盜嫂問題。已無復討論之餘地也。

然歷史上事實。非皆能如此其簡單而易決。往往有明知其事極不可信。而苦無明確之反證以折之者。吾儕對於此類史料。第一步只宜消極的發表懷疑態度。以免爲眞相之蔽。第二步遇有旁生的觸發。則不妨換一方向從事研究。立假說以待後來之再審定。例如舊史言伏羲女媧皆人首蛇身。神農牛首人身。言蚩尤銅頭鐵額。吾輩今日終無從得直捷反證。確證諸人之身首頭額與吾輩同也。但以情理度之。斷言世界決無此類生物而已。又如殷之初祖契。周之初祖后稷。舊史皆謂爲帝嚳之子。帝堯之異母弟。同爲帝舜之臣。吾輩今日無從得一反證以明其決不然也。雖然。據舊史所說。堯在位七十年乃舉舜爲相。舜相堯又二十八年。堯卽位必當在嚳崩後。假令契稷皆嚳遺腹子。至舜卽位時亦當皆百歲。安得復任事。且堯有此聖弟而不知。又何以爲堯。且據詩經所載殷人之頌契也曰。『天命玄鳥降而生商』。周人之頌稷也曰。『厥初生民時維姜嫄』。彼二詩者皆所以鋪張祖德。倘稷契而系出帝嚳。豈有不引以爲重之理。是故吾儕雖無積極的反證以明稷契爲別一人之子。然最少亦可以消極的認其非嚳子堯弟也。又如舊史稱周武王崩後。繼立者爲成王。成王尚少。周公攝政。吾輩今日亦無直接之反證以明其不然也。但舊史稱武王九十三而終。藉令武王七十而生成王。則成王卽位時已二十三。不可謂幼。七八十得子。生理上雖非必不可能。然實爲稀有。況吾儕據左傳。確知成王尚有邘晉應韓之四弟。成王居長嫡。下有諸弟。嗣九十三歲老父之位而猶在沖齡。豈合情理。且猶有極不可解者。書經康誥一篇。爲康叔封衞時之策命。其發端云。『王若曰。孟侯。朕其弟小子封。』此所謂「王」者誰耶。謂武王耶。衞之建國。確非在武王時。謂成王耶。康叔爲成王叔父。何得稱爲弟而呼以小子。然則繼武王而踐祚者是否爲成王。周公是否

攝政抑更有進於攝政吾儕不能不大疑

懷疑之結果而新理解出焉前段所舉第一例——人首蛇身等等吾儕旣推定其必無是理然則何故有此等傳說耶吾儕可以立一假說謂伏羲神農等皆神話的人物非歷史的人物凡野蠻時代之人對於幻境與實境之辨常不明瞭故無論何族最初之古史其人物皆含有半神半人的性質然則吾儕可以假定羲農諸帝實古代吾族所祀之神人首蛇身等卽其幻想中之神像而緣幻實不分之故口碑相傳確以爲曾有如此形像之人指爲眞固非眞指爲僞亦確非有人故爲作僞也如所舉第二例——稷契旣決非嚳子又不能知其爲何人之子漢儒且有『聖人無父感天而生』之說然則稷契果無父耶吾儕可以立一假說謂稷契亦有父亦無父彼輩皆母系時代人物非父系時代人物吾儕聞近代歐美社會學家言已知社會進化階級或先有母系然後有父系知古代往往一部落之男子爲他部落女子所公有一部落之女子爲他部落男子所公有在彼時代其人固宜「知有母不知有父」非不欲知無從知也契只知其爲簡狄之子耳稷只知其爲姜嫄之子耳父爲誰氏則無稽焉於是乎「有吞鳥卵而生」「履大人跡而生」之種種神話降及後世父系時代其子孫以無父爲可恥求其父而不得則借一古帝以自重此嚳子之說所由起也亦有旣求父不得卽不復求轉而託「感天」以自重殊不知古代之無父感天者不必聖人蓋盡人莫不然也如所舉第三例——成王若繼武王而立其年決非幼無須攝政衞康叔受封時其王又確非康叔之姪而爲康叔之兄吾儕於是可以立一假說謂繼武王而立者乃周公而非成王其時所行者乃兄終弟及制非傳子立嫡制吾儕已知殷代諸王兄弟相及者過半周初沿襲殷制亦情理之常況以史記魯世家校之其兄終弟及者亦正不少然則周公或當然繼武王而立而後此

之「復子明辟」乃其特創之新制．蓋未可知耳．以上諸例．原不過姑作假說．殊不敢認爲定論．然而不失爲一種新理解．則昭然矣．然則吾儕今日能發生種種新理解．而古人不能者．何故耶．古人爲幻覺所蔽而已．生息於後世家族整嚴之社會中．以爲知母不知父．惟禽獸爲然．稷契之聖．母安有此事．生息於後世天澤名分之社會中．以奪嫡爲篡逆．謂周公大聖．豈容以此相汚．是以數千年．非惟無人敢倡此說．並無人敢作此念．其有按諸史蹟而矛盾不可通者．甯枉棄事實以迂回傅會之而已．吾儕生當今日．有種種「離經畔道」之社會進化說以變易吾腦識．吾於是乃敢於懷疑．乃敢於立假說．假說既立．經幾番歸納的研究之後．而假說竟變爲定案．亦意中事耳．然則此類之懷疑．此類之研究．在學問上爲有用耶．爲無用耶．吾敢斷言曰．有用也．就表面論．以數千年三五陳死人之年齡關係爲研究之出發點．剌剌考證．與現代生活風馬牛不相及．毋乃玩物喪志．殊不知苟能由此而得一定案．則消極方面．最少可以將多年來經學家之傅會的聚訟一掃而空．省卻人無限精力．積極方面．最少可以將社會學上所提出社會組織進化階段之假說．加一種有力之證明．信能如是．則其貢獻於學界者不已多耶．

同一史蹟．而史料矛盾．當何所適從耶．論原則．自當以最先最近者爲最可信．先者以時代言．謂距史蹟發生時愈近者．其所製成傳留之史料愈可信也．近者以地方言．亦以人的關係言．謂距史蹟發生地愈近．且其記述之人與本史蹟關係愈深者．則其所言愈可信也．例如此次歐戰史料．百年後人所記者．不如現時人所記者之詳確．現時人所記者．又不如五年前人所記之詳確．此先後之說也．同是五年前人．中國人所記．必不如歐洲人．歐洲普通人所記．必不如從軍新聞記者．新聞記者所記．必不如在營之軍士．同是在營軍士．僅聽號令之小卒所記。必不如指揮戰事之將校。同是將校。專擔任一戰線之裨將所記。必不如綜覽全局之總參謀。此遠近之說也。是故凡有當時當地當局之人所留下之史料。吾儕應認爲第一等史料。例如一八七六年之普奧戰爭。兩國事後皆在總參謀部妙選人才編成戰史。此第一等史料也。欲知十九世紀末歐洲外交界之內幕。則俾斯麥日記其第一等史料也。欲知盧梭科爾璞特金之事蹟及其感想。彼所作自傳或懺悔錄。其第一等史料也。如司馬遷之自序。王充之自紀。法顯玄奘義淨等之遊記或自傳。此考證各本人之事蹟思想或其所遊地當時狀態之第一等史料也。（注一）如辛棄疾南燼紀聞錄竊憤錄所採阿計替筆記。此考證宋徽欽二宗在北庭受辱情狀之第一等史料也。（注二）如李秀成被俘時之供狀。此考證洪楊內部情狀之第一等史料也。（注三）此類史料。無論在何國皆不易多得。年代愈遠。則其流傳愈稀。苟有一焉。則史家宜視爲瑰寶。彼其本身饒有陵蓋他種史料之權威。他種史料有與彼矛盾者。可據彼以正之也。

（注一）法顯著佛國記亦名法顯行傳。玄奘著大唐西域記。又奘弟子慧立著慈恩三藏法師傳。義淨著南海寄歸內法傳及西行求法高僧傳。

（注二）棄疾二書。見學海類編。阿計替者。當時金廷所派監視徽欽二宗之人也。二書蓋其日記原稿。棄疾全部采錄也。

（注三）此供狀忘記在某部筆記中。十五年前吾曾在新民叢報錄印一次。此供狀惜尚有刪節處。不能得其全相。

前段所論。不過舉其概括的原則。以示鑑別之大略標準。但此原則之應用。有時尙須分別觀之。試仍借此次歐戰史料爲例。若專以時代接近程度定史料價值之高下。則今日已在戰後兩三年。其所編集。自不如戰時出版物之尤爲接近。宜若彼優於此。然而實際上殊不爾。當時所記。不過斷片的史蹟。全不能覷出其聯絡關係。凡事物之時間的聯絡關係往往非俟時間完全經過之後不能比勘而得故完美可觀之戰史不出在戰時而出在戰後也若以事局接近程度定價值之高下則觀戰新聞記者所編述自應不如軍中人一般著作家所編述自應不如觀戰之新聞記者然實際上亦未必盡然蓋局中人爲劇烈之感情所蔽極易失其眞相卽不爾者或纏綿於枝葉事項而對於史蹟全體反不能得要領所謂『不識廬山眞面目只緣身在此山中』也又不特局中者爲然也卽在局外者猶當視其人提絜觀察之能力如何視其人串敍描寫之技術如何而其作品之價值相去可以懸絕焉是故以戰史論若得一文學技術極優長之專門大史家而又精通軍事學者在總司令部中爲總書記對於一戰役始終其事（最好能兼爲兩軍總司令之總書記）則其所記述者自然爲史料之無上上品然而具備此條件者則安能得既已不能則戰場上一尋常軍士所記或不如作壁上觀之一有常識的新聞記者奔走戰線僅有常識之一新聞記者其所記或不如安坐室中參稽戰報之一專門史學家也

最先最近之史料則最可信此固原則也然若過信此原則有時亦可以陷於大誤試舉吾經歷之兩小事爲例（一）明末大探險家大地理學者徐霞客卒後其摯友某爲之作墓志宜若最可信矣一日吾與吾友丁文江談及霞客吾謂其曾到西藏友謂否吾舉墓銘文爲證友請檢霞客遊記共讀乃知霞客雖有遊藏之志因病不果從麗江折歸越年餘而逝吾固悔吾前此讀遊記之粗心然爲彼銘墓之摯友粗心乃更過我則眞可異也（二）玄奘者我國留學生宗匠而思想界一鉅子也吾因欲研究其一生學業進步之跡乃發心爲之作年譜吾所憑藉之資料甚富合計殆不下二十餘種而其最重要者一爲道宣之續高僧傳二爲慧立之慈恩法師傳二人皆奘之親受業弟子爲其師作傳正吾所謂第一等史料也乃吾研究愈進而愈感困難兩傳中矛盾之點甚

多或甲誤或乙誤或甲乙俱誤吾列舉若干問題欲一一悉求其眞有略已解決者有卒未能解決者試舉吾所認爲略已解決之一事借此以示吾硏究之徑路——玄奘留學凡十七年此旣定之事實也其歸國在貞觀十九年正月此又旣定之事實也然則其初出遊果在何年乎自兩傳以及其他有關係之資料皆云貞觀三年八月咸無異辭吾則因懷疑而硏究硏究之結果考定爲貞觀元年吾曷爲忽對於三年說而起懷疑耶三年至十九年恰爲十七個年頭本無甚可疑也吾因讀慈恩傳見奘在于闐所上表中有『貞觀三年出遊今已十七年』等語上表年月傳雖失載然循按上下文確知其在貞觀十八年春夏之交吾忽覺此語有矛盾此爲吾懷疑之出發點從貞觀十八年上遡所謂十七年者若作十七個年頭解其出遊時可云在貞觀二年若作滿十七年解則應爲貞觀元年吾於是姑立元年二年之兩種假說以從事硏究吾乃將慈恩傳中所記行程及各地淹留歲月詳細調查覺奘自初發長安以迄歸達于闐最少亦須滿十六年有半之時日乃敷分配吾於是漸棄其二年之假說而傾向於元年之假說雖然現存數十種資料皆云三年僅恃此區區之反證而臆改之非學者態度所宜出也然吾不忍棄吾之假說吾仍努力前進吾已知奘之出遊爲冒禁越境然冒禁何以能無阻吾查續高僧傳本傳見有『會貞觀三年時遭霜儉下敕道俗隨豐四出』數語吾因此知奘之出境乃攙在饑民隊中而其年之饑實因霜災吾乃亟查貞觀三年是否有霜災取新舊唐書太宗紀閱之確無是事於是三年說已消極的得一有力之反證再查元年則新書云『八月河南隴右邊州霜』又云『十月丁酉以歲饑減膳』舊書云『八月……關東及河南隴右沿邊諸州霜害秋稼』又云『是歲關中饑至有鬻男女者』是元年確有饑荒而成災又確由霜害於是吾之元年說忽積極的得一極有力之正證矣惟舊書於二年復有『八月河南河北

大霜人饑』一語。新書則無有。不知爲舊書誤複耶。抑兩年連遭霜災而新書於二年有闕文耶。如是則二年之假說。仍有存立之餘地。吾決意再覓證據以決此疑。吾乃研究奘途中所遇之人。其名之可考見者凡三。一曰涼州都督李大亮。二曰高昌王麴文泰。三曰西突厥可汗葉護。吾查大亮傳及高昌傳。見二人皆自元年至四年在其位。不成問題。及查西突厥傳。乃忽有意外之獲。兩書皆言葉護於貞觀初被其叔所弒。其叔僭立稱俟毗可汗。然皆未著其被弒在何年。惟新書云『貞觀四年俟毗可汗來請昏。太宗詔曰。突厥方亂。何以昏爲。』是葉護被弒。最晚亦當在貞觀三年前。再按慈恩傳所紀奘行程。若果以貞觀三年八月發長安者。則當以四年五月初乃抵突厥。其時之可汗。已爲俟毗而非葉護矣。於是三年說之不能成立。又得一强有力之反證。吾猶不滿足。必欲得葉護被弒確年以爲快。吾查資治通鑑。得之矣。貞觀二年也。吾固知通鑑必有所本。然終以不得之於正史。未能躊躇滿志。吾發憤取新舊唐書諸蠻夷傳。凡與突厥有關係之國。徧繙之。卒乃在新書薛延陀傳得一條云。『値貞觀二年突厥葉護可汗見弒。』於是葉護弒年無問題矣。玄奘之行。既假霜災。則無論爲元年爲二年爲三年。皆以八月後首塗。蓋無可疑。然則非惟三年說不能成立。卽二年說亦不能成立。何則。二年八月後首塗。必三年五月乃抵突厥。卽已不及見葉護也。吾至是乃大樂。自覺吾之懷疑有效。吾之研究不虛。吾所立「玄奘貞觀元年首塗留學」之假說。殆成鐵案矣。其有小小不可解者。則何以諸書皆同出一轍。竟無歧異。然此亦易解。諸書所采同一藍本。藍本誤則悉隨之而誤矣。再問藍本何故誤。則或因逆遡十七個年頭。偶未細思。致有此失。甚至或爲傳寫之譌。亦未可知也。再問十八年玄奘自上之表文何以亦誤。則或後人據他書校改。亦在情理中耳。吾爲此問題。凡費三日之力。其所得結果如此。——吾知讀者必生厭矣。此本一極瑣末之問題。區區一事件三兩年之出入。非惟在全部歷史中無關宏旨。卽在玄奘本傳中亦無關宏旨。吾自治此已不免玩物喪志之誚。乃復縷述千餘言以濫占本書之篇幅。吾不能不向讀者告罪。雖然。吾著本篇之宗旨。凡務舉例以明義而已。吾今詳述此一例。將告讀者以讀書曷爲而不可以盲從。雖以第一等史料如慧立道宣之傳元奘者。其誤謬猶且如是也。其勞吾儕以鑑別猶且如是也。又將告讀者以治學當如何大無畏。雖以數十種書萬口同聲所持之說。苟不慊於吾心。不妨持異同。但能得有完證。則絕無憑藉之新說。固自可以成立也。吾又以爲善治學者。不應以問題之大小而起差別觀。問題有大小。研究一問題之精神無大小。學以求眞而已。大固當眞。小亦當眞。一問題不入吾手則已。一入吾手。必鄭重忠實以赴之。夫大小豈有絕對標準。小者輕輕放過。寖假而大者亦輕輕放過。則研究精神替矣。吾又以爲學者而誠欲以學餉人。則宜勿徒餉以自己研究所得之結果。而當兼餉以自己何以能研究得此結果之塗徑及其進行次第。夫然後所餉者乃爲有源之水而挹之不竭也。吾誠不敢自信爲善於研究。但本篇既以研究法命名。吾竊思宜擇一機會。將吾自己研究所歷之甘苦。委曲傳出。未嘗不可以爲學者之一助。吾故於此處選此一小問題可以用千餘言說明無遺者。詳述吾思路所從入與夫考證所取資。以瀆讀者之清聽。吾研究此問題所得結果雖甚微末。然不得不謂爲甚良。其所用研究法。純爲前清乾嘉諸老之嚴格的考證法。亦卽近代科學家所應用之歸納研究法也。讀者舉一反三。則任研究若何大問題。其精神皆若是而已。吾此一段。乃與吾全書行文體例不相應。讀者恕我。吾今當循吾故軌。不更爲此喋喋矣。

史料可分爲直接的史料與間接的史料。直接的史料者。其史料當該史蹟發生時或其稍後時。卽已成立。如前所述慈恩傳竊憤錄之類皆是也。此類史料。難得而可貴。吾既言之矣。然欲其多數永存。在勢實有所不能。書籍新陳代謝本屬一般公例而史部書之容易湮廢尤有其特別原因焉(一)所記事實每易觸時主之忌故秦焚書而「諸侯史記」受禍最烈試檢明清兩朝之禁燬書目什有九皆史部也(二)此類書眞有價值者本不多或太瑣碎或涉虛誕因此不爲世所重容易失傳不惟本書間有精要處因雜糅於粗惡材料中而湮沒而且凡與彼同性質之書亦往往被同視而俱湮沒(三)其書愈精要者其所敍述愈爲局部的凡局部的緻密研究非專門家無此興味一般人對於此類書籍輒淡漠置之任其流失以此種種原因故此類直接史料如浪淘沙滔滔代盡勢不能以多存就令存者甚多又豈人生精力所能徧讀於是乎在史學界占最要之位置者實爲間接的史料間接的史料者例如左丘以百二十國寶書爲資料而作國語司馬遷以國語世本戰國策……等書爲資料而作史記國語史記之成立與其書中所敍史蹟發生時代之距離或遠至百年千年彼所述者皆以其所見之直接史料爲藍本今則彼所見者吾儕已大半不復得見故謂之間接譬諸紡績直接史料則其原料之棉團間接史料則其粗製品之紗線也吾儕無論爲讀史爲作史其所接觸者多屬間接史料故鑑別此種史料方法爲當面最切要之一問題

鑑別間接史料其第一步自當仍以年代爲標準年代愈早者則其可信據之程度愈强何則彼所見之直接史料多而後人所見者少也例如研究三代以前史蹟吾儕應信司馬遷之史記而不信譙周之古史考皇甫謐之帝王世紀羅泌之路史何則吾儕推斷譙周皇甫謐羅泌所見直接史料不能出司馬遷所見者以外遷所不知者周等何由知之也是故彼諸書與史記有異同者吾儕宜引史記以駁正諸書反之若竹書紀年與史記有異同吾儕可以引紀年以駁正史記何則魏史官所見之直接原料或多爲遷之所不及見也此最簡單之鑑別標

準也。

雖然。適用此標準。尚應有種種例外焉。有極可貴之史料而晚出或再現者。則其史料遂爲後人所及見而爲前人所不及見。何謂晚出者。例如德皇威廉第二與俄皇尼古拉第二來往私函數十通。研究十九世紀末外交史之極好史料也。然一九二〇年以前之人不及見。以後之人乃得見之。例如元史修自明初。豈非時代極早。然吾儕甯信任五百年後魏源或柯劭忞之新元史。而不信任宋濂等之舊元史。何則。吾儕所認爲元代重要史料如元祕史親征錄……等書。魏柯輩得見。而明初史館諸人不得見也。何謂再現者。例如羅馬之福林邦渒之古城。埋沒土中二千年。近乃發現。故十九世紀末人所著羅馬史。其可信任之程度。乃過於千年前人所著也。例如殷墟甲文。近乃出土。吾儕因此得知殷代有兩古王爲史記三代世表所失載者。蓋此史料爲吾儕所見而爲司馬遷所不得見也。

不特此也。又當察其人史德何如。又當察其人史識何如。又當察其人所處地位何如。所謂史德者。著者品格劣下。則其所記載者宜格外愼察。魏收魏書。雖時代極近。然吾儕對於彼之信任。斷不能如信任司馬遷班固也。所謂地位者。一事件之眞相。有時在近時代不能盡情宣布。在遠時代乃能之。例如陳壽時代早於范曄。然記漢魏易代事。曄反視壽爲可信。蓋二人所及見之直接史料本略相等。而壽書所不能昌言者。曄皆能昌言也。所謂史識者。同是一直接史料。而去取別擇之能力存乎其人。假使劉知幾自著一史。必非李延壽令狐德棻輩所能及。元人修宋史。淸人修明史。同爲在異族之朝編前代之史。然以萬斯同史稿作藍本所成之明史。決非脫脫輩監修之宋史所能及也。要而論之。吾儕讀史作史。既不能不乞靈於間接的史料。則對於某時代某部門之史料自應先擇定一兩種價値較高之著述以作研究基本。選擇之法。合上列數種標準。以衡之。庶無大過。至於書中所敍史實。則任何名著。總不免有一部分不實不盡之處。質言之。則無論何項史料。皆須打幾分折頭。吾儕宜刻刻用懷疑精神喚起注意而努力以施忠實之研究。則眞相庶可次第呈露也。

右論正誤的鑑別法竟。——次論辨僞的鑑別法。

辨僞法先辨僞書。次辨僞事。

僞書者。其書全部分或一部分純屬後人僞作而以託諸古人也。例如現存之本草號稱神農作。素問內經號稱黃帝作。周禮號稱周公作。六韜陰符號稱太公作。管子號稱管仲作。……假使此諸書而悉眞者。則吾國歷史便成一怪物。蓋社會進化說全不適用。而原因結果之理法亦將破壞也。文字未興時代之神農已能作本草。是謂無因。本草出現後若干千年。而醫學藥學上更無他表見。是謂無果。無因無果。是無進化。如是則吾儕治史學爲徒勞。是故苟無鑑別僞書之識力。不惟不能忠實於史蹟。必至令自己之思想塗徑大起混亂也。

書愈古者。僞品愈多。大抵戰國秦漢之交。有一大批僞書出現。漢書藝文志所載三代以前書。僞者殆不少。新莽時復有一大批出現。如周禮及其他古文經皆是。晉時復有一大批出現。如晚出古文尙書。孔子家語。孔叢子等。其他各時代零碎僞品亦尙不少。且有僞中出僞者。如今本鬼谷子鶡冠子等。莽晉兩期。劉歆王肅作僞老手。其作僞之動機及所作僞品。前清學者多已言之。今不贅引。戰國秦漢間所以多僞書者。（一）因當時學者。本有好「託古」的風氣。己所主張。恆引古人以自重。（說詳下）本非有意揑造一書。指爲古人所作。而後人讀之。則幾與僞託無異。（二）因當時著述家。本未嘗標立一定之書名。且亦少泐成定本。展轉傳鈔。或合數種而漫圖一名。或因書中多涉及某人。即指爲某人所作。（三）因經秦焚以後。漢初朝野人士皆汲汲以求遺書爲務。獻書者往往勦鈔舊籍。託爲古代某名人所作以售炫。前兩項爲戰國末多僞書之原因。後一項爲漢初多僞書之原因。

僞書有經前人考定已成鐵案者。吾儕宜具知之。否則徵引考證。徒費精神。例如今本尚書有胤征一篇。載有夏仲康時日食事。近數十年來。成爲歐洲學界一問題。異說紛爭。殆將十數。致勞漢學專門家天文學專門家合著專書以討論。（注四）殊不知胤征篇純屬東晉晚出之僞古文。經淸儒閻若璩惠棟輩考證。久成定讞。仲康其人之有無且未可知。遑論其時之史蹟。歐人不知此椿公案。至今猶刺刺論難。由吾儕觀之。可笑亦可憐也。欲知此類僞書。略繙淸四庫書目提要。便可得梗概。提要中指爲眞者未必遂眞。指爲僞者大抵必僞。此學者應有之常識也。

（注四）關於此問題之研究。Gaubil 氏謂在紀前二一五四年十月十一日。Largeteau 氏及 Chalmers 氏謂在二一二七年十月十二日。Freret 氏及 D. Cassini 氏謂在二一〇六年十月二十四日。Gumpach 氏謂在二一五五年十月二十二日。Oppolzer 氏謂在二一三五年十月二十一日。而有名之漢學大家 Prof. G. Schlegel 及有名之天文學大家 Dr. F. Kuhnert 曾合著一書。在荷蘭阿姆斯丹之學士院出版。題曰書經之日蝕 Die Schu King Finsterniss（Amsterdam. J. Muller. 1889）謂當在二一六五年五月七日。其言甚雄辯。其後漢學大家 Dr. F. Eitel 復著詳論駁之。登在 China Review 第十八卷。

然而僞書孔多。現所考定者什僅二三耳。此外古書或全部皆僞。或眞僞雜糅者。尚不知凡幾。吾儕宜拈出若干條鑑別僞書之公例。作自己研究標準焉。

一 其書前代從未著錄。或絕無人徵引而忽然出現者。什有九皆僞。例如「三墳五典八索九丘」之名。雖見左傳「晉乘楚檮杌」之名。雖見孟子。然漢隋唐藝文經籍諸志從未著錄。司馬遷以下未嘗有一人徵引。可想見古代或並未嘗有此書。即有之亦必秦火前後早已亡佚。而明人所刻古逸史忽有所謂三墳記。晉史乘。楚史檮杌等書。凡此類書。殆可以不必調查內容。但問名即可知其僞。

二 其書雖前代有著錄。然久經散佚。乃忽有一異本突出。篇數及內容等與舊本完全不同者。什有九皆僞。例如最近忽發現明鈔本愼子一種。與今行之四庫本守山閣本全異。與隋唐志崇文總目直齋書錄解題等所記篇數。無一相符。其流傳之緒又絕無可考。吾儕乍覩此類書目。便應懷疑。再一檢閱內容。則可定爲明人僞作也。(注九)

三 其書不問有無舊本。但今本來歷不明者。即不可輕信。例如漢河內女子所得泰誓。晉梅賾所上古文尚書及孔安國傳。皆因來歷曖昧。故後人得懷疑而考定其僞。又如今本列子八篇。據張湛序言由數本拼成。而數本皆出湛戚屬之家。可證當時社會。絕無此書。則吾輩不能不致疑。

四 其書流傳之緒。從他方面可以考見。而因以證明今本題某人舊撰爲不確者。例如今所稱神農本草。漢書藝文志無其目。知劉向時決未有此書。再檢隋書經籍志以後諸書目及其他史傳。則知此書殆與蔡邕吳普陶弘景諸人有甚深之關係。直至宋代。然後規模大具。質言之。則此書殆經千年間許多人心力所集成。但其書不惟非出神農。即西漢以前人。參預者尚極少。殆可斷言也。(注十)

五 眞書原本。經前人稱引。確有左證。而今本與之歧異者。則今本必僞。例如古本竹書紀年有夏啓殺伯益。

商太甲殺伊尹等事。又其書不及夏禹以前事。此皆原書初出土時諸人所親見信而有徵者（注十一）而今本記伯益伊尹等文全與彼相反其年代又託始於黃帝故知決非汲冢之舊也。

六　其書題某人撰而書中所載事蹟在本人後者。則其書或全僞或一部分僞。例如越絕書隋志始著錄。題子貢撰。然其書既未見漢志且書中敍及漢以後建置沿革。故知其書不惟非子貢撰且並非漢時所有也。又如管子商君書漢志皆著錄。題管仲商鞅撰。然兩書各皆記管商死後之人名與事蹟。故知兩書決非管商自撰。即非全僞。最少亦有一部分羼亂也。

七　其書雖眞。然一部分經後人竄亂之蹟既確鑿有據。則對於其書之全體須愼加鑑別。例如史記爲司馬遷撰。固毫無疑義。然遷自序明言『訖於麟止。』今本不惟有太初天漢以後事且有宣元成以後事其必非盡爲遷原文甚明此部分既有竄亂則他部分又安敢保必無竄亂耶。（注十二）

八　書中所言確與事實相反者。則其書必僞。例如今道藏中有劉向撰列仙傳。其書隋志已著錄。書中言諸仙之荒誕固不俟辯其自序云。『七十四人已見佛經。』佛經至後漢桓靈時始有譯本下距劉向之沒將二百年向何從知有佛經耶。即據此一語而全書之僞已無遁形。

九　兩書同載一事絕對矛盾者。則必有一僞或兩俱僞。例如涅槃經佛說云。『從今日始。不聽弟子食肉。』入楞伽經佛說云。『我於象腋央掘魔涅槃大雲等一切修多羅中不聽食肉。』涅槃經共認爲佛臨滅度前數小時間所說。既象腋等經有此義。何得云『從今日始。』且涅槃既佛最後所說經。入楞伽何得引之。是涅槃楞伽。最少必有一僞。或兩俱僞也。

以上九例皆據具體的反證而施鑑別也。尚有可以據抽象的反證而施鑑別者。

十　各時代之文體。蓋有天然界畫。多讀書者自能知之。故後人僞作之書。有不必從字句求枝葉之反證。但一望文體卽能斷其僞者。例如東晉晚出古文尙書。比諸今文之周誥殷盤。截然殊體。故知其決非三代以上之文。又如今本關尹子中有『譬犀望月。月影入角。特因識生。故有月形。而彼眞月初不在角。』等語。此種純是晉唐繙譯佛經文體。決非秦漢以前所有。一望卽知。

十一　各時代之社會狀態。吾儕據各方面之資料。總可以推見崖略。若某書中所言其時代之狀態。與情理相去懸絕者。卽可斷爲僞。例如漢書藝文志農家有神農二十篇。自注云。『六國時諸子託諸神農。』此書今雖不傳。然漢書食貨志稱鼂錯引神農之教云。『有石城十仞。湯池百步。帶甲百萬。而亡粟弗能守也。』此殆鼂錯所見神農書之原文。然石城湯池帶甲百萬等等情狀。決非神農時代所能有。故劉向班固指爲六國人僞託。非武斷也。

十二　各時代之思想。其進化階段。自有一定。若某書中所表現之思想。與其時代不相銜接者。卽可斷爲僞。例如今本管子有『寢兵之說勝。則險阻不守。兼愛之說勝。則士卒不戰。』等語。此明是墨翟宋鈃以後之思想。當管仲時。並寢兵兼愛等學說。尙未有。何所用其批評反對者。素問靈樞中言陰陽五行。明是鄒衍以後之思想。黃帝時安得有此耶。（注十三）

（注九）明鈔本愼子。繆荃孫所藏。最近上海涵芬樓所印四部叢刊採之。詫爲驚人祕笈。繆氏號稱目錄學專家。乃寶此燕石。故知考古貴有通識也。

（注十）古書中有許多經各時代無數人踵襲賡續而成者。如本草一書卽其例。吾嘗欲詳考此書成立增長之次第。所搜資料頗多。惜未完備不能成篇耳。

（注十一）看晉書束晳傳王接傳及杜預左傳集解後序。

（注十二）看今人王國維著太史公年譜崔適著史記探原。

（注十三）看今人胡適著中國哲學史大綱二十一二十二葉。

以上十二例其於鑑別僞書之法雖未敢云備。循此以推。所失不遠矣。一面又可以應用各種方法以證明某書之必眞。

一　例如詩經。『十月之交。朔日辛卯。日有食之。亦孔之醜。』經六朝唐元清諸儒推算。知周幽王六年十月辛卯朔確有日食。中外歷對照。應爲西紀前七七六年。歐洲學者亦考定其年陽歷八月二十九日中國北部確見日食。與前所舉胤征篇日食異說紛紜者正相反。因此可證詩經必爲眞書。其全部史料皆可信。

二　與此同例者。如春秋所記『桓公三年秋七月壬辰朔日食』『宣公八年秋七月甲子日食』據歐洲學者所推算。前者當紀前七零九年七月十七日。後者當紀前六零一年九月二十日。今山東兗州府確見日食。因此可證當時魯史官記事甚正確。而春秋一書除孔子寓意褒貶所用筆法外。其所依魯史原文。皆極可信。

三　更有略同樣之例。如尚書堯典所記中星。『仲春日中星鳥。仲夏日中星火』等。據日本天文學者所研究。西紀前二千四五百年時確是如此。因此可證堯典最少應有一部分爲堯舜時代之眞書。

四　書有從一方面可認爲僞從他方面可認爲眞者例如現存十三篇之孫子舊題春秋時吳之孫武撰吾儕據其書之文體及其內容確不能信其爲春秋時書雖然若謂出自秦漢以後則文體及其內容亦都不類漢書藝文志兵家本有吳孫子齊孫子之兩種「吳孫子」則春秋時之孫武「齊孫子」則戰國時之孫臏也此書若指爲孫武作則可決其僞若指爲孫臏作亦可謂之眞此外如管子商君書等性質亦略同若指定爲管仲商鞅所作則必僞然其書中大部分要皆出戰國人手若據以考戰國末年思想及社會情狀固絕佳的史料也乃至周禮謂爲周公作固僞若據以考戰國秦漢間思想制度亦絕佳的史料也

五　有書中某事項常人共指斥以證其書之僞吾儕反因此以證其書之眞者例如前所述竹書紀年中『啓殺益太甲殺伊尹』兩事後人因習聞孟子史記之說驟覩此則大駭殊不思孟子不過與魏安釐王時史官同時而孟子不在史職聞見本不逮史官之確司馬遷又不及見秦所焚之諸侯史記其記述不過踵孟子而已何足據以難竹書而論者或因此疑竹書之全僞殊不知凡作僞者必投合時代心理經漢魏儒者鼓吹以後伯益伊尹輩早已如神聖不可侵犯安有晉時作僞書之人乃肯立此等異說以資人集矢者實則以情理論伯益伊尹既非超人的異類逼位謀篡何足爲奇啓及太甲爲自衞計而殺之亦意中事故吾儕寧認竹書所記爲較合於古代社會狀況竹書既有此等記載適足證其不僞而今本竹書削去之則反足證其僞也又如孟子因武成『血流漂杵』之文乃歎『盡信書不如無書』謂『以至仁伐至不仁』不應如此推孟子之意則逸周書中克殷世俘諸篇益爲僞作無疑其實孟子理想中的「仁義之師」本爲歷史上不能　生之事實而逸周書敍周武王殘暴之狀或反爲眞相吾儕所以信逸周書之不僞乃

正以此也。

六　無極强之反證足以判定某書爲僞者。吾儕只得暫認爲眞。例如山海經穆天子傳。以吾前所舉十二例繩之無一適用者。故其書雖詭異。不宜遽武斷以吐棄之。或反爲極可寶之史料。亦未可知也。

以上論鑑別僞書之方法。竟。次當論鑑別僞事之方法。

僞事與僞書異。僞書中有眞事。眞書中有僞事也。事之僞者與誤者又異。誤者無意失誤。僞者有意虛搆也。今請舉僞事之種類。

一　其史蹟本爲作僞的性質。史家明知其僞而因仍以書之者。如漢魏六朝篡禪之際種種作態。即其例也。史家記載或仍其僞相。如陳壽。或揭其眞相。如范曄。試列數則資比較。

（魏志武帝紀）	（後漢書獻帝紀）
天子以公領冀州牧	曹操自領冀州牧
漢罷三公官置丞相以公爲丞相	曹操自爲丞相
天子使郗慮策命公爲魏公加九錫	曹操自立爲魏公加九錫
漢帝以衆望在魏乃召羣公卿士使張音奉璽綬禪位	魏王丕稱天子奉帝爲山陽公

此等僞蹟昭彰。雖仍之不甚足以誤人。但以云史德。終不宜爾耳。

二　有虛構僞事而自著書以實之者。此類事在史中殊不多覯。其最著之一例。則隋末有妄人曰王通者。自比孔子。而將一時將相若賀若弼李密房玄齡魏徵李勣等皆攀認爲其門弟子。乃自作或假手於其子弟以作所謂文中子者，歷叙通與諸人問答語，一若實有其事，此種病狂之人，妖誣之書，實人類所罕見，而千年來所謂「河汾道統」者，竟深入大多數俗儒腦中，變爲眞史蹟矣，嗚呼讀者當知，古今妄人非僅一王通，世所傳墓志家傳行狀之屬，汗牛充棟，其有以異於文中子者，恐不過程度問題耳，

三　有事蹟純屬虛搆，然已公然取得「第一等史料」之資格，幾令後人無從反證者，例如前清洪楊之役，有所謂賊中謀主洪大全者，據云當發難時，被廣西疆吏擒殺，然吾儕乃甚疑此人爲子虛烏有，恐是當時疆吏冒功，影射洪秀全之名以揑造耳，雖然既已形諸章奏，登諸實錄，吾儕欲求一完而强之反證，乃極不易得，茲事在今日不已儼然成爲史實耶，竊計史蹟中類此者亦殊不少，治史者謂宜常以老吏斷獄之態臨之，對於所受理之案牘，斷不能率爾輕信，若不能得確證以釋所疑，甯付諸蓋闕而已，

四　有事雖非僞，而言之過當者，孔子云『紂之不善，不如是之甚也，』莊子云『兩善必多溢美之言，兩惡必多溢惡之言，』王充云『俗人好奇，不奇言不用也，故譽人不增其美，則聞者不快其意，毀人不益其惡，則聽者不愜於心，』是故無論何部分之史，恐「眞蹟放大」之弊，皆所不免，論衡中語增儒增藝增諸篇，所舉諸事，皆其例也，況著書者無論若何純潔，終不免有主觀的感情夾雜其間，例如王闓運之湘軍志，在理宜認爲第一等史料者也，試讀郭嵩燾之湘軍志會軍篇書後，則知其不實之處甚多，又如吾二十年前所著戊戌政變記，後之作清史者記戊戌事，誰不認爲可貴之史料，然謂所記悉爲信史，吾已不敢自承，何則，感情作用所支配，不免將眞蹟放大也，治史者明乎此義，處處打幾分折頭，庶無大過矣，

五　史文什九皆經後代編史者之潤色，故往往多事後增飾之語，例如左傳莊二十二年記陳敬仲卜辭，所

謂『有嬀之後。將育于姜。五世其昌。並於正卿。八世之後。莫之與京。』等語。苟非田氏篡齊後所記。天下恐無此確中之預言。襄二十九年記吳季札適晉。說趙文子韓宣子魏獻子曰『晉國其萃於三族乎。』苟非三家分晉後所記。恐亦無此確中之預言也。乃至如諸葛亮之隆中對。於後來三國鼎足之局若操券以待。雖曰遠識之人。鑑往知來。非事理所不可能。然如此銖黍不忒。實足深怪。試思當時備亮兩人對談。誰則知者。除非是兩人中之一人有筆記。不然。則兩人中一人事後與人談及。世乃得知耳。事後之言。本質已不能無變。而再加以修史者之文飾。故吾儕對於彼所記。非「打折頭」不可也。

六　有本意並不在述史。不過借古人以寄其理想。故書中所記。乃著者理想中人物之言論行事。並非歷史上人物之言論行事。此種手段。先秦諸子多用之。一時成爲風氣。孟子言『有爲神農之言者許行。』此語最得眞相。先秦諸子。蓋最喜以今人而爲古人之言者也。前文述鼂錯引「神農之敎」。非神農之敎。殆許行之徒之敎也。豈惟許行。諸子皆然。彼「言必稱堯舜」之孟子。吾儕正可反脣以稽之曰「有爲堯舜之言者孟軻」也。此外如墨家之於大禹。道家陰陽家之於黃帝。兵家之於太公。法家之於管仲。莫不皆然。愈推重其人。則愈舉己所懷抱之理想以推奉之。而其人之眞面目乃愈淆亂。韓非子云『孔子墨子俱道堯舜。而取舍不同。皆自謂眞堯舜。堯舜不復生。誰將使定儒墨之誠乎。』是故吾儕對於古代史料。一方面患其太少。一方面又患其太多。貪多而失眞。不如安少而闕疑也已。

人類非機械。故史蹟從未有用「印板文字」的方式閱時而再現者。而中國著述家所記史蹟。往往不然。例如堯有丹朱。舜必有商均。舜避堯之子於南河。禹必避舜之子於陽城。桀有妹喜。紂必有妲己。桀有酒池。

紂必有肉林。桀有傾宮。紂必有瓊室。桀有玉杯。紂必有象箸。桀殺龍逢。紂必殺比干。桀囚湯於夏臺。紂必囚文王於羑里。夏之將亡。太史令終古出奔商。商之將亡。內史向摯必出奔周。此類乃如駢體文之對偶。枝枝相對。葉葉相當。天下安有此情理。又如齊太公誅華士。子產誅鄧析。孔子誅少正卯。三事相去數百年。而其殺人同一目的。同一程序。所殺之人同一性格。乃至其罪名亦幾全同。天下又安有此情理。然則所謂桀紂如何如何者。毋乃僅著述家理想中帝王惡德之標準。所謂殺鄧析少正卯云云者。毋乃僅某時代之專制家所捏造以爲口實。（鄧析非子產所殺左傳已有反證）吾儕對於此類史料。最宜謹嚴鑑別。始不至以理想混事實也。

七　有純屬文學的著述。其所述史蹟。純爲寓言。彼固未嘗自謂所說者爲眞事蹟也。而愚者刻舟求劍。乃無端惹起史蹟之糾紛。例如莊子言『鯤化爲鵬。其大幾萬里。』倘有人認此爲莊周所新發明之物理學。或因此而詆莊周之不解物理學。吾儕必將笑之。何也。周本未嘗與吾儕談物理也。周豈惟未嘗與吾儕談物理。亦未嘗與吾儕談歷史。豈惟周未嘗與吾儕談歷史。古今無數作者亦多未嘗與吾儕談歷史。據德充符而信歷史上確有兀者王駘曾與仲尼中分魯國人。咸笑之。據人間世而信歷史上確有列禦寇其人者則比比然。而列子八篇。傳誦且與老莊埒也。據離騷而信屈原嘗與巫咸對話。嘗令帝閽開關。人咸笑之。據九歌而信堯之二女爲湘君湘夫人者。則比比然也。陶潛作桃花源記。以寄其烏託邦的理想。而桃源縣竟以此得名。千年莫之改也。石崇作王昭君辭。謂其出塞時或當如烏孫公主之彈琵琶。而流俗相承。遂以琵琶爲昭君掌故也。吾儕若循此習慣以評騭史料。則漢孔融與曹操書。固嘗言『武王伐紂。以妲己賜周公。』吾儕其將信之也。淸黃宗羲與葉方藹書。固嘗言『首陽二老託孤於尚父。乃得三年食薇。顏色不壞。』吾儕其亦將信之也而不幸現在衆人共信之史蹟其性質類此者正復不少夫豈惟關於個人的史蹟爲然耳凡文士所描寫之京邑宮室輿服以及其他各方面之社會情狀恐多半應作如是觀也

以上七例論僞事之由來雖不能備學者可以類推矣至於吾儕辨證僞事應採之態度亦略可得言焉

第一　辨證宜勿支離於問題以外例如孟子『萬章曰堯以天下與舜有諸孟子曰否……』吾儕讀至此試掩卷一思下一句當如何措詞耶嘻乃大奇孟子曰『天子不能以天下與人』此如吾問『某甲是否殺某乙』汝答曰『否人不應殺人』人應否殺人此爲一問題某甲曾否殺某乙此又爲一問題汝所答非我所問也萬章續問曰『然則舜有天下也孰與之』孟子既主張天下非堯所與則應別指出與舜之人抑係舜自取乃孟子答曰『天與之』宇宙間是否有天天是否能以事物與人非惟萬章無徵卽孟子亦無徵也兩造皆無徵則辯論無所施矣又如孟子否認百里奚自鬻於秦然不能舉出反證以抉其僞乃從奚之智不智賢不賢作一大段循環論理諸如此類皆支離於本問題以外違反辯證公例學者所首宜切戒也

第二　正誤與辯僞皆貴舉反證吾旣屢言之矣反證以出於本身者最强有力所謂以矛陷盾也例如漢書藝文志云『武帝末魯共王壞孔子宅得古文尚書……孔安國獻之遭巫蠱事未列於學官』吾儕卽從漢書本文可以證此事之僞其一景十三王傳云『魯共王餘以孝景前二年立……二十八年薨子安王光嗣』景帝在位十六年則共王應薨於武帝卽位之第十三年卽元朔元年也（王子侯表云『元朔元年安王光嗣』正合）武帝在位五十四年則末年安得有共王其二孔安國漢書無專傳史記孔子世家云『安國爲今皇帝博士

丞卒』漢書兒寬傳云『寬詣博士受業受業孔安國補廷尉史廷尉張湯薦之』考百官表湯遷廷尉在元朔三年安國爲博士總應在此年以前假令其年甫逾二十則下距巫蠱禍作時已過五十安得云丞卒既已丞卒安得獻書於巫蠱之年耶然則此事與本書中他篇之文處處衝突王充云『不得二全則必一非』（論衡語增篇）既無法以證明他篇之爲僞則藝文志所記此二事必僞無疑也

第三 僞事之反證以能得「直接史料」爲最上例如魚豢魏略謂『諸葛亮先見劉備備以其年少輕之亮說以荊州人少當令客戶皆著籍以益衆備由此知亮』陳壽三國志則云『先主詣亮凡三往乃見』豢與壽時代略相當二說果孰可信耶吾儕今已得最有力之證據則亮出師表云『先帝不以臣卑鄙三顧臣於草廬之中』苟吾儕不能證明出師表之爲僞作又不能證明亮之好妄語則可決言備先見亮非亮先見備也又如唐書玄奘傳稱奘卒年五十七玄奘塔銘則云六十九此兩說孰可信耶吾儕亦得最有力之證據則奘嘗於顯慶二年九月二十日上表中有『六十之年颯焉已至』二語則奘壽必在六十外既無疑而顯慶二年下距奘卒時之麟德元年尙九年又足爲塔銘不誤之正證也凡此皆以本人自身所留下之史料爲證據此絕對不可抗之權威也又如魏略云『劉備在小沛生子禪後因曹公來伐出奔禪時年數歲隨人入漢中有劉括者養以爲子……』欲證此事之僞則後主（禪）卽位之明年諸葛亮領益州牧與主簿杜微書曰『朝廷今年十八』知後主確以十七歲卽位若生於小沛則時已三十餘歲矣此史料雖非禪親自留下然出於與彼關係極深之諸葛亮其權威亦相等也又如論衡辨淮南王安之非昇仙云『安坐反而死天下共聞』安與司馬遷正同時史記敘其反狀死狀始末悉備故遷所記述其權威

亦不可抗也。右所舉四例。其第一第二兩例。由當事人自舉出反證。第三例由關係人舉出反證。第四例由在旁知狀之見證人舉出反證。皆反證之最有力者也。

第四　能得此種強有力之反證。則眞僞殆可一言而決。雖然。吾儕所見之史料。不能事事皆如此完備。例如孟子中萬章問孔子在衞是否主癰疽。孟子答以『於衞主顏讎由……』此次答辯極合論理。正吾所謂舉反證之說也。雖然。孟子與萬章皆不及見孔子。孟子據一傳說。萬章亦據一傳說。孟子既未嘗告吾儕以彼所據者出何經何典。萬章亦然。吾儕無從判斷孟子所據傳說之價值是否能優於萬章之所據。是故吾儕雖極不信「主癰疽」說。然對於「主顏讎由」說。在法律上亦無權以助孟子張目也。遇此類問題。則對於所舉反證。有一番精密審查之必要。例如舊說皆云釋迦牟尼以周穆王五十二年滅度。當西紀前九百五十年。獨佛祖通載(卷九)有所謂「衆聖點記」之一事。據稱梁武帝時有僧伽跋陀羅傳來之善見律卷末有無數黑點。相傳自佛滅度之年起。佛弟子優波離在此書末作一點。以後師弟代代相傳。每年一點。至齊永明六年。僧伽跋陀羅下最後之一點。共九百七十五點。循此上推。則佛滅度應在周敬王三十五年。當西紀前四百八十五年。與舊說相差至五百三十餘年之多。是則舊說之僞誤。明明得一強有力之反證矣。雖然。最要之關鍵。則在此「衆聖點記」者是否可信。吾國人前此惟不敢輕信之。故雖姑存此異說。而舊說終不廢。及近年來歐人據西藏文之釋迦傳以考定阿闍世王之年代。據印度石柱刻文以考定阿育王之年代。據巴利文之錫蘭島史以考定錫蘭諸王之年代。復將此諸種資料中有言及佛滅年者。據之與各王年代比較推算。確定佛滅年為紀前四八五年。(或云四百八十七年。所差僅兩年耳)於是衆聖點記之價值頓增十倍。吾儕乃確知釋迦略與孔子同時。舊說所云西周時人者。絕不可信。而其他書籍所言孔老以前之佛蹟。亦皆不可信矣。

第五　時代錯迕則事必僞。此反證之最有力者也。例如商君書徠民篇有『自魏襄以來』語。有『長平之勝』語。魏襄死在商君死後四十二年。長平戰役在商君死後七十八年。今謂商君能語及此二事。不問而知其僞也。史記扁鵲傳既稱鵲爲趙簡子時人。而其所醫治之人有虢太子。有齊桓侯等。先簡子之立百三十九年而虢亡。田齊桓侯午之立。後簡子死七十二年。錯迕糾紛至此。則鵲傳全部事蹟殆皆不敢置信矣。其與此相類者例如尙書堯典『帝曰皋陶蠻夷猾夏』。此語蓋甚可詫。夏爲大禹有天下之號。因禹威德之盛。而中國民族始得「諸夏」之名。帝舜時安從有此語。假令孔子垂敎而稱中國人爲漢人。司馬遷著書而稱中國人爲唐人。有是理耶。此雖出聖人手定之經。吾儕終不能不致疑也。以上所舉諸例。皆甚簡單而易說明。亦有稍複雜的事項。必須將先決問題研究有緒。始能論斷本問題者。例如堯典有『金作贖刑』一語。吾儕以爲三代以前未有金屬貨幣。此語恐出春秋以後人手筆。又如孟子稱『舜封象於有庳。象不得有爲於其國。天子使吏治其國。而納其貢賦』。吾儕以爲封建乃周以後之制度。『使吏治其國』云云。又是戰國後半期制度。皆非舜時代所宜有。雖然。此斷案極不易下。必須將「三代前無金屬貨幣」「封建起自周代」之兩先決問題。經種種歸納的研究立爲鐵案。然後彼兩事之僞乃成信讞也。且此類考證。尤有極難措手之處。吾主張三代前無金屬貨幣。人卽可引堯典『金作贖刑』一語以爲反證。（近人研究古泉文者。有釋爲「乘正尙金當爰」之一種。卽指爲唐虞贖刑所用。蓋因此而附會及於古物矣。）

吾主張封建起自周代。人卽可引孟子「象封有庳」一事爲反證。以此二書本有相當之權威也。是則對書信任與對事信任。又遞相爲君臣。在學者辛勤審勘之結果何如耳。

第六　有其事雖近僞。然不能從正面得直接之反證者。只得從旁面間接推斷之。若此者。吾名曰比事的推論法。例如前所舉萬章『問孔子於衞主癰疽』事。同時又問『於齊主侍人瘠環』。孟子答案於衞雖舉出反證。於齊則舉不出反證。但別舉『過宋主司城貞子』之一旁證。吾儕又據史記孔子世家稱孔子遊齊主高昭子。二次三次遊衞皆主蘧伯玉。因此可推定孔子所主皆正人君子。而癰疽瘠環之說。蓋僞也。又如魯共王孔安國與古文尚書之關係。旣有確據以證其僞。河間獻王等與古文毛詩之關係。張蒼等與古文左傳之關係。亦別有確據以證其僞。則當時與此三書同受劉歆推獎之古文周官古文逸禮。雖反證未甚完備。亦可用「晚出古文經蓋僞」之一假說。略爲推定矣。此種推論法。應用於自然科學界。頗極穩健。應用於歷史時。或不免危險。因歷史爲人類所造。而人類之意志情感。常自由發動。不易執一以律其他也。例如孔子喜親近正人君子。固有證據。然其通變達權。亦有證據。南子而肯見。佛肸弗擾召而欲往。此皆見於論語者。若此三事不僞。又安見其絕對的不肯主癰疽與瘠環也。故用此種推論法。只能下「蓋然」的結論。不宜輕下「必然」的結論。

第七　有不能得「事證」。而可以「物證」或「理證」明其僞者。吾名之曰推度的推論法。例如舊說有明建文帝遜國出亡之事。萬斯同斥其僞。謂『紫禁城無水關。無可出之理。』（錢大昕著萬季野傳）此所謂物證也。又如舊說有「顏淵與孔子在泰山望閶門白馬。顏淵髮白齒落」之事。王充斥其僞。謂『人目斷不能見千里之外。』又言『用睛暫望影響斷不能及於髮齒。』論衡書虛篇 此皆根據生理學上之定理以立言。雖文籍上別無他種反證。然已得極有價值之結論。此所謂理證也。吾儕用此法以駁歷史上種種不近情理之事。自然可以廓清無限迷霧。但此法之應用。亦有限制。其確實之程度。蓋當與科學智識駢進。例如古代有指南車之一事。在數百年前之人。或且度理以斷其僞。今日則正可度理以證其不僞也。然則史中記許多鬼神之事。吾儕指爲不近情理者。安知他日不發明一種「鬼神心理學」而此皆爲極可寶之資料耶。雖然。吾儕今日治學。只能以今日之智識範圍爲界。『於其所不知蓋闕如。』終是寡過之道也。

本節論正誤辨僞兩義。縷縷數萬言。所引例或涉及極瑣末的事項。吾非謂治史學者宜費全部精神於此等考證。尤非謂考證之功。必須徧及於此等瑣事。但吾以爲有一最要之觀念。爲吾儕所一刻不可忘者。則吾前文所屢說之「求眞」兩字——即前清乾嘉諸老所提倡之「實事求是」主義是也。夫吾儕治史。本非徒欲知有此事而止。既知之後。尚須對於此事運吾思想。騁吾批評。雖然。思想批評。必須建設於實事的基礎之上。而非然者。其思想將爲枉用。其批評將爲虛發。須知近百年來歐美史學之進步。則彼輩能用科學的方法以審查史料。實其發軔也。而吾國宋明以降學術之日流於誕渺。皆由其思想與批評。非根據於實事。故言愈辯而誤學者亦愈甚也。韓非曰『無參驗而必之者。愚也。弗能必而據之者。誣也。』孔子曰『蓋有不知而作之者。我無是也。多聞擇其善者而從之。多見而識之。知之次也。』又曰『多聞闕疑。愼言其餘。則寡尤。』我國治史者。惟未嘗以科學方法駁史料。故不知而作。非愚則誣之弊。往往而有。吾儕今日宜篳路藍縷以闢此塗。務求得正確之史料。以作自己思想批評之基礎。且爲後人作計。使踵吾業者。從此得節嗇其精力於考證方面。而專用其精力於思想批評方面。斯則吾儕今日對於斯學之一大責任也。

第六章　史蹟之論次

吾嘗言之矣。事實之偶發的孤立的斷滅的。皆非史的範圍。然則凡屬史的範圍之事實。必其於橫的方面最少亦與他事實有若干之聯帶關係。於縱的方面最少亦爲前事實一部分之果或爲後事實一部分之因。是故善治史者。不徒致力於各個之事實。而最要著眼於事實與事實之間。此則論次之功也。

史蹟有以數千年或數百年爲起訖者。其蹟每度之發生。恆在若有意識若無意識之間。並不見其有何等公共一貫之目的。及綜若干年之波瀾起伏而觀之。則儼然若有所謂民族意力者在其背後。治史者遇此等事。宜將千百年間若斷若續之跡。認爲筋搖脈注之一全案。不容以枝枝節節求也。例如我族對於苗蠻族之史蹟。自黃帝戰蚩尤。堯舜分背三苗以來。中間經楚莊蹻之開夜郎。漢武帝通西南夷。馬援諸葛亮南征。唐之於六詔。宋之於儂智高……等事。直至清雍乾間之改土歸流。咸同間之再平苗討杜文秀。前後凡五千年。此問題殆將完全解決。對於羌回族之史蹟。自成湯氐羌來享。武王徵師羌髳以來。中間經晉之五涼。宋之西夏……等等。直至清乾隆間蕩平準回。光緒間設新疆行省。置西陲各辦事大臣。前後凡四千年。迄今尚似解決而未盡解決。對於匈奴之史蹟。自黃帝伐獯鬻。殷高宗伐鬼方。周宣王伐玁狁以來。中間經春秋之晉。戰國之秦趙。力與相持。迄漢武帝和帝兩度之大膺懲。前後經三千年。茲事乃告一段落。對於東胡之史蹟。自春秋時山戎病燕以來。中間經五胡之諸鮮卑。以逮近世之契丹女眞滿珠。前後亦三千年。直至辛亥革命。清廷遜荒。此問題乃完全解決。至如朝鮮問題。自箕子受封以來。歷漢隋唐屢起屢伏。亦經三千餘年。至光緒甲午。解決失敗。此問題乃暫時屏出我歷史圈外。而他日勞吾子孫以解決者且未有已也。如西藏問題。自唐吐蕃時代以迄明清。始終在似解決未解決之間。千五百餘年於茲矣。以上專就本族對他族關係言之。其實本族內部之事。性質類此者亦正多。例如封建制度。以成周一代八百年間爲起訖。既訖之後。猶二千餘年時時揚其死灰。若漢之七國。晉之八王。明之靖難。清之三藩。猶其彿影也。例如佛教思想。以兩晉六朝隋唐八百年間爲起訖。而其先驅及其餘燼。亦且數百年也。凡此之類。當以數百年或數千年間此部分之總史蹟爲一個體。而以各時代所發生此部分之分史蹟爲其細胞。將各細胞個個分離。行見其各爲絕無意義之行動。綜合觀之。則所謂國民意力者乃躍如也。吾論舊史尊紀事本末體。夫紀事必如是。乃眞與所謂本末者相副矣。

史之爲態。若激水然。一波纔動萬波隨。舊金山金門之午潮。與上海吳淞口之夜汐。鱗鱗相銜。如環無端也。其發動力有大小之分。則其盪激亦有遠近之異。一個人方寸之動。而影響及於一國。一民族之舉足左右。而影響及於世界者。比比然也。吾無暇毛舉其細者。惟略述其大者。吾今標一史題於此。曰『劉項之爭與中亞細亞及印度諸國之興亡有關係。而影響及於希臘人之東陸領土』。聞者必疑其風馬牛不相及。然吾徵諸史蹟。而有以明其然也。尋其波瀾起伏之路線。蓋中國當李牧蒙恬時。浪勢壯闊。蹙匈奴於北。使彼『十餘年不敢窺趙邊』。(史記李牧傳文)『卻之七百餘里』。(賈誼過秦論文)使中國能保持此局。匈奴當不能有所擾於世界之全局。『秦末擾亂。諸秦所徙謫戍邊者皆復去。於是匈奴得寬。復稍度河南。……漢兵與項羽相拒。中國能於兵革。以故冒頓得自彊。……大破滅東胡。西擊走月氏。』(史記匈奴傳文)『月氏本居敦煌祁連間。及爲匈奴所敗。乃遠去。過宛。西擊大夏而臣之。』

』史記大宛傳文蓋中國拒胡之高潮．一度退落．匈奴乘反動之勢南下．軒然蹴起一大波以撼我甘肅邊徼山谷間之月氏．月氏為所盪激．復蹴起一大波滔滔度葱嶺以壓大夏．大夏者西史所謂柏忒里亞 Bactria 亞歷山大大王之部將所建國也．實為希臘人東陸殖民地之樞都．我舊史字其人曰塞種．『月氏西君大夏．而塞王南君罽賓．塞種分散往往為數國．』漢書西域傳文罽賓者今北印度之克什米爾（大唐西域記之迦濕彌羅）亞歷大王曾征服而旋退出者也．至是希臘人（塞王）受月氏大波所盪激．又蹴一波以撼印度矣．然月氏之波非僅此而止．『月氏遷於大夏．分其國為五部翖侯．後百餘歲．貴霜翖侯邱就卻自立為王國．號貴霜王．侵安息．取高附地．滅濮達罽賓．子閻膏珍復滅天竺．』後漢書西域傳文蓋此波劃硏南駛．乃淘掠波斯（安息）阿富汗（濮達）而淹沒印度．挫希臘之鋒．使西轉．自爾亞陸無復歐人勢力矣．然則假使李牧蒙恬晚死數十年．或衞青霍去病蚤出數十年．則此一大段史蹟．或全然不能發生．未可知也．吾又標一史題於此曰『漢攘匈奴與西羅馬之滅亡及歐洲現代諸國家之建設有關．』聞者將益以為誕．然吾比觀中西諸史而知其因緣甚密切也．自漢武大興膺懲之師．其後匈奴寖弱．裂為南北．南匈奴呼韓邪單于保塞稱臣．其所部雜居內地者．漸同化於華族．北匈奴郅支單于仍倔強屢寇邊．和帝時再大舉攘之．『永元元二年連破北匈奴．』後漢書和帝紀文『三年竇憲將兵擊之於金微山．大破之．北單于逃走．不知所之．』後漢書竇憲傳文此西紀八十八年事也．其云『不知所之』者．蓋當時漢史家實不知之．今吾儕則已從他書求得其蹤跡．『彼為憲所逐．度金微山西走康居．建設悅般國．……地方數千里衆二十餘萬．』魏書西域傳悅般條文金微者．阿爾泰山．康居者．伊犂以西．訖於裏海之一大地也．後漢書西域傳．不復為康居立傳．而於粟弋奄蔡條下．皆云屬康居．蓋此康居．卽匈奴所新建之悅般．『屬康居』云者．卽役屬於康居新主人之匈奴也然則粟弋奄蔡又何族耶兩者皆日耳曼民族中之一支派粟弋疑卽西史中之蘇維 Suevi 人奄蔡爲前漢時舊名至是『改名阿蘭聊』（後漢書西域傳文）卽西史中之阿蘭 Alan 人此二種者實後此東峨特 East Gothes 之主幹民族也吾國人亦統稱其族爲粟特魏書西域傳『粟特國故名奄蔡一名溫那沙（疑卽西史之 Vandals 亦東峨特之一族也）居於大澤在康居西北』康居西北之大澤決爲黑海已成學界定論而第二三世紀時環黑海東北部而居者實東峨特故知粟特卽東峨特無可疑也當此期間歐洲史上有一大事爲稍有常識之人所同知者卽第三四世紀間有所謂芬族 Huns or Fins 者初居於窩瓦河 Volga 之東岸役屬東西峨特人已久至三百七十四年（晉武帝甯康二年）芬族渡河西擊東峨特人而奪其地芬王曰阿提拉 Attila 其勇無敵轉戰而西入羅馬直至西班牙半島威震全歐東峨特人爲芬所逼舉族西遷沿多惱河下流而進渡來因河與西峨特人爭地西峨特亦舉族西遷其後分建東峨特西峨特兩王國而西羅馬遂亡兩峨特王國卽今德法英意諸國之前身也而芬族亦建設匈牙利塞爾維亞布加利亞諸國是爲千餘年來歐洲國際形勢所自始史家名之曰「民族大移轉時代」此一樁大公案其作俑之人不問而知爲芬族也芬族者何卽竇憲擊逐西徙之匈奴餘種也魏書西域傳粟特條下云『先是匈奴殺其王而有其國至王忽倪已三世矣』美國哥侖比亞大學教授夏德 Hirth 考定忽倪已卽西史之 Hernae 實阿提拉之少子繼立爲芬王者（忽倪已以魏文成帝時來通好文成在位當西四五二至四五六年 Hernae 卽位在四五二年）因此吾儕可知三四世紀之交所謂東峨特役屬芬族云者其役屬之峨特卽後漢書所指役屬康居之粟弋奄蔡其役屬之之芬族則後漢書之康居魏書之悅般卽見敗於漢度金微山而立國者也芬王阿提拉與羅馬大戰於今法蘭西境上在西四五一年當芬族渡窩瓦河擊殺峨特王亥耳曼後之六十四年故知

魏書所謂『匈奴擊殺粟特王而有其國』者。所擊殺之王卽亥耳曼所有之國卽東峨特。而擊殺之之匈奴王卽阿提拉之父而忽倪已之祖。其年爲西紀三百七十四年。上距竇憲擊逐時二百九十餘年。而下距魏文成時通好之忽倪已。恰三世也。吾儕綜合此種種資料乃知漢永元一役實可謂全世界史最要之關鍵。其在中國結唐虞三代以來二千年獯鬻玁狁之局。自此之後中國不復有匈奴寇邊之禍。（劉淵等歸化匈奴搆亂於內地者不在此例）班固封燕然山銘所謂『攄高文之宿憤光祖宗之玄靈。一勞而久逸暫費而永甯』非虛言也。然竟以此嫁禍歐洲。開彼中中古時代千年黑闇之局。直至今日。猶以匈奴遺種之兩國。（塞爾維與匈牙利）惹起全世界五年大戰之慘劇。人類造業其波瀾之壯闊。與變態之瑰譎其不可思議有如此。吾儕但據此兩事。已可以證明人類動作息息相通。如牽髮而動全身。如銅山西崩而洛鐘東應。以我中國與彼西方文化中樞地相隔如彼其遠。而彼我相互之影響猶且如此其鉅。則國內所起之事件。其首尾連屬因果複雜之情形。益可推矣。又可見不獨一國之歷史爲「整個的」卽全人類之歷史亦爲「整個的」。吾中國人前此認禹域爲「天下」固屬褊陋。歐洲人認環地中海而居之諸國爲世界。其褊陋亦正與我同。實則世界歷史者合各部分文化國之人類所積共業而成也。吾儕誠能用此種眼光以觀察史蹟。則如乘飛機騰空至五千尺以上。周覽山川形勢。歷歷如指掌紋。眞所謂『俯仰縱宇宙不樂復何如』矣。然若何然後能提挈綱領用極巧妙之筆法以公此樂於大多數人。則作史者之責也。

孟子嘗標舉『知人論世』之義。論世者何。以今語釋之則觀察時代之背景是已。人類於橫的方面爲社會的生活。於縱的方面爲時代的生活。苟離卻社會與時代而憑空以觀某一個人或某一羣人之思想動作。則必多不可了解者未了解而輕下批評未有不錯誤也故作史如作畫必先設構背景讀史如讀畫最要注察背景舊史中能寫出背景者則史記貨殖列傳實其最好模範此篇可分為四大段篇首『老子曰至治之極』起至『而況匹夫編戶之民乎』止為第一段略論經濟原則及其與道德之關係自『昔者越王句踐困於會稽』起至『豈非以富耶』止為第二段紀漢以前貨殖之人自『漢興海內為一』起至『令後世得以觀擇焉』止說明當時經濟社會狀況自『蜀卓氏之先』起至篇末紀當時貨殖之人即以文章結構論已與其他列傳截然不同其全篇宗旨蓋認經濟事項在人類生活中含有絕大意義一切政教皆以此為基礎其見解頗有近於近世唯物史觀之一派在我國古代已為特別其最精要之處尤在第三段彼將全國分為若干個之經濟區域每區域尋出其地理上之特色舉示其特殊物產及特殊交通狀況以規定該區域經濟上之物的基件每區域述其歷史上之經過說明其住民特殊性習之由來以規定該區域經濟上之心的基件吾儕讀此雖生當二千年後而於當時之經濟社會已得有頗明瞭之印象其妙處乃在以全力寫背景而傳中所列舉之貨殖家十數人不過借作說明此背景　例證而已此種敍述法以舊史家眼光觀之可謂奇特各史列傳更無一篇敢蹈襲此法其表志之記事雖間或類此然求其能如本篇之描出活社會狀況者則竟無有也吾儕今日治史但能將本篇所用之方法擴大之以應用於各方面其殆庶幾矣

史蹟複雜苟不將其眉目理清則敍述愈詳博而使讀者愈不得要領此當視作者頭腦明晰之程度何如與其文章技術之運用何如也此類記述之最好模範莫如史記西南夷列傳

『西南夷君長以什數夜郎最大其西靡莫之屬以什數滇最大自滇以北君長以什數卭都最大此皆魋結

耕田有邑聚。

其外西自同師以東北至楪榆。名爲巂昆明。皆編髮隨畜遷徙。毋常處。毋君長。地方可數千里。

自巂以東北。君長以什數。徙筰都最大。自筰以東北。君長以什數。冉駹最大。其俗或土著或移徙。

在蜀之西。自冉駹以東北。君長以什數。白馬最大。皆氐類也。

此皆巴蜀西南外蠻夷也。』

此對於極複雜之西南民族。就當時所有之智識範圍內。以極簡潔之筆法。將其脈絡提清。表示其位置所在與夫社會組織之大別及其形勢之强弱。以下方雜敍各部落之叛服等事。故不復以凌亂爲病。惜後世各史之記事。能如此者絕希。例如晉代之五胡十六國。唐代之藩鎭。皆史蹟中之最糾紛者。吾儕無論讀正史讀通鑑。皆苦其頭緒不淸。其實此類事若用西南夷列傳之敘述法。未嘗不可使之一目了然。但舊史或用紀傳體或用編年體。以事隸人或以事隸年。其勢不能於人與年之外而別有所提挈。故使學者如墮煙霧也。

自史記創立十表。開著作家無量法門。鄭樵圖譜略益推闡其價值。史記惟表年代世次而已。後人乃漸以應用於各方面。如顧棟高之春秋大事表。將全部左傳事蹟。重新組織一過。而悉以表體行之。其便於學者滋多矣。即如五胡十六國之事。試一讀齊召南之歷代帝王年表。已覺眉目略淸。若更爲下列之兩表。則形勢若指諸掌矣。今錄舉以爲例。

五胡十六國興亡表第一

種名	族名	國號	創業主	國都	年數	被滅
北狄種	匈奴	漢(前趙)	劉淵—劉聰 劉曜	初平陽(山西臨汾) 遷長安(陝西省城)	一五	後趙
		北涼	沮渠蒙遜	張掖(甘肅張掖)	四三	後魏
		夏	赫連勃勃	統萬(陝西懷遠)	二五	後魏
	羯	後趙 (冉魏)	石勒—石虎 冉閔	初襄國(直隸邢臺) 遷鄴(直隸臨漳)	三四	前燕
西羌種	巴蠻	成(漢)	李雄	成都(四川省城)	四四	東晉
	氐	前秦	苻健—苻堅	長安	四四	後秦
		後涼	呂光	姑臧(甘肅武威)	一八	後秦
	羌	後秦	姚萇姚興	長安	三四	東晉
東胡種	鮮卑	前燕	慕容皝 慕容儁	初龍城(內蒙古土默特右翼) 遷鄴	三四	前秦
		後燕	慕容垂	中山(直隸定縣)	二六	北燕
		西燕	慕容沖	中山		
		南燕	慕容德	廣固(山東益都)	一三	東晉
		西秦	乞伏國仁	宛川(甘肅靖遠)	四七	夏
		南涼	禿髮烏孤	樂都(甘肅西寧)	一八	西秦
		後魏	拓跋珪			
漢種		前涼	張重華	姑臧	二八	前秦
		西涼	李暠	燉煌(甘肅燉煌)	二八	北涼
		北燕	馮跋	龍城	二八	後魏

五胡十六國興亡表第二

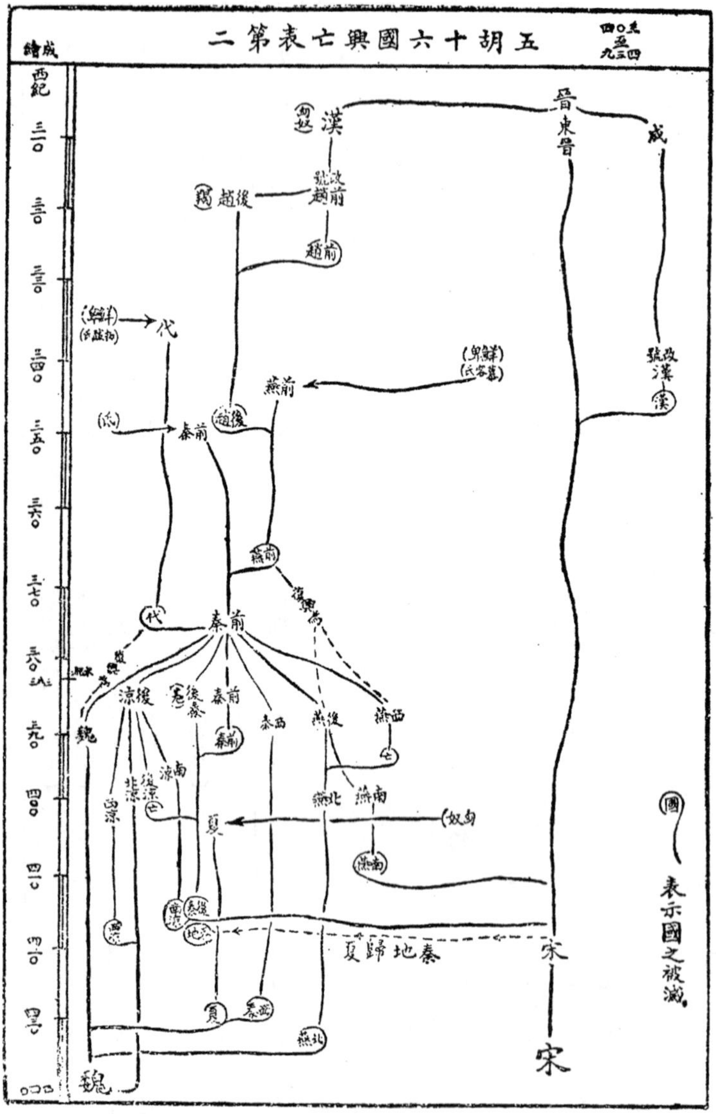
五胡十六國興亡表第二
西紀
晉
東晉
成
漢
後趙
前趙
代
前燕
前秦
後涼
後秦
西秦
後燕
西燕
西涼
北涼
南涼
北燕
南燕
夏
宋
魏
秦地歸夏
表示國之被滅

右第一表爲東人所編中國史籍所通有我不過略加增修而已第二表則我所自造吾生平讀書最喜造表頃著述中之中國佛教史已造之表已二十餘我造表所用之勞費恆倍蓰什伯於著書竊謂凡遇複雜之史蹟以表馭之什九皆可就範也

天下古今從無同鑄一型的史蹟讀史者於同中觀異異中觀同則往往得新理解焉此春秋之教所以貴「比事」也同中觀異者例如周末之戰國與唐末之藩鎮其四分五裂日尋干戈也同其仍戴一守府之天子多歷年所也同然而有大不同者戰國蛻自封建各有歷史深厚之國家組織其統治者確爲當時之優秀階級各國各爲充實的內部發展其性質與近世歐洲列國近故於歷史上文化貢獻甚大藩鎮則蛻自蕃將降賊統治者全屬下流階級酷肖現代千夫所指之軍閥故對於文化只有破壞更無貢獻例如中世之五胡與近世之元淸雖同爲外族蹂躪中夏然而五胡之酋皆久已雜居內地半同化於吾族彼輩蓋皆以一身或一家族——規模較大之家族乘時倡亂而裹脅中國多數莠民以張其勢其性質與陳涉吳廣輩相去無幾其中尤有受中國教育極深之人如劉淵苻堅等其佐命者或爲中國傑出之才士如張方王猛等故雖雲擾鼎沸而於中國社會根本精神不生大變動其惡影響所及不過等於累朝季葉之擾亂或稍加甚而已元淸等不然彼等本爲中國以外的一部落漸次擴大南向與中國爲敵國者多年最後乃一舉而滅之其性質純然爲外來征服的與五胡之內亂割據的絕異且五胡時代中原雖淪而江南無恙吾族文化嫡系迄未中斷元淸不然全中國隸彼統治之下百年或二三百年彼熟知吾人恥憤之深而力謀所以固位之術故其摧殘吾國民性也至陰險而狠毒而吾族又更無與彼對立之統治機關得以息肩而自庇故元氣所傷實多而先民美質日就彫落又元淸兩代其相

同之點既如前述。然亦自有其相異之點。蒙古人始終不肯同化於中國人。又不願利用中國人以統治中國。故元代政治之好壞。中國人幾乎不能負責任。因此其控馭之術不甚巧妙。其統治力不能持久。然因此之故。彼雖見擯出塞。猶能保持其特性。至今不滅。滿洲人初時亦力求不同化。然而不能自持。其固有之民族性逐漸澌滅。至亡時殆一無復存。彼輩利用中國人統治中國之政策。始終一貫。其操術較巧妙。故其享祚較長久。然政權一墜。種性隨淪。今後世界上應更無復滿洲人矣。異中觀同者。例如北魏女眞皆僅割據中原。滿洲則統一全國。此其所異也。然皆入據後逐漸同化。馴至盡喪其民族以融入我族。此其所同也。而彼三族者皆同出東胡。吾儕因可以得一假說。謂東胡民族之被同化性。較他民族爲多也。又如元代劇曲最發達。清代考證學最發達。兩者之方向。可謂絕異。然其對於政治問題之冷淡則同。較諸漢唐宋明四代之士風。截然矣。吾儕因此可得一假說。謂在異族統治之下。人民必憚談政治也。又如儒教佛教千餘年間軋轢不絕。其教理亦確多根本不同之處。然考其學發達之順序。則儒家當漢初專務抱殘守缺。傳經典之文句而已。後漢以降。經師成一家言者漸多。六朝隋唐則義疏解釋講授之風甚盛。入宋以後。便力求刊落糟粕。建設一種內觀的新哲學。佛家亦然。輸入初期專務翻譯。所譯率皆短篇經典。六朝隋唐則大部經論陸續譯成。佛徒多各專一經以名家。（如毗曇宗俱舍宗成實宗三論宗法華宗涅槃宗地論宗攝論宗等皆專宗一經或一論）而注疏解釋講授之風亦極盛。其後則漸漸自創新宗。（如天台賢首慈恩諸宗）入宋以後。則不立文字之禪宗獨盛。而他宗殆皆廢。兩家學術之發展。並不相謀。然而所歷方向。乃恰如兩平行線。千餘年間相與駢進。吾儕必比而觀之。然後所謂時代精神者乃得見。凡此皆異中觀同之例也。

說明事實之原因結果。爲史家諸種職責中之最重要者。近世治斯學之人多能言之。雖然。茲事未易言也。宇宙之因果律往往為複的而非單的，為曲的而非直的，為隔的伏的而非連的顯的，故得其眞也甚難。自然界之現象且有然，而歷史現象其尤甚也。嚴格論之，若欲以因果律絕對的適用於歷史，或竟為不可能的而且有害的，亦未可知。何則？歷史為人類心力所造成，而人類心力之動，乃極自由而不可方物。心力既非物理的或數理的因果律所能完全支配，則其所產生之歷史，自亦與之同一性質。今必強懸此律以馭歷史，其道將有時而窮，故曰不可能。不可能而強應用之，將反失歷史之眞相，故曰有害也。然則吾儕竟不談因果可乎？曰：斷斷不可。不談因果，則無量數繁賾變幻之史蹟，不能尋出一系統，而整理之術窮。不談因果，則無以為鑑往知來之資，而史學之目的消滅。故吾儕常須以炯眼觀察因果關係，但其所適用之因果律，與自然科學之因果律不能同視耳。

請言自然科學與歷史之別：

其一，自然科學的事項，常為反復的、完成的；歷史事項反是，常為一度的、不完成的。——自然科學，常在必然的法則支配之下，繰演再繰演，同樣條件，必產同樣結果。且其性質皆屬於可以還元，其研究對象之原子分子或生殖質，皆屬完成的決定的。歷史不然，如吾前文所屢言，天下從無同鑄一型的史蹟。凡史蹟皆莊子所謂『新發於硎』，未有繰演乎其舊者也。不惟極活躍之西洋史，節節翻新，即極凝滯之中國史，前後亦未嘗相襲。不寧惟是，每一段史蹟，殆皆在前進之半途中，作若行若止之態，常將其未竟之緒之一部分，貽諸方來。欲求如自然科學之截然表示一已完成之定形定態，以供人研究者，殆不可得。故自然科學可以有萬人公認之純客觀的因果律，而歷史蓋難言之矣。

其二，自然科學的事項，常為普徧的；歷史事項反是，常為個性的。——自然科學的事項，如二加二必為四，輕養二合必爲水。數學上無不同質之「二」。化學上無不同質之「輕」與「養」。故二加二之法則。得應用於一切之四。輕養二合之法則。得應用於一切之水。歷史不然。歷史由人類所造。人類只有一個孔子。更無第二個孔子。只有一個基督。更無第二個基督。拿破侖雖極力摹倣該撒。然拿破侖自是拿破侖。不是該撒。吾儕不妨以明太祖比漢高祖。然不能謂吾知漢祖同時即已知明祖。蓋歷史純爲個性發揮之製造品。而個性直可謂之無一從同。又不惟個人爲然耳。歷史上只有一個文藝復興時代。更無絕對與彼相同之第二個時代。世界上只有一個中華民族。更無絕對與我相同之第二個民族。凡成爲歷史事實之一單位者。無一不各有其個別之特性。此種個性。不惟數量上複雜不可僂指。且性質上亦幻變不可方物。而最奇異者。則合無量數互相矛盾的個性。互相分歧或反對的願望與努力。而在若有意若無意之間。乃各率其職以共赴一鵠。以組成此極廣大極複雜極緻密之「史網」。人類之不可思議。莫過是矣。史家之職責。則在此種極散漫極複雜的個性中。而覷見其實體。描出其總相。然後因果之推驗。乃可得施。此其所以爲難也。

其三。自然科學的事項。爲超時間空間的。歷史事項。反是恆以時間空間關係爲主要基件。——二加二爲四。輕養二合爲水。億萬年前如是。億萬年後亦有然。中國如是。他國他洲有然。乃至他星球亦有然。歷史反是。某時代關係極重要之事項。移諸他時代。或成爲絕無意義。不寧惟是。同一事件。早一年發生與遲一年發生。乃至早一日一刻發生與遲一日一刻發生。其價值可以相去懸絕。空間方面。亦復如是。甲處所發生事件。假令以同型的——其無絕對同型的不俟論——移諸乙處。其所取得歷史上之意義與價值。迥乎

不相侔質而言之史蹟之爲物必與『當時』『此地』之兩觀念相結合然後有評價之可言故史學推論的方式比諸自然科學益複雜而難理也

明乎此三異點始可以語於史界之因果矣

史界因果之劈頭一大問題則英雄造時勢耶時勢造英雄耶換言之則所謂『歷史爲少數偉大人物之產兒』『英雄傳卽歷史』者其說然耶否耶羅素曾言『一部世界史試將其中十餘人抽出恐局面或將全變』此論吾儕不能不認爲確含一部分眞理試思中國全部歷史如失一孔子失一秦始皇失一漢武帝……其局面當何如佛學界失一道安失一智顗失一玄奘失一慧能宋明思想界失一朱熹失一陸九淵失一王守仁淸代思想界失一顧炎武失一戴震其局面又當何如其他政治界文學界藝術界蓋莫不有然此等人得名之曰「歷史的人格者」何以謂之「歷史的人格者」則以當時此地所演生之一羣史實此等人實爲主動——最少亦一部分的主動——而其人面影之擴大幾於掩覆其社會也

文化愈低度則「歷史的人格者」之位置愈爲少數所壟斷愈進化則其數量愈擴大其在古代政治之汙隆繫於一帝王教學之興廢繫於一宗師則常以一人爲「歷史的人格者」及其漸進而重心移於少數階級或宗派則常以若干人之首領爲「歷史的人格者」及其益進而重心益擴於社會之各方面則常以大規模的團體之組織分子爲「歷史的人格者」例如波斯馬基頓羅馬帝國阿剌伯諸史之全舞臺幾爲各該時代二三英雄所獨占十九世紀歐洲諸國之歷史常以貴族或中等階級各派之十數首領爲主體今後之歷史殆將以大多數之勞動者或全民爲主體此其顯證也由此言之歷史的大勢可謂爲由首出的「人格者」以遞趨

於羣衆的「人格者」．愈演進愈成爲「凡庸化」．而英雄之權威愈減殺．故「歷史即英雄傳」之觀念。愈古代則愈適用愈近代則愈不適用也

雖然．有兩義當注意焉．（其一）所謂『首出的人格者』．表面上雖若一切史蹟純爲彼一人或數人活動之結果．然不能謂無多數人的意識在其背後．實則此一人或數人之個性．漸次浸入或鐫入於全社會．而易其形與質．社會多數人或爲積極的同感．或爲消極的盲從．而個人之特性．寖假遂變爲當時此地之民衆特性——亦得名之曰集團性或時代性．非有集團性或時代性之根柢而能表現出一史蹟．未之前聞．例如二千年來之中國．最少可謂爲有一部分屬於孔子個性之集團化．而戰國之政治界．可謂爲商鞅個性之時代化．晚明之思想界可謂爲王守仁個性之時代化也．如是．故謂「首出的人格者」能離羣衆而存在殆不可．（其二）所謂「羣衆的人格者」．論理上固爲羣中各分子各自個性發展之結果．固宜各自以平等的方式表顯其個性．然實際上其所表顯者．已另爲一之集團性或時代性．而與各自之個性非同物．且尤必有所謂「領袖」者以指導其趨向執行其意思．然後此羣衆人格乃得實現．例如吾儕既承認彼信奉共產主義之人人爲一個合成的「人格者」．則同時不能不承認馬克思之個人與此「人格者」之關係．又不能不承認列寧之個人與此「人格者」之關係．如是．故謂「羣衆的人格者」．能離首出者而存在．殆亦不可．

吾曷爲向研究歷史之人嘵嘵陳此義耶．吾以爲歷史之一大祕密．乃在一個人之個性．何以能擴充爲一時代一集團之共性．與夫一時代一集團之共性．何以能寄現於一個人之個性．申言之．則有所謂民族心理或社會心理者．其物實爲個人心理之擴大化合品．而復借個人之行動以爲之表現．史家最要之職務．在覷出此社會

心理之實體。觀其若何而蘊積。若何而發動。若何而變化。而更精察夫個人心理之所以作成之表出之者。其道何由。能致力於此。則史的因果之祕密藏。其可以略覩矣。

歐美自近世以來民衆意識亢進。故社會心理之表現於史者甚鮮明。而史家之覰出之也較易。雖然。亦由彼中史學革新之結果。治史者能專注重此點。其間接促起民衆意識之自覺力抑非細也。中國過去之史。無論政治界思想界。皆爲獨裁式。所謂積極的民衆意識者甚缺乏。無庸諱言。治史者常以少數大人物爲全史骨幹。亦屬不得已之事。但有一義須常目在之者。無論何種政治何種思想。皆建設在當時此地之社會心理的基礎之上。而所謂大人物之言動。必與此社會心理發生因果關係者。始能成爲史蹟。大人物之言動。非以其個人的資格而有價值。乃以其爲一階級或一黨派一民族之一員的資格而有價值耳。

所謂大人物者。不問其爲善人惡人。其所作事業爲功爲罪。要之其人總爲當時此地一社會。——最少該社會中一有力之階級或黨派——中之最能深入社會閫奧。而與該社會中人人之心理最易互相了解者。如是。故其暗示反射之感應作用極緊張而迅速。例如曾國藩確能深入咸同間士大夫社會之閫奧。而最適於與此輩心理起感應作用。袁世凱確能深入清季官僚武人社會之閫奧。而最適於與彼輩心理起感應作用。而其效果收穫之豐嗇。一方面視各該社會憑藉之根柢何如。一方面又視所謂大人物者心理亢進之程度何如。據事實所昭示。則曾國藩之收穫。乃遠不逮袁世凱。袁世凱能於革命之後。將其所屬之腐惡垂死的舊社會擴大之幾於掩覆全國。曾國藩事業之範圍愈大。而其所屬之賢士大夫的社會。其領土乃反日蹙也。此其故固由近六十年間之中國。其環境宜於養育袁世凱的社會。不宜於養育曾國藩的社會。兩者所憑藉之勢。優劣懸殊。然而袁世凱執著力之强始終以一貫精神絕無反顧效死以扶植其所屬之惡社會此種積極的心理殆非曾國藩所能及也然則豈惟如羅素言『將歷史上若干人物抽出則局面將大變』而已此若干人者心理之動進稍易其軌而全部歷史可以改觀恐不惟獨裁式的社會爲然卽德謨克拉西式的社會亦未始不然也

社會倘永爲一種勢力——一種心理之所支配則將成爲靜的殭的而無復歷史之可言然而社會斷非爾爾（其一）由人類心理之本身有突變的可能性心理之發動極自由不可方物無論若何固定之社會殊不能預料或制限其中之任何時任何人忽然起一奇異之感想此感想一度爆發視其人心力之强度如何可以蔓延及於全社會（其二）由於環境之本質爲蕃變的而人類不能不求與之順應無論若何固定之社會其內界之物質的基件終不能不有所蛻變變焉而影響遂必波及於心理卽內界不變或所變甚微不足以生影響然而外來之寖迫或突襲亦時所難免有之而內部之反應作用遂不得不起凡史蹟所以日孳而日新皆此之由而社會組成分子較復雜及傳統的權威較脆弱者則其突變的可能性較大其社會內部物質的供給較艱嗇且與他社會接觸之機緣較多者則其環境之變遷較劇且繁過去之中國史不能如西洋史之巘原層疊波瀾壯闊其所積者不同其所受者亦不同也

史蹟所以詭異而不易測斷者（其一）人類心理時或潛伏以待再現凡衆生所造業一如物理學上物質不滅之原則每有所造輒留一不可拂拭之痕跡以詒諸後但有時爲他種勢力所遮抑其跡全隱淺見者謂爲已滅不知其乃在磅礴鬱積中一過機緣則勃發而不能復制若明季排滿之心理潛伏二百餘年而盡情發露斯其顯例也（其二）心的運動其速率本非物的運動所能比擬故人類之理想及欲望常爲自然界所制限倘

使心的經過之對於時間的關係。純與物的經過同一。則人類征服自然。可純依普通之力學法則以行之。惟其不能。故人類常感環境之變化。不能與己之性質相適應。對於環境之不滿足。遂永無了期。歷史長在此種心物交戰的狀態中。次第發展。而兩力之消長。絕無必然的法則以爲之支配。故歷史上進步的事象。什九皆含有革命性。而革命前革命中革命後之史蹟。皆最難律以常軌。結果與預定的計畫相反者。往往而有。然不能因其相反。遂指爲計畫之失敗。最近民國十年間之歷史。即其切例也。（其三）人事之關係既複雜。而人心之動發又極自由。故往往有動機極小而結果極大者。更有結果完全與動機分離。而別進展於一方向者。一奧儲之被刺。乃引起全世界五年之大戰爭。並中國而亦牽率焉。誰能料者。中世方士之點金幻想。乃能引起近世極嚴密的化學之進步。誰能料者。瓦特發明蒸汽。乃竟產育現代貧富階級之鬭爭。誰能料者。苻堅欲勤遠略。遣呂光滅龜茲。光師未班而堅已亡。然而光以鳩歷羅什至長安。中國佛教思想之確立。自茲始也。明成祖疑建文遜於南荒。遣鄭和入海求之。無所得而歸。然而和率閩粵子弟南征。中國人始知有南洋羣島。海外殖民。自茲始也。苻堅之動機。曷嘗有絲毫爲佛教。成祖之動機。曷嘗有絲毫爲殖民。動機極狹劣。顧乃產出與動機絕不相謀之偉大崇高的結果。可謂大奇。然而何奇之有。使六朝時之中國國民。無傳受佛教的可能性。明代中國國民。無移殖海外的可能性。則決非一羅什一鄭和所能強致。既有可能性。則隨時可以發動。而引而致之。必藉外緣。其可能性則史家所能逆覩。其外緣則非史家所能逆覩也。

以上所述諸義。吾認爲談歷史因果者。先當注意及之。吾甚惜本講義時間匆足。不能盡吾言。且多爲片段的思想。未經整理。吾所講姑止於此。今當概括前旨。略加補苴。示治史者研究因果之態度及其程序。

第一　當畫出一「史蹟集團」以為研究範圍。——史蹟集團之名。吾所自創。與一段之「紀事本末」意義略相近。本末僅函時間觀念集團兼函空間觀念但此名似仍未妥容更訂定以嚴格論。史蹟本為不可分的不可斷的。但有時非斷之分之則研究無所得施。故當如治天體學者畫出某躔度某星座。如治地理學者畫出某高原某平原某流域。凡以為研究之方便而已。例如法國大革命一集團也。一九一四至一九一九年之世界大戰一集團也。範圍廣者。如全世界勞工階級對資產階級之鬬爭史。可以畫為一集團。範圍狹者。如愛爾蘭區區小島之獨立史可以畫為一集團。歷時久者。如二千年前中華民族對匈奴交涉始末。可以畫為一集團。歷時暫者。如一年間洪憲盜國始末。可以畫為一集團。集團之若何區畫。治史者儘可自由。但有當注意者二事。其一。每集團之函量須較廣較複。分觀之最少可以覷出一時代間社會一部分之動相。其二。各集團之總和須周徧。合觀之。則各時代全社會之動相皆見也。

第二　集團分子之整理與集團實體之把捉。——所謂「集團分子」者。即組成此史蹟集團之各種史料也。蒐輯宜求備。鑑別宜求眞。其方法則前章言之矣。既備且眞。而或去或取與夫敍述之詳略輕重。又當注意焉。否則殽然雜陳。不能成一組織體也。所謂「集團實體」者。此一羣史蹟合之成為一個生命——活的。整個的。治史者須將此「整個而活」的全體相。攝取於吾心目中。然茲事至不易。除分析研究外。蓋尙有待於直覺也。

第三　常注意集團外之關係。——以不可分不可斷之史蹟。為研究方便而強畫為集團。原屬不得已之事。此一羣史蹟不能與他羣史蹟脫離關係而獨自存在。亦猶全社會中此一羣人常與他羣人相依為命也。

故欲明一史蹟集團之眞相，不能不常運眼光於集團以外，所謂集團外者，有時間線之外，例如「五胡亂華」之一史蹟集團，其時間自然當以晉代爲制限，然非知有漢時之保塞匈奴，魏時之三輔徙羌，則全無由見其來歷，此集團外之事也。有空間線之外，例如「辛亥革命」之一史蹟集團，其空間自當以中國爲制限，然非知歐美日本近數十年學說制度變遷之概略，及其所予中國人以刺激，則茲役之全相終不可得見，此又集團外之事也。其他各局部之事象，殆無不交光互影，例如政治與哲學，若甚緣遠，然研究一時代之政治史，不容忘卻當時此地之哲學思想，美術與經濟，若甚緣遠，然研究一時代之美術史，不容忘卻當時此地之經濟狀況，此皆集團以外之事也。

第四　認取各該史蹟集團之「人格者」——每一集團，必有其「人格者」以爲之骨幹，此「人格者」或爲一人，或爲數人，或爲大多數人，例如法蘭西帝國時代史，則拿破侖爲唯一之「人格者」，普奧普法戰史，則俾斯麥等數人爲其「人格者」，至如此次世界大戰，則不能以「人格者」專屬於某某數人，而各國之大多數國民實共爲其「人格者」也。然亦自有分別，倘再將此世界戰史之大集團析爲若干小集團，則在德國發難史之一小集團中，可以認威廉第二爲其「人格者」，在希臘參戰史之一小集團中，可以認威尼柴羅爲其「人格者」，在巴黎議和史一小集團中，可以認克里曼梭勞特佐治威爾遜爲其「人格者」也。辛亥革命史，以多數之革命黨人立憲黨人共爲其「人格者」，民國十年來政治史，則袁世凱殆可認爲唯一之「人格者」也。凡史蹟皆多數人共動之產物，固無待言，然其中要有主動被動之別，立於主動地位者，則該史蹟之「人格者」也。辛亥革命，多數黨人爲主動，而黎元洪袁世凱不過被動，

故彼二人非「人格者」十年來之民國袁世凱及其游魂爲主動凡多數助袁敵袁者皆被動故袁實其「人格者」也

第五　精研一史蹟之心的基件——曷爲每一史蹟必須認取其「人格者」耶凡史蹟皆人類心理所構成非深入心理之奥以洞察其動態則眞相末由見也而每一史蹟之構成心理恆以彼之「人格者」爲其聚光點故研究彼「人格者」之素性及其臨時之衝動斷制而全史蹟之筋脈乃活現此種研究法若認定彼「人格者」爲一人或數人則宜深注意於其個人的特性因彼之特性非惟影響於彼個人之私生活而實影響於多數人之公生活例如凡賽條約論者或謂可以爲將來世界再戰之火種而此條約之鑄一大錯則克里曼梭勞特佐治威爾遜三人之性格及頭腦最少亦當爲其原因之一部故此三人特性之表現其影響乃及於將來世界也又如袁世凱倘使其性格稍正直或稍庸懦則十年來之民國局面或全異於今日亦未可知故袁世凱之特性關係於其個人運命者猶小關係於中國人運命者甚大也史家研究此類心理最要者爲研究其吸射力之根源其在聖賢豪傑則觀其德量之最大感化性或其情熱之最大摩盪性其在元兇巨猾則觀其權術之最大控弄性或觀其魔惡之最大誘染性從此處看得眞切則此一團史蹟之把鼻可以捉得矣

其在「多數的人格者」之時吾儕名之曰民族人格或階級人格黨派人格吾儕宜將彼全民族全階級全黨派看作一個人以觀察其心理此種「人格者」以其意識之覺醒覘其人格之存在以其組織之確立覘其人格之長成以其運動之奮迅覘其人格之擴大以其運動之衰息組織之渙散意識之沈睡覘其

人格之萎病或死亡。愛爾蘭人成一民族的人格。猶太人未能。猶太人民族建國的意識不一致也。歐美勞工成一階級的人格。中國未能。中國勞工並未有階級意識也。中國十年來所謂政黨。全不能發現其黨派的人格。以其無組織且無運動也。治西洋史者常以研究此類集團人格的心理為第一義。其在中國。不過從半明半昧的意識中。偶覩其人格的胎影而已。

研究史之心的基件。則正負兩面皆當注意。凡「人格者」無論為個人為集團。其能演成史蹟者。必其人格活動之擴大也。其所以能擴大之故。有正有負。所謂正者。活動力昂進。能使從前多數反對者或懷疑者之心理皆翕合於我心理。在歐美近代無論政治上宗教上學藝上。隨處皆見此力之彌滿。其在中國。則六朝唐之佛教運動最其顯列。次則韓歐等之古文學運動宋明兩代之理學運動清代之樸學運動及最近之新文化運動。皆含此意。惟政治上極闕如。清末曾國藩胡林翼等略近之。然所成就殊少。現代所謂政黨。其方向則全未循此以行也。所謂負者。利用多數人消極苟安的心理。以圖自己之擴大。表面上極似全國心理翕聚於此一點。實則其心理在睡眠狀態中耳。中國二千年政治界之偉物。大率活動於此種心理狀態之上。此實國民心理之病徵也。雖然。治史者不能不深注意焉。蓋中國史蹟之所以成立。大半由是也。

第六 精研一史蹟之物的基件——物的基件者。如吾前所言『物的運動不能與心的運動同其速率。』倘史蹟能離卻物的制約而單獨進行。則所謂「烏託邦」「華藏世界」者。或當早已成立。然而在勢不能爾爾。故心的進展。時或被物的勢力所堵截而折回。或為所牽率而入於其所不豫期之歧路。直待漸達心物相應的境界。然後此史蹟乃成熟。物者何。謂與心對待的環境。詳言之。則自然界之狀況。以及累代遺傳成爲固形的之風俗法律與夫政治現象經濟現象乃至他社會之物的心的抵抗力皆是也非攻寢兵之理想中外賢哲倡之數千年曷爲而始終不得實現辛亥革命本懸擬一「德謨克拉西」的政治以爲鵠曷爲十年以來適得其反歐洲之社會主義本濫觴於百年以前曷爲直至歐戰前後乃始驟盛物的基件限之也假使今之日本移至百年以前必能如其所欲效滿洲之入主中國假使袁世凱生在千數百年前必能如其所欲效曹操司馬懿之有天下然而皆不能者物的基件限之也吾前屢言矣『凡史蹟皆以「當時」「此地」之兩觀念而存在』故同一之心的活動易時易地而全異其價值治史者不可不深察也

第七　量度心物兩方面可能性之極限——史之開拓不外人類自改變其環境質言之則心對於物之征服也心之征服的可能性有極限耶物之被征服的可能性有極限耶通無窮的宇宙爲一歷史則此極限可謂之無若立於「當時」「此地」的觀點上則兩者俱有極限明矣在雙極限之內則以心的奮進程度與物的障礙程度强弱比較判歷史前途之歧向例如今日中國政治若從障礙力方面欲至於恢復帝制此其不可能者也若從奮進力方面欲立變爲美國的德謨克拉西亦其不可能者也障礙力方面之極限則可以使惰氣日積舉國呻吟憔悴歷百數十年甚者招外人之監督統治奮進力方面之極限則可以使社會少數優秀者覺醒克服袁世凱之遊魂在「半保育的」政策之下歷若干年成立多數政治史家對於將來之豫測可以在此兩可能性之大極限中推論其果報之極限而予國民以一種暗示喚醒其意識而使知所擇則良史之責也

第八 觀察所緣——有可能性謂之因,使此可能性觸發者謂之緣,以世界大戰之一史團而論,軍國主義之猖獗,商場競爭之酷劇,外交上同盟協商之對抗……等等,皆使大戰有可能性,所謂因也,奧儲被刺,破壞比利時中立,潛艇無制限戰略……等等,能使此可能性爆發或擴大,所謂緣也,以辛亥革命之一史團而論,國人種族觀念之鬱積,晚清政治之腐惡及威信之失墜,新思潮之輸入……等等,皆使革命有可能性,所謂因也,鐵路國有政策之高壓,瑞澂之逃遁,袁世凱之起用,能使此可能性爆發或擴大,所謂緣也,因爲史家所能測知者,緣爲史家所不能測知者,治史者萬不容誤緣爲因,然無緣則史蹟不能現,故以觀所緣終焉。

果因之義晰,言之當云因緣果報,一史蹟之因緣果報,恆複雜幻變至不可思議,非深察而密勘之,則推論鮮有不謬誤者,今試取義和團事件爲例,供研究者參考焉。

義和團事件之起,根於歷史上遺傳之兩種心理,其一,則排外的心理,此種心理,出於國民之自大性及自衛性,原屬人類所同然,惟中國則已成爲畸形的發達,千年以來科舉策論家之尊王攘夷論,純然爲虛憍的非邏輯的,故無意識且不徹底的排外,形成國民性之一部,其二,則迷信的心理,因科學思想缺乏之故,種種迷信支配民心之勢力甚大,而野心家常利用之以倡亂,自漢末之五斗米道以迄明清間白蓮教匪等,其根株蟠積於愚民社會間者甚厚,乘間輒發,此兩種心理,實使義和團有隨時爆發的可能性,此「因」之在心的方面者也。

雖有此兩種心理,其性質完全爲潛伏的,苟環境不宜於彼之發育,彼亦終無由自遂,然而清季之環境實有以滋釀之其一則外力之壓迫自雅片戰爭以後覯閔既多受侮不少其中天主教會在內地專橫尤予一般人民以莫大之積憤其二則政綱之廢弛自洪楊構亂以後表面上雖大難削平實際上仍伏莽徧地至光緒間而老成凋謝朝無重臣國事既專決於一陰鷙之婦人而更無人能匡救其失在此兩種環境之下實使義和團有當時爆發的可能性此「因」之在境的方面者也

因雖夙具然非衆緣湊泊則事實不能現所謂緣者有親緣（直接緣）有間緣（間接緣）義和團之親緣有二其一則社會革新運動之失敗其二則宮廷陰謀之反撥也此二者又各有其複雜之間緣社會革新運動自有其心理上之可能性茲不多述其所以覺醒而督促之者則尤在外交壓迫之新形勢其一爲日本新著手之大陸政策其二爲俄國積年傳來之東侵政策其三爲德國遠東發展政策（此政策復含兩種意味一德國自己發展二德國誘助俄國東侵冀促成日俄之戰或英俄之戰以減殺俄法同盟勢力緩和歐洲形勢）以此三種外緣故甲午戰敗日本據遼三國干涉還遼而膠州旅順威海之租借隨之瓜分之局咄咄逼人於是變法自强之論驟興於民間而其動力遂及德宗無端與清室宮廷問題發生聯帶關係宮廷問題其間緣亦至複雜其一清穆宗無子德宗以支庶入繼且有爲穆宗立後之約其二孝欽后臨朝已二十餘年新歸政於德宗德宗既非所生而思想復與彼不相容母子之間猜嫌日積如是內外新故諸緣湊合遂有戊戌政變之役戊戌政變爲義和團之親緣而上列諸種事實則其間緣也

親緣之中復有主緣有助緣戊戌政變爲義和團唯一之主緣固也然政變之波瀾曷爲一轉再轉以至於仇外耶其一因康有爲梁啓超等亡命外國清廷不解國際法上保護政治犯之先例誤認維新派人以外國爲

後盾。其二因政變而謀廢立。（立端王之子溥儁爲大阿哥）外國公使紛起質問。志不得逞。積怨益深。其三。連年曹州兗州沂州易州等教案。鄉民與天主教徒構怨益劇。得此等助緣。而義和團遂起。因緣和合。「果」斯生焉。此一羣史蹟之正果。可分數段。一山東直隸團匪之私自組織及蠢動。二兩省長官之縱容及獎厲。三北京王大臣之附和。四甘軍（董福祥）之加入。五孝欽后以明諭爲之主持。軍匪混化。對全世界宣戰。六前後戕殺教徒及外國人數千。七戕殺德國公使及日本使館館員。八毀京津鐵路圍攻使館。此一幕滑稽劇。在人類史全體中。不得不認爲一種極奇特的病態。以易時易地之人觀測之。幾疑其現實之萬不可能。然吾儕試從心境兩面精密研究。則確能見其因緣所生。歷歷不爽。其在心的方面。苟非民族性有偏畸之點。則不能涵淹卵育此種怪思想。故對於民族性之總根柢。首當研究者一也。拳匪爲發難之主體。而彼輩實爲歷史上之一種祕密社會。故對於此種特別社會。察其羣衆心理。考其何以能發生能擴大。此次當研究者二也。發難雖由拳匪。而附和之者實由當時所謂士大夫階級。此階級中僉壬雖多。而賢者亦非絕無。曷爲能形成一種階級心理。在此問題之下一致行動。此次當研究者三也。孝欽后爲全劇之主人翁。非深察其人之特別性格及其當時心理之特別動態。則事象之源泉不可得見。此次當研究者四也。其在境的方面。非專制政治之下。此種怪象末由發生。此數千年因襲之政體。次當研究者五也。有英明之君主或威重謇諤之大臣。則禍亦可以不起。此當時之政象。次當研究者六也。非有維新派之銳進。不能召此反動。維新派若能在社會上確占勢力。則反動亦不能起。此對面抵抗力之有無強弱。次當研究者七也。非國外周遭形勢如前文所云云。則亦不至煎迫以成此舉。此世界政局之潮流。次當研究者八也。經過此八方面之研究。則義和團一段史蹟。何故能於「當時」「此地」發生。可以大明。

有果必有報。義和團所得業報如下。一。八國聯軍入京。兩宮蒙塵。二。東南各督撫聯約自保。宣告中立。三。俄軍特別行動占領東三省。四。締結辛丑條約。賠款四百五十兆。且承認種種苛酷條件。五。德宗不廢。但政權仍在孝欽。六。孝欽迎合潮流。舉行當時所謂新政。如練兵興學等事。此義和團直接業報之要點也。由直接業報復產出間接業報。以次演成今日之局。

就理論上言之。義和團所產業報有三種可能性。其一。各國瓜分中國或共同管理。其二。漢人自起革命建設新政府。其三。清廷大覺悟。厲行改革。然事實上皆以種種條件之限制。不能辦到。其第一種。以當時中國人抵抗力之缺乏。故有可能性。然各國力量不及。且意見不一致。故不可能。其第二種。以人民厭惡滿洲既久。且列國渴望得一新政府與之交涉。故有可能性。然民間革命黨無組織無勢力。其有力之封疆大吏。又絕無此種心理。故不可能。其第三種。因前兩種既不能辦到。而經此創鉅痛深之後。副人民望治之心。其勢甚順。故有可能性。然孝欽及清廷諸臣皆非其人。故不可能。治史者試先立一可能性之極限。而觀其所以不能之由。則於推論之術。思過半矣。

因緣生果。果復爲因。此事理當然之程序也。義和團直接業報。更間接產種種之果。就對外關係論。第一。八國聯軍雖撤退。而東三省之俄軍遷延不撤。卒因此引起日俄戰爭。致朝鮮完全滅亡。而日本在南滿取得今日之特殊地位。第二。當匪勢正熾時。日本藉端與我國深相結納。首由英提議勸日本就近出重兵。是爲英日接近之第一步。其後英國爲應付俄軍起見。議結所謂中俄密約者。雖未成立。然反因此促英日同盟之出現。而此英日同盟．遂被利用於此次歐洲大戰．使日本國際地位昂進．而目前關係國命之山東問題．即從此起．第三．重要之中央財源．如海關稅等．悉供償債之用．因此各外國銀行．攫得我國庫權之一部分．遂啓後此銀行團操縱全國金融之端緒．此其犖犖大者也．就內政關係論．第一．排外的反動．一變爲媚外．將國民自尊自重之元氣．斲喪殆盡．此爲心理上所得最大之惡影響．第二．經此次劇烈的激刺．社會優秀分子．漸從守舊頑夢中得解放．以次努力求取得「世界人」「現代人」的資格．此爲心理上所得最大的良影響．此兩種影響．乃從國民性根柢上加以搖動．此兩歧路之發展的可能性皆極大．在今日殊未能測其變化之所屆．第三．東南互保．爲地方對中央獨立開一先例．此後封疆權力愈重．尾大不掉．故辛亥革命起於地方．而中央瓦解．此趨勢直至今日．而愈演愈劇．第四．袁世凱即以東南互保中之一要人．漸取得封疆領袖的資格．（直隸總督北洋大臣）蓄養其勢力．取清室而代之．第五．回鑾後以媚外故．而行敷衍門面的新政．一方面自暴白其前此之愚迷及罪惡．增人輕蔑．一方面表示其無誠意的態度．令人絕望．第六．此種敷衍的新政．在清廷固無誠意．然國人觀聽已爲之一變．就中留學生數目激增．尤爲國民覺醒最有力之一媒介．海外學校．遂變爲革命之策源地．第七．新政之最積極進行者爲練兵．而所謂新軍者．遂爲革命派所利用．爲袁世凱所利用．卒以覆清祚．第八．以大賠款及舉辦新政之故．財政日益竭蹶．專謀藉外債以爲挹注．其後卒以鐵路大借款爲革命之直接導火線．右所舉第三項至第八項．皆爲義和團業報所演．同時即爲辛亥革命之親緣或間緣．於是而一「史蹟集團」遂告終焉．

吾不憚繁重詳舉此例．將借一最近之史蹟．其資料比較的豐富且確實者．示吾儕運用思想推求因果所當遵之途徑爲何如此區區一史蹟。其活動時間。不過半年。其活動地域。不過數百里。而欲說明其因緣果報之關係。其廣遠複雜乃至如是。學者舉一反三。則於鑑往知來之術。雖不中不遠矣。

參看文集中研究文化史的幾個重要問題（對於舊著中國歷史研究法之修補及修正）

飲冰室專集之七十四

中國之美文及其歷史

古歌謠及樂府

序論

韻文之興當以民間歌謠爲最先。歌謠是不會做詩的人（最少也不是專門詩家的人）將自己一瞬間的情感。用極簡短極自然的音節表現出來。並無意要他流傳。因爲這種天籟與人類好美性最相契合。所以好的歌謠。能令人人傳誦。歷幾千年不廢。其感人之深。有時還駕專門詩家的詩而上之。

詩和歌謠最顯著的分別。歌謠的字句音節是新定的。或多或少。或長或短。都是隨一時情感所至。盡量發洩。完便戛然而止。詩呢。無論四言五言七言乃至楚騷體。最少也有略固定的字數句法和調法。所以詞勝於意的地方多少總不能免。簡單說。好歌謠純屬自然美。好詩便要加上人功的美。

但我們不能因此說只要歌謠不要詩。因爲人類的好美性。決不能以天然的自滿足。對於自然美加上些人工。又是別一種風味的美。譬如美的璞玉。經琢磨彫飾而更美。美的花卉。經栽植布置而更美。原樣的璞玉花卉。無論美到怎麽樣。總是單調的。沒有多少變化發展。人工的琢磨彫飾栽植布置。可以各式各樣。月異而歲不同．詩的命運比歌謠悠長．境土比歌謠廣闊．都爲此故．後代的詩．雖與歌謠畫然異體．然歌謠總是詩的前驅．一時代的歌謠往往與其詩有密切的影響．所以歌謠在韻文界的地位．治文學史的人首當承認．

歌謠自然是用來唱的．但嚴格論之．歌與謠又自有別．詩經魏風園有桃篇『我歌且謠．』毛傳云．『合樂曰歌．徒歌曰謠．』然則有樂譜者謂之歌．無者謂之謠．雖然．人類必先有歌而後有樂．凡歌沒有不先自徒歌起者．及專門音樂家出．乃取古代或現代有名的歌謠按製成譜．於是乎有合樂之歌．則後世所謂樂府也．

詩並不是一定用來唱的．「不歌而誦」的也是詩之一體．但音樂發達的時代．好的詩多半被采入樂．幾乎有詩樂合一之觀．史記說．『詩三百篇．孔子皆絃而歌之．以求合韶武雅頌之音．』大抵三百篇裏頭除三頌或者是專爲協樂而作詩之外．其餘十五國風多半是各地「徒歌」的民謠．二雅則詩人所作「不歌而誦」的詩．自孔子以後．卻全部變成樂府了．後世樂府．其成立發達的次序．大概也是一樣．

樂府之名．起於西漢．漢書藝文志云．『自孝武立樂府（官名）而采歌謠．於是有代趙之謳．秦楚之風．皆感於哀樂．緣事而發．』這幾句話敍樂府來歷．大概是不錯的．但有當注意的一點．當時是采歌謠以入樂府．並非先有樂府而後製歌謠．大抵漢代樂府可大別爲二類．其一．郊祀房中諸歌．歌詞與樂譜同時並製．性質和詩經的三頌略同．其二．卽樂府所采之民謠．其中大半是「徒歌」．而樂官被之以音樂．鐃歌鼓吹曲之朱鷺．思悲翁……等十八調．橫吹曲之隴頭．折楊柳……相和歌辭之雞鳴．烏生八九子．陌上桑……等皆是也．（看第三章）性質和詩經的十五國風略同．漢樂府屬於第二類者．蓋十而七八．此類樂府．大率采各地方之詩．而還被以各地方之樂．（注一）但後來有其詩而亡其譜．音節之異同．久已無考了．

漢代樂府諒來都是能唱的，（最少也可以徒歌）所以和普通的詩可以劃然分出界限。魏晉以後，用樂府的調名來做五言詩的題目，雖號稱樂府，已經和「不歌而誦」的詩沒有分別了。此如三百篇與樂相麗，漢以後的四言詩便與樂相離。宋詞與樂相麗，元明詞便與樂相離。元明曲與樂相麗，近人曲便與樂相離。雖時代嬗變不得不然，然而名實之間，卻不可含糊看過。要之樂府一體，自西漢中葉始出現，至東漢末年而消沈。樂府在漢代文學史的地位，恰如詩之在唐，詞之在宋，確爲一時代之代表產物。過此以往，雖繼續摹仿者不少，價值卻完全兩樣了。

南北朝以降，摹仿漢樂府的作品，已併吞在五言詩範圍中。但其時卻另有一種類似樂府之短歌謠，其格調和當時詩家的詩大有不同。把幾個時代這類作品比而觀之，可以見出數百年間平民文學變遷的實況。

本卷所敍錄，以漢樂府爲中堅，而上溯古歌謠以窮其源，下附南北朝短調雜曲以竟其委。魏晉後用樂府調名標題諸作，則各以歸諸其時代之詩，不復在此論列。

（注一）漢書藝文志詩賦略載有『吳楚汝南歌詩十五篇，燕代謳雁門雲中隴西歌詩九篇，邯鄲河間歌詩四篇，齊鄭歌詩四篇，淮南歌詩四篇，左馮翊秦歌詩三篇，京兆尹秦歌詩五篇，河東蒲反歌詩一篇，雒陽歌詩四篇，河南周歌詩七篇，河南周歌詩聲曲折七篇，周謠歌詩七十五篇，周謠歌詩聲曲折七十五篇』可見當時樂府以地爲別。又別有所謂「聲曲折」者，則樂譜也。

第一章　秦以前之歌謠及其眞僞

歌謠既爲韻文中最早產生者，則其起源自當甚古。質而言之，遠在有史以前，半開化時代，一切文學美術作品沒有，歌謠便已先有。試看現在苗子，連文字都沒有，卻有不少的歌謠。我族亦何獨不然。雖然古歌謠發達雖甚早傳留卻甚難。不著竹帛。口口相傳。無論傳誦如何廣遠。終久總要遺失。何況歌謠之爲物。本是當時之人自寫其實感。社會狀況變遷。情感的內容亦隨而變。甲時代人極有趣的作品。乙時代人聽起來或者索然無味。現代歐美一時流行的曲子。過了幾年便無人過問者往往而有。況於一千幾百年前的古歌。想他流傳不墜。談何容易。現在古書中傳下來這類古董也有好十幾件。我們雖甚珍惜。卻有審查眞僞的必要。

最古之歌謠見於經書者。有帝舜與皋陶唱和的歌。

股肱起哉。元首喜哉。百工熙哉。

元首明哉。股肱良哉。庶事康哉。

元首叢脞哉。股肱惰哉。萬事墮哉。

右歌見尙書皋陶謨。在我們未能把皋陶謨的編輯時代從新考定以前。只得相信他是眞。那麼這三首歌便是中國最古的古歌。距今約四五千年了。但卽令是眞。也不過君臣談話之間用韻語互相勸勉。在情感的文學上。當然沒有什麼價值。

尙書大傳也載有性質略同的三首歌。

卿雲爛兮。糺漫漫兮。日月光華。旦復旦兮。

明明上天。爛然星陳。日月光華。弘于一人。

日月有常。星辰有行。四時順經。萬姓允誠。於予論樂。配天之靈。遷于賢善。莫不咸聽。鼚乎鼓之。軒乎舞之。菁華已竭。褰裳去之。

這三首歌．就詩論詩．總還算好．第一首且已采作國歌了．但以文學史的眼光子細觀察這詩的字法句法音節．不獨非三代前所有．也還不是春秋戰國時所有．顯然是漢人作品．尚書大傳相傳是伏生作．眞否已屬問題．就算是眞．伏生已是漢初人了．據說第一首是帝舜倡．第二首是八伯和．第三首是舜載歌．顯是依傍臯陶謨．那三首造出來的．無疑．

此外還有什麼帝堯時代的擊壤歌『日出而作日入而息鑿井而飲耕田而食帝力於我何有哉』見晉皇甫謐的帝王世紀．什麼帝舜的南風歌『南風之薰兮可以解吾民之慍兮南風之時兮可以阜吾民之財兮』見晉王肅的僞家語．娘家的來歷先自靠不住．更無考證之餘地了．僞列子有堯時．康衢歌四句．全鈔詩經．此外各書還有堯舜時歌數篇．皆無徵引之價值．

離騷說．『啓九辯與九歌兮夏康娛以自縱．不顧難以圖後兮．五子用失乎家巷．』據此．則夏代的歌．戰國時或尚有傳聞．但其辭當已久佚了．枚賾僞古文尚書五子之歌篇．因此造出五首詩來．近人久已知其僞．不必辨了．要之夏代歌詩．一首無存．無已．則孟子書中有晏子所引夏諺『吾王不遊．吾何以休．吾王不豫．吾何以助．一遊一豫．爲諸侯度．』或算得是夏代僅存的韻語．孟子這書固然不假．但他根據何經何典．是否春秋戰國時人依託之作．我們卻未敢輕下判斷．

殷代歌詩．傳者依然很少．商頌五篇．是否有殷遺文在內．抑全屬周時宋人之作．已屬疑問．此外見於史記者有殷末周初之歌兩首．

箕子過殷墟歌．

史記宋世家「箕子朝周，過故殷墟，感宮室毀壞生禾黍，箕子傷之，欲哭則不可，欲泣爲其近婦人，乃作麥秀之詩以歌詠之。……殷民聞之皆爲流涕。」

麥秀漸漸兮，禾黍油油，彼狡童兮，不與我好兮。司馬遷釋之曰「所謂狡童者紂也」

伯夷采薇歌。

史記伯夷列傳「武王已平殷亂，天下宗周，而伯夷叔齊恥之，義不食周粟，隱於首陽山，采薇而食之，及餓且死，作歌，其辭曰」

登彼西山兮，采其薇矣，以暴易暴兮，不知其非矣，黃農虞夏忽焉沒兮，我安適歸矣，于嗟徂兮，命之衰矣。

史記固然是最有價值的古史，但所記三代前事，很多令人懷疑之處，這兩首歌我們不敢說一定就是原文，但周初詩歌，三百篇著錄已不少，其有流傳之可能性甚明，然則這兩首歌大概也當可信，歌中文辭之優美，意味之濃厚，不待我贊歎了。

西周和春秋初期的歌詩，當以三百篇爲代表，此處不再說了，其次則左傳所載零碎歌謠及其他韻語還不少，今摘錄若干章以覘沿革。

周辛甲虞箴。襄四年

芒芒禹迹，畫爲九州，經啓九道，民有寢廟，獸有茂草，各有攸處，德用不擾，在帝夷羿，冒于原獸，亡（同忘）其國恤，而思其麀牡，武不可重，用不恢於夏家，獸臣司原，敢告僕夫。

辛甲乃周武王時太史，左傳不過追述其語。

宋正考父鼎銘 昭七年

一命而僂。再命而傴。三命而俯。循牆而走。亦莫余敢侮。饘於是。鬻於是。以餬予口。

正考父爲孔子遠祖。在宋佐戴武宣三公。蓋□□時人。左傳追述之。

右兩篇本非歌謠。因其爲韻文之一體。見於左傳。故類錄之。

魯羽父引周諺 隱十一年

山有木。工則度之。賓有禮。主則擇之。

晉士蔿引諺 閔元年

心苟無瑕。何恤乎無家。

晉士蔿賦 僖五年

狐裘蒙茸。一國三公。吾誰適從。

晉卜偃引童謠 僖五年

丙之辰。龍尾伏辰。均服振振。取虢之旂。鶉之賁賁。天策焞焞。火中成軍。虢公其奔。

宋築城者嘲華元謳 宣二年

睅其目。皤其腹。棄甲而復。于思于思。同顋爲棄甲復來。

魯聲伯夢中聞歌 成十七年

濟洹之水。贈我以瓊瑰。歸乎歸乎。瓊瑰盈吾懷乎。

魯人爲臧紇誦 襄四年

臧之狐裘。敗我於狐駘。我君小子。侏儒是使。侏儒侏儒。使我敗於邾。

鄭人爲子產誦 襄三十年

取我衣冠而褚之。取我田疇而伍之。孰殺子產。吾其與之。右子產初執政時所歌

我有子弟。子產誨之。我有田疇。子產殖之。子產而死。誰其嗣之。右執政三年後所歌

魯人爲南蒯歌 昭十二年

我有圃。生之杞乎。從我者子乎。去我者鄙乎。倍其鄰者恥乎。已乎已乎。非吾黨之士乎。

魯鸜鵒謠 昭二十五年

鸜之鵒之。公出辱之。鸜鵒之羽。公在外野。往饋之馬。鸜鵒跦跦。公在乾侯。徵褰與襦。鸜鵒之巢。遠哉遙遙。稠父喪勞。宋父以驕。鸜鵒鸜鵒。往歌來哭。

吳申叔儀歌 哀十三年

佩玉蘂兮。余無所繫之。旨酒一盛兮。余與褐之父睨之。

衞侯夢渾良夫譟 哀十七年

登此昆吾之虛。緜緜生之瓜。余爲渾良夫。叫天無辜。

右所錄並未完備。不過把文學成分較多的摘出來便了。內中最有趣的是嘲華元謳一羣平民一面做工一面唱歌。把對面的人面目寫得活現。最奇詭的是渾良夫譟一個寃鬼被髮跳擲的情狀。在紙上颯颯有聲。

右所錄有許多要參考當時的本事，可看左傳原文．今不贅錄．

我們讀這些謠諺．當然會感覺他和三百篇風格不同．尤其是後半期——襄昭定哀間的作品．句法是長短句較多．格調多輕俊．藻澤加濃厚．雖彼此文體本不從同．亦可以見詩風變遷之一斑了．（三百篇中惟『胡爲乎株林……』一章與左傳諸歌謠最相似此章乃陳靈公時詩三百篇中最晚的一篇了）

周代歌謠見於左傳以外者尚不少．但眞僞問題卻大半要當心了．內中時代最早的則所謂□□西王母白雲謠．

白雲在天．山陵自出．道里悠遠．山川間之．將子無死．尚復能來．

這首謠見穆天子傳．說是周穆王上崑崙山見西王母．臨歸王母觴之於瑤池．唱這謠送他．穆王還有和章．（不恕錄）穆天子傳這部書．乃晉太康三年在汲縣魏安釐王冢中與竹書紀年同時出土．書之眞僞．問題很雜．若認爲全僞．那麼便是晉人手筆．若認爲眞．便是戰國人所記．可算中國最古的小說．若謂西周時的穆王眞有此事眞有此詩．未免癡人前說不得夢了．詩卻甚佳．但和三百篇風格畫然不同．細讀自能辨．

次則所謂齊甯戚飯牛歌．

南山矸．白石爛．生不逢堯與舜禪．短布單衣適至骭．從昏飯牛薄夜半．長夜漫漫何時旦．

這首詩始見於史記集解引應劭云出三齊記．甯戚是管仲同時人．此詩若眞．便是孔子前一百多年的作品了．但我們當注意者．呂氏春秋舉難篇．淮南子道應篇．並詳載甯戚飯牛事．但皆僅言其『扣牛角而歌』．並沒有載他的歌詞。而後漢書馬融傳注引說苑則云。『甯戚飯牛於康衢。擊車輻而歌碩鼠。』今本作歌顧見字形近而譌高誘呂氏春秋注亦云「歌碩鼠也。」並將詩經碩鼠篇全文錄入注中。所歌是否必爲碩鼠。雖未確知。但南山白石之篇爲劉向高誘所未見。總算有確實反證。三齊記已佚。不知何人所撰。恐是晚漢依託之作耳。又藝文類聚及文選嘯賦李善注又各載有甯戚歌一首與此文不同文選注那首末句云『吾將與爾適楚國』似是因原有歌碩鼠之傳說乃將碩鼠篇『逝將去汝適彼樂國』敷衍成文藝文類聚那首前四句和三齊記那首大同小異末句云『吾將捨汝相齊國』似是將那兩首改頭換面湊成要之三首皆不可信也此詩就詩論詩原是很好的若果眞那麼便是七言詩之祖。但我敢說這種詩格。決非春秋時所有。擺在東漢樂府裏頭。倒還算上乘。其實甯戚飯牛事便根本不可信布衣立談取卿相乃戰國風氣春秋初期決無有此事本是戰國游說之士造出來詩則東漢末僞中生僞

其次則所謂秦百里奚妻之歌。

百里奚。五羊皮。憶別時。烹伏雌。炊扊扅。今日富貴忘我爲。

此詩見應劭風俗通。劭東漢末人百里奚爲秦穆公時人。詩若眞。也是春秋初期作品了。但奚以五羊之皮要穆公。本是戰國人造的謠言。孟子已經辯過。這詩句法頗似漢郊祀歌。當屬漢人依託。詩亦寡味。

其次則伍子胥自楚亡命時。漁人救之作歌。

日月昭昭乎侵已馳。與子期乎蘆之漪。

日已夕兮余心傷悲。月已馳兮何不渡爲。事且急兮將奈何。

蘆中人。蘆中人。豈非窮士乎。

此歌見東漢袁康所著吳越春秋。這部書爲半小說體的。所載事蹟。我們未敢全信。但此歌尚樸。與左傳所載

春秋末歌謠還不甚相遠．姑且算他是眞的罷．吳越春秋還載有伍子胥河上歌申包胥歌屈子琴曲越王夫人歌采葛婦歌等皆一望而知爲漢人手筆因此我連這首漁父辭也不能不有些懷疑

次則論語所載楚狂接輿歌．

鳳兮鳳兮何德之衰．往者不可諫．來者猶可追．已而已而．今之從政者殆而．

此歌見論語．我們當然該相信．但據近人崔適的考證．則論語末五篇之眞僞還有問題．內中會否有戰國人竄亂．尚未可定．莊子人間世篇亦載此歌而其詞加長末段有『迷陽迷陽．無傷吾行．吾行郤曲．無傷吾足．』等語．似是從論語衍出．

莊子人間世篇載有孟子反琴張弔子桑戶歌云．『嗟來桑戶乎．嗟來桑戶乎．爾已反其眞．而我猶爲人猗．』三人皆孔子時人．孟子反卽孟之反．子桑戶卽子桑伯子．俱見論語．琴張見孟子．似是孔子弟子．但這首歌大概是莊周寓言代撰．未必爲孔子時作品．

次則有孔子所聞的孺子歌．

滄浪之水清兮．可以濯我纓．滄浪之水濁兮．可以濯我足．

此歌見孟子．且述有孔子贊美解釋之詞．我們應認爲眞．

孔子最愛唱歌．我們在論語和別的書裏頭處處可以看出．論語說『子於是日哭則不歌』然則不哭之日必歌矣但所歌像都是前人舊詩．自己作的很少．見各書中所載孔子詩歌．比較可信者只有下列三首．

彼婦之口．可以出走．彼女之謁．可以死敗．蓋優哉游哉．維以卒歲．

見史記孔子世家。說是孔子相魯。齊人饋女樂間之。孔子去魯作此。

違山十里。蟪蛄之聲猶尚在耳。

見說苑。還加以解釋。說是『政尚靜而惡譁。』

泰山其頹乎。梁木其壞乎。哲人其萎乎。

見禮記檀弓篇。說是孔子臨沒時負杖逍遙所作。

這三首歌所出的書。比較可信。但都是西漢人著述。那時的孔子早已變成半神話的人物。即如孔子世家中所載事蹟。我們便有一半要懷疑。所以這三首歌是否必出孔子。仍未敢斷。歌詞也不見什麼好處。

此外號稱孔子詩者還有若干首。例如什麼適趙臨河歌。『狄水衍兮風揚波舟楫顛倒更相加歸來歸來胡為斯。』見水經注。什麼郤楚聘歌。『大道隱兮禮為基賢人竄兮將待時天下如一兮欲何之。』什麼獲麟歌。『唐虞世兮鳳麟遊今非其時來何求麟兮麟兮我心憂。』俱見偽孔叢子。什麼龜山操『予欲望魯兮龜山蔽之手無斧柯奈龜山何。』見晉人所輯琴操。這些顯然是魏晉以後贋作。本不足論列。但因一般人尚多崇信。是以錄而辨之。

世傳琴操二卷。題漢蔡邕撰。內載琴曲歌辭四十二首。其中三代人作品居十之九。此書若可信。那麼真是三百篇以外之商周樂府。何等寶貴。然後漢書蔡邕傳並不言其著有琴操。隋書經籍志有琴操三卷。則晉人孔衍所撰。今所傳本若為隋志之舊。則亦晉人所作耳。晉人最好造偽書偽古典。凡那時代所出現之書言上古事者。本極難信。琴操所錄歌辭。無一首不濫俗惡劣。不惟非三代舊文。即兩漢亦無此惡札也。故今一概不錄。因龜山操事。附論於此。

戰國韻文，除屈原宋玉幾篇鉅製震古鑠今外，別的絕少流傳，北方尤爲稀見，勉强找一首，則惟趙武靈王夢中所聞歌，

美人熒熒兮，顏若苕之榮，命乎命乎，曾無我嬴。

此歌見史記趙世家，說武靈王所聞者乃一處女鼓琴而歌，情節和詞藻，都和左傳所記聲伯夢中聞歌有點相類。

楚辭以外戰國時江南詩歌，說苑善說篇所載越女櫂歌，說是楚國的王子鄂君子晳乘船在越溪游耍，船家女孩子『擁楫而歌』，歌的是越音，其詞如下，『濫兮抃草濫予昌枑澤予昌州州焉乎秦胥胥縵予乎昭澶秦踰滲堤隨河湖』鄂君聽著，自然一字不懂，於是叫人譯成楚國語如下。

今夕何夕兮，搴舟中流，今日何日兮，得與王子同舟，

蒙羞被好兮，不訾詬恥，心幾頑而不絕兮，知得王子，

山有木兮木有枝，心說君兮君不知，

在中國古書上找繙譯的文字作品，這首歌怕是獨一無二了，歌詞的旖旎纏綿，讀起來令人和後來南朝的「吳歌」發生聯想，說苑雖屬戰國末著述，但戰國時楚越之地，像有發生這種文體之可能，況且還有鉤輈鴂舌的越語原文，我想總不是僞造的。

到秦漢之交，卻有兩首千古不磨的傑歌，其一，荊軻的易水歌，其二，項羽的垓下歌，

易水歌

史記刺客列傳記荆軻爲燕太子丹刺秦始皇事云。『……太子及賓客知其事者皆白衣冠以送之。至易水之上。既取祖道。高漸離擊筑。荆軻和而歌。爲變徵之聲。士皆垂淚涕泣。又前而歌曰……』

風蕭蕭兮易水寒。壯士一去兮不復還。

據史記。荆軻的歌當有兩首。前一首作『變徵聲』。大概是敍愴惻的別情。所以滿坐垂淚。可惜歌詞已失傳了。這一首乃最後所歌。史言『復爲「羽聲」忼慨。士皆瞋目。髮盡上指冠。』至今我們讀起來還有一樣的同感。當時更可想見了。雖僅僅兩句。把北方民族武俠精神完全表現。文章魔力之大。殆無其比。

垓下歌。

史記項羽本紀敍羽最後戰敗。漢兵圍之於垓下。『項王則夜起飲帳中。有美人名虞。常幸從。駿馬名騅。常騎之。於是項王乃悲歌忼慨。自爲詩曰……歌闋。美人和之。左右皆泣。莫能仰視。』

力拔山兮氣蓋世。時不利兮騅不逝。騅不逝兮可奈何。虞兮虞兮奈若何。

這位失敗英雄寫自己最後情緒的一首詩。把他整個人格活活表現。讀起來像看加爾達支勇士最後自殺的影像。則今二千多年。無論那一級社會的人。幾乎沒有不傳誦。眞算得中國最偉大的詩歌了。（世俗傳有虞美人和詩。乃是一首打油的五言唐律。更無辨證之價值。）

綜觀以上所錄。可見中國含有美術性的歌謠。自殷末周初。始有流傳作品。（起喜歌不能算美術的）就此少數傳品而論。周代八百年中。也很看出變遷痕跡。前期的格調。和三百篇有點相近。後期便和楚辭有點相近。到易水垓下兩歌。已純然漢風了。最可惜是戰國時代傳品太少。不甚能看出嬗變的徑路。史料闕乏。無可如何了。

第二章　兩漢歌謠

本章所錄，除卻有曲調的正式樂府，除卻句律嚴整的五言詩。所以範圍甚窄。但此三種界限，原很難畫分，不過爲全書組織之便，姑別立此章以便於敍述。讀者須與本卷第三章及第四卷第一章合參，方能見出歷史全影。

漢代最有名歌謠，自然首推高祖的大風歌。

史記高祖本紀『十二年，高祖還歸，過沛，留，置酒沛宮，悉召故人父老子弟縱酒。發沛中兒得百二十人，敎之歌。酒酣，高祖擊筑，自爲歌詩曰……令兒皆和習之。高祖乃起舞，忼慨傷懷，泣數行下。

大風起兮雲飛揚，威加海內兮歸故鄉，安得猛士兮守四方。

這首詩和項羽垓下歌對照，得意失意兩極端，令人生無限感慨。詩雖不如垓下之美，但確表現他豪邁的人格，無怪乎多年傳誦不衰。

高祖還有一首鴻鵠歌。

史記留侯世家『上欲廢太子，立戚夫人子趙王如意。（後不果）戚夫人泣。上曰「爲我楚舞，吾爲若楚歌」。歌曰……』

鴻鵠高飛，一舉千里。羽翮已就，橫絕四海。橫絕四海，將可奈何。雖有矰繳，尙安所施。

這首詩雖僅爲一愛姬而作，但意態雄傑，依然流露句下。漢書藝文志詩歌類首載『高祖歌詩二篇』，想他生平所作僅此他本非文學家然而這兩首卻已不弱了。

西漢文物全盛端推武帝時代專以文學方面枚乘司馬相如……等輩布滿朝列述作斐然武帝自己也愛弄筆墨流傳的詩歌頗不少但其中眞僞頗有問題見於正史最可信者莫如瓠子天馬兩歌但辭並不見佳錄之備參考。

瓠子歌二首（見史記河渠書）

瓠子決兮將奈何浩浩洋洋兮慮殫爲河殫爲河兮地不得甯功無已時兮吾山平吾山平兮鉅野溢魚弗鬱兮柏（同迫）冬日正道弛兮離常流蛟龍騁兮放遠遊歸舊川兮神哉沛不封禪兮安知外爲我謂河伯兮何不仁泛濫不止兮愁吾人齧桑浮兮淮泗滿久不返兮水維緩。

河湯湯兮激潺湲北渡回兮迅滿難搴長筊兮湛美玉河伯許兮薪人屬。薪不屬兮衛人罪燒蕭條兮噫乎何以禦水隤竹林兮揵石菑宣房塞兮萬福來。

蒲捎天馬歌（見史記大宛列傳）

天馬來兮從西極經萬里兮歸有德。
承靈威兮得外國涉流沙兮四夷服。

這兩首歌出於武帝的大手筆殆無可疑但就文學家眼光看來簡直和清高宗的打油詩沒有多少分別他有較好的一首曰李夫人歌見於漢書外戚傳歌云。

是耶非耶立而望之翩何姍姍其來遲。

此詩是他的愛姬李夫人死後他悲悼不已。令方士攝其魂來。在帳後髣髴望見。退而作此。藝文志載有『李夫人及幸貴人歌詩三篇』此當即其一。外戚傳又云『令樂府諸音家弦歌之』然則此歌又已入樂不算「徒歌」了。此歌還算頗有詩趣能寫實感。但怎麼好處也說不上。（王子年拾遺記還有落葉哀蟬曲一篇也說是武帝思李夫人作其詞爲『羅袂兮無聲玉墀兮塵生……』云云一望而知爲六朝作品故不復錄）

此外還有一首很流麗的詩。向來都公認爲漢武帝所作。名曰秋風辭。

秋風起兮白雲飛。草木黃落兮雁南歸。蘭有秀兮菊有芳。懷佳人兮不能忘。泛樓船兮濟汾河。橫中流兮揚素波。簫鼓鳴兮發棹歌。歡樂極兮哀情多。少壯幾時兮奈老何。

這首詩。史記漢書及其他漢人著述皆不見。惟見於漢武帝故事。故事號稱班固撰。四庫提要已斷定是假的了。這首詩柔媚剽滑。毫沒有西京樸拙氣。和武帝別的作品尤其不類。起句分明抄襲大風歌。蘭秀菊芳兩句分明抄襲楚辭之『沅有芷兮澧有蘭。思公子兮未敢言。』末兩句像是有感慨。其實意淺而調濫。我實不敢信爲漢人詩。且很不解二千年來何以人人贊賞他。

別有一首怪詩。據說是元封三年柏梁臺落成。武帝宴集羣臣作的。後人名之曰柏梁詩。這首詩是武帝和羣臣每人作一句。每句七字。集合成篇。因爲體格新奇。所以名爲柏梁體。詩辭如下。

日月星辰和四時（帝）　驂駕駟馬從梁來（梁孝王武）　郡國士馬羽林材（大司馬）　總領天下誠難治（丞相）
和撫四夷不易哉（大將軍）　刀筆之吏臣執之（御史大夫）　撞鐘伐鼓聲中詩（太常）　宗室廣大日益滋（宗正）
周衛交戟禁不時（衛尉）　總領從宗柏梁臺（光祿勳）　平理清讞決嫌疑（廷尉）　修飾輿馬待駕來（太僕）

郡國吏功差次之（大鴻臚）　乘輿御物主治之（少府）　陳粟萬石揚以箕（大司農）　徼道宮下隨討治（執金吾）
三輔盜賊天下危（左馮翊）　盜阻南山爲民災（右扶風）　外家公主不可治（京兆尹）　椒房率更領其材（詹事）
蠻夷朝賀常會期（典屬國）　柱枅欂櫨相枝持（大匠）　枇杷橘栗桃李梅（太官令）　走狗逐兔張罘罳（上林令）
齧妃女脣甘如飴（郭舍人）　迫窘詰屈幾窮哉（東方朔）

這首詩據說初見於三秦記。但三秦記已佚。不可考了。大概是小說家言。不足爲信史。此詩詩句樸俚。頗有西漢古澤。所以向來都公認爲眞的。梁朝任昉的文章緣起。且推爲七言之祖。聯句之祖。但其中很有可疑的地方。既云此詩作於元封三年。然梁孝王薨於孝景之世。何以能列席。光祿勳。大鴻臚。大司農。執金吾。京兆尹。左馮翊。右扶風諸官皆太初元年所更名。元封三年何以預書。然則此詩爲後人擬作無疑。擬者是否漢人。則未敢斷耳。

其他西漢諸臣之作及民間歌謠見於史記漢書者摘錄如下。

朱虛侯劉章耕田歌（見史記齊悼惠王世家）

高后時作。暗斥諸呂弄權。

深耕穊種。立苗欲疏。非其種者。鋤而去之。（案此歌似無韻。或是兩「種」字爲韻。「疏」字與「去」字爲韻）

戚夫人永巷歌（見漢書外戚傳）高祖所愛戚姬生子如意封趙王。呂后臨朝囚戚於永巷髡鉗衣赭衣令舂。戚且舂且歌。

子爲王。母爲虜。終日舂薄暮。常與死爲伍。相離三千里。當誰使告汝。

趙幽王友歌（見漢書高五王傳）友高祖子。呂后妻以諸呂女。不愛。愛他姬。呂后幽縶之。餓死。餓中作歌。

諸呂用事兮劉氏微。迫脅王侯兮彊授我妃。我妃既妒兮誣我以惡。讒女亂國兮上曾不寤。我無忠臣兮何故去國。自快（案疑當作決）中野兮蒼天與直。（案直者枉之對文言望上天主持公道）于嗟不可悔兮寧早自賊。爲王餓死兮誰者憐之。呂氏絕理兮託天報仇。

此兩歌雖無藻麗之辭。然抒情極質而豐。

文帝時民歌（見漢書淮南王傳）淮南厲王長高帝子文帝時以罪廢死蜀道民有作此歌者文帝聞之爲置園如諸侯儀

一尺布。尚可縫。一斗粟。尚可舂。兄弟二人不相容。

李延年歌（見漢書外戚傳）延年知音善歌舞武帝愛之嘗侍帝起舞歌此曰『世豈有此人耶』因進其女弟是爲李夫人延年後爲協律都尉

北方有佳人。絕世而獨立。一顧傾人城。再顧傾人國。寧不知傾城與傾國。佳人難再得。

此篇在漢歌中傳誦最廣。固是佳作。武帝時樂府。蓋由延年主持。於漢代音樂最有關係。

武帝時匈奴歌（見漢書匈奴傳）元狩二年春霍去病伐匈奴過焉支山其夏又攻祁連山匈奴人作歌焉支山即燕支山後世所謂胭脂也

失我焉支山。使我婦女無顏色。失我祁連山。使我六畜不蕃息。

匈奴傳尚載有高帝時民歌云。『平城之下亦誠苦。七日不食。不能彀弩。』蓋歌高祖被匈奴圍困於白登時事。與此歌對照。可略見當時兩個交戰民族的情緒。

烏孫公主歌（見漢書西域傳）武帝元封中結烏孫以制匈奴遣江都王建女細君妻烏孫昆莫公主悲愁作歌

吾家嫁我兮天一方。遠託異國兮烏孫王。穹廬爲室兮旃爲墻。以肉爲食兮酪爲漿。居常土思兮心內傷。願爲黃鵠兮歸故鄉。

此歌情緒甚眞。後來王昭君辭之類。都是摹仿依擬他。

李陵別蘇武歌（見漢書蘇武傳）昭帝時匈奴與漢和親漢使求蘇武等單于許武還李陵置酒賀武曰『異域之人一別長絕』因起舞而歌泣數行下

徑萬里兮度沙漠。爲君將兮奮匈奴路窮絕兮矢刃摧。士衆滅兮名已隤。老母已死。雖報恩將安歸。

蘇李往還詩。見正史者只此一首。詞句甚質俚。還不及戚夫人烏孫公主諸作。後人因此附會造出「河梁」「結髮」等五言詩七首殊不足信。辨詳次章。

燕王旦及華容夫人歌（見漢書本傳）昭帝時燕王旦與上官桀謀反霍光誅之事將發覺旦憂懣置酒萬載宮令賓客羣臣妃妾坐飲且自歌華容夫人起舞和之坐中皆泣

歸空城兮。狗不吠。雞不鳴。橫術街道也何廣廣兮。固知國中之無人。（右王旦）

髮紛紛兮寘渠。骨藉藉兮無居。母求死子兮妻求死夫。裴回兩渠間兮君子獨安居。安居言何處可容身也（右華容）

我極賞識劉旦這首歌。謂與項羽垓下同一絕調。且畏罪引決人格自然遠非項羽之比。但這詩恰寫出他自己一剎那間情緒。那時亦何至無雞鳴狗吠。街上無人行。但他腦子裏蕭條悽慘的景象是如此。抓住這點幻影寫出來。所以獨絕。　華容歌雖稍顯露。亦自不惡。廣陵王胥有罪自殺亦留一歌不甚佳故不復錄

廣川王去歌（見漢書本傳）去之妃妬閉絕諸姬妾去爲姬崔修成作歌

愁莫愁。生無聊。心重結。意不舒。內弗鬱。憂哀積。上不見天。生何益。日崔隤。時不再。願棄軀。死無悔。

此歌幾全用三言。頗似當時郊祀歌體格。後此蘇伯玉妻盤中詩仿之。

楊惲拊缶歌（見漢書本傳）惲以罪廢家居怨望報其友孫會宗書云『……田家作苦歲時伏臘烹羊炰羔斗酒自勞家本秦也能爲秦聲婦趙女也雅善鼓瑟奴婢歌者數人酒酣耳熱仰天拊缶而呼烏烏其詩曰……………』

田彼南山，蕪穢不治。種一頃豆，落而爲萁。人生行樂耳，須富貴何時。

惲爲司馬遷外孫，史記就是由他傳授出來。這首短歌，有點像詩家之詩了。

成帝時童謠二首（俱見漢書五行志）

燕燕，尾涎涎。張公子，時相見。木門倉琅根。燕飛來，啄皇孫。皇孫死，燕啄矢。

邪徑敗良田，讒口亂善人。桂樹華不實，黃爵巢其顚。昔爲人所羨，今爲人所憐。

右兩謠並非同時出現。當時言五行災異者，指爲某種事變之讖兆。我們可不必理他。但他的歌詞，確有文學的價值。別的童謠多質俚，此獨妍美。第二首絕似五言詩。我們若信民謠和詩人之詩有相互影響，那麼，因這首黃爵謠，可略推定五言詩起於西漢之季。

王莽時汝南童謠（見漢書翟方進傳）

壞陂誰？翟子威。飯我豆食羹芋魁。反乎覆，陂當復。誰云者？兩黃鵠。

此歌亦豐於文學的趣味。

東漢一代，五言漸興，許多樂府古辭，也像是這時代的作品，容在次章再敍。東漢歌謠可采錄者不如西漢之多，僅錄數章以作代表。

馬援武溪歌（見崔豹古今注）

滔滔武溪一何深，鳥飛不度，獸不敢臨。嗟哉武溪多毒淫。

馬援爲光武功臣。然極長於文學。觀本傳所錄各信札可見。此歌雖不見正史。想當不僞。寥寥數句。抵得太白一篇蜀道難。

梁鴻五噫歌（見後漢書本傳）

陟彼北芒兮噫。顧覽帝京兮噫。宮室崔嵬兮噫。民之劬勞兮噫。遼遼未央兮噫。

鴻字伯鸞。明帝章帝時人。傳高士者首稱之。這首歌格調嶄新。音節諧美。意味淵永。無怪幾千年傳誦。

張衡四愁詩（見文選）

我所思兮在太山。欲往從之梁父艱。側身東望涕沾翰。美人贈我金錯刀。何以報之英瓊瑤。路遠莫致倚逍遙。何爲懷憂心煩勞。

我所思兮在桂林。欲往從之湘水深。側身南望涕沾襟。美人贈我金琅玕。何以報之雙玉盤。路遠莫致倚惆悵。何爲懷憂心煩傷。

我所思兮在漢陽。欲往從之隴阪長。側身西望涕沾裳。美人贈我貂襜褕。何以報之明月珠。路遠莫致倚踟躕。何爲懷憂心煩紆。

我所思兮在雁門。欲往從之雪紛紛。側身北望涕沾巾。美人贈我錦繡段。何以報之青玉案。路遠莫致倚增歎。何爲懷憂心煩惋。

張衡爲當時一大文學家。（小傳見卷二葉）別的文學作品很不少。這首詩采楚騷之神髓。而自創體格。情詞曲折斐亹。所以別成一絕調。

以上三首。本應該在漢詩篇論列。因欲令讀者知兩漢歌謠格調變遷之跡。故改錄於此。

雞鳴歌（見樂府詩集）

東方欲明星爛爛。汝南晨雞登壇喚。曲終漏盡嚴具陳。月明星稀天下旦。千門萬戶遞魚鑰。宮中城上飛烏鵲。

晉太康地記云『後漢時固始鮦陽公安細陽四縣術士習此曲於闕下歌之。今雞鳴歌是也。』

桓帝初童謠二首（俱見續漢書五行志）

小麥青青大麥枯。誰當穫者婦與姑。丈人何在西擊胡。吏買馬。君具車。請爲諸君鼓嚨胡。

城上烏。尾畢逋。一年生九雛。公爲吏。子爲徒。一徒死。百乘車。車班班。入河間。河間姹女工數錢。以錢爲室金作堂。

石上慊慊春黃粱。梁下有懸鼓。我欲擊之丞相怒。

這兩首謠。字句意味都有些不可解之處。也不必深究。但試把他和西漢初童謠比對。當然覺得有點不同。第一字句較多。音節較長。第二詞藻較縟麗。詩的趣味越更濃厚。因此我們可以推測許多時代不明的樂府古辭。大概都是在這個時候發生。

此外後漢書中載有許多對人的歌謠。如『說經不窮戴侍中』『五經無雙許叔重』『天下無雙江夏黃童』『汝南太守范孟博南陽宗資之畫諾……』『廉叔度來何暮……』『生世不諧作太常妻……
……』等等。當時重名譽。喜標榜聲氣。臧否人物。故此類歌謠特多。因其與詩風無甚關係。故一概不錄。

第三章 漢魏樂府

樂府起於西漢本爲官署之名後乃以名此官署所編製之樂歌寖假而凡入樂之歌皆名焉寖假而凡用此種格調之詩歌無論入樂不入樂者皆名焉

漢書禮樂志記有『孝惠時樂府令夏侯寬』然則樂府之官漢初已有或承秦之舊亦未可知但此官有紀載價值則自武帝時始藝文志云『自孝武立樂府而采歌謠於是有趙代之謳秦楚之風』禮樂志又云『至武帝定郊祀之禮……乃立樂府……以李延年爲協律都尉多舉司馬相如等數十人造爲詩歌……』李延年傳亦云延年善歌爲新變聲是時上欲造樂令司馬相如等作詩頌延年輒承意歌所造詩爲之新聲曲』是知最初之樂府皆李延年調其音節製成樂譜其歌辭則或爲司馬相如輩所作或采自民間歌謠於是此等有譜之歌即名「樂府」

至哀帝時罷樂府官（見樂志顏注）東漢一代此官存置無考然民間流行之歌謠知音者輒被以樂而製爲譜於是樂府日多漢魏禪代之際曹氏父子兄弟祖孫——魏武帝操文帝丕陳思王植明帝叡——咸有文采解音律或沿舊譜而改新辭或撰新辭而並創新譜樂府於茲極盛矣

關於紀載樂府歌辭及其沿革之書可考者列舉如下

漢書禮樂志（漢班固撰存）

志中敍樂府起原及錄載房中歌郊祀歌全文最爲可寶

樂府歌詩十卷太樂歌辭二卷（晉荀勖撰佚）

見唐書藝文志前種似久佚後種宋時猶存郡齋讀書志著錄又古今樂錄曾引荀錄語係由技錄轉

引想亦爲荀勖所著。不知卽在此二書內否。勖爲晉代大音樂家。其所著笛律今尙存。亦有歌辭傳後。

元素正聲技錄一卷。宋張解撰 佚

隋書經籍志稱梁有此書。唐初已亡。古今樂錄又曾引張永技錄。不知永與解是否一人。

伎錄。宋王僧虔撰 佚

各史皆不著錄。惟古今樂錄引之。鄭樵郭茂倩亦屢引之。不知是否宋時仍存。抑鄭郭從樂錄轉引。鄭樵之樂府分類。多本此錄。似是一有系統之書。

廣樂記。景祠撰

祠不知何時人。此書各史志皆未著錄。惟宋書樂志引之。則當爲沈約以前書。

宋書樂志。梁沈約撰 存

敍漢魏晉樂府變遷沿革頗詳。漢鐃歌及許多樂府古辭皆賴以傳。

南齊書樂志。梁蕭子顯撰 存

拂舞歌詞賴此以傳。

古今樂錄十三卷。陳釋智匠撰 佚 （新舊唐書皆作智丘）

此書當爲六朝時敍錄樂府總匯之書。隋唐宋志皆著錄。想元初猶存。鄭樵郭茂倩所引甚多。輯之尙可成帙。

樂府歌辭八卷。樂府聲調六卷。隋鄭譯撰 佚前一種惟新唐書經籍志著錄。後一種隋志新舊唐志皆著錄。譯爲隋代音樂大家。隋雅樂出其手定。

此書未見他書徵引。不知是否專紀隋樂。

晉書樂志。唐太宗勅撰　存

全採沈約宋志。間有加詳之處。隋唐以後各史樂志與古樂府無甚關係。不復論列。

樂府歌詩十卷。唐翟子撰　佚

樂府志十卷。唐蘇夔撰　佚

樂府雜錄一卷。唐段安節撰　存　學海類編本

此書多言樂器沿革。間及唐樂章。關於漢魏樂府資料甚少。

俱見唐書經籍志。

樂府古題要解二卷。唐吳兢撰　存　津逮祕書本

此書分相和歌。拂舞歌。白紵歌。鐃歌。清商。雜題。琴曲等類。各列曲題。每題考證其來歷。實研究樂府最重要之資料。兢尚有古樂府詞十卷。郡齋讀書志著錄。今佚。

樂府古今解題三卷。唐郗昂撰　佚　（或云王昌齡撰）

見唐志。

樂府解題。失名　佚

宋史藝文志著錄。樂府詩集徵引甚多。當是郭茂倩以前人所著。但據郭所引。什九皆吳兢原文。想是

宋人剽竊兢書而作耳

樂府廣題二卷。沈建撰 佚

見宋史藝文志建何時人待考。

通典樂典。唐杜佑撰 存

此書雖特別資料不多。然淸商樂諸曲調之存佚言之頗詳。

通志樂略。宋鄭樵撰 存

樵論古最有特識。著述最有條理。此書將樂府曲調名網羅具備。詳細分類。眉目極淸。甚便學者。但樵主張「詩樂合一」之說太過將許多不能入樂之五言一併收入是其疵謬又分類亦有錯誤處下文詳辨。

系聲樂譜二十四卷。宋鄭樵撰 佚

樂略云『臣謹考摭古今編繫節奏。』此書見宋史藝文志。想卽其編繫節奏之本質。言之。卽樂府聲譜也惜書已佚但漢魏樂府之節奏樵時能否尙存實不能無疑。

樂府詩集一百卷。宋郭茂倩撰 存

此書集各家大成。搜羅最富。研究樂府者必以此爲唯一之主要資料。但錄後代仿擬之作太多。貪博而不知別裁有喧賓奪主之患。是其短處。

古樂苑五十二卷。衍錄四卷。明梅鼎祚撰 存此書因襲郭著。有刪有補。較爲絜淨。

古詩紀一百五十卷。明馮惟訥撰存

此書雖非專錄樂府。但所收歌謠之類最多。可補郭著之闕。

關於樂府之著述。存佚合計。略具於此。其現存可供主要參考品者。則漢宋二志。吳鄭郭三書。其最也。

樂府之分類。似草創於王僧虔技錄。而鄭樵樂略益加精密。今將樵所分列表如下。

第一類……短簫鐃歌二十二曲

第二類……鞞舞歌五曲、拂舞歌五曲

第三類……鼓角橫吹十五曲、胡角十角

第四類相和歌……漢舊歌三十曲、吟嘆四曲、四絃一曲、平調七曲、淸調六曲、瑟調三十八曲、楚調十曲

第五類……大曲十五曲

第六類……白紵一曲

第七類……清商八十四曲

右正聲之一。以比風雅之聲

第八類……

- 漢郊祀十九章
- 東都五詩
- 梁十二雅
- 唐十二和

右正聲之二。以比頌聲。

第九類……

- 漢三侯詩一章
- 漢房中樂十七章
- 隋房內二曲
- 梁十曲
- 陳四曲
- 北齊二曲
- 唐五十五曲

右別聲非正樂之用

第十類……琴曲

- 九引
- 十二操
- 三十六雜曲

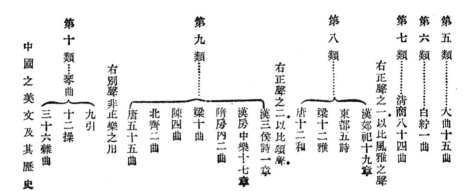

右正聲之餘。

第十一類……舞曲｛文武舞二十曲 / 唐三大舞｝

右別辭之餘。

第十二類……………有辭無譜者四百十九曲（內又分二十五門今不備錄）

右遺聲以配逸詩。

原文錄八百八十九曲分爲五十二類今依其性質歸併爲十二類。

鄭樵把自漢至唐的曲調搜輯完備嚴密分類令我們知道樂府性質和內容是怎麼樣這是他最大功勞因爲正史樂志專詳郊祀樂章至多下及鐃歌而止別的部分都抹殺其實相和清商諸調占樂府最主要之部分史家以其無關朝廷典制而輕視之實屬大誤鄭氏之書最足補此缺點但其分類錯謬之處似仍不少下文當詳辨之。

郭茂倩樂府詩集其分類與鄭樵稍有異同。

卷一至卷一二　郊廟歌辭

卷一二至一三　燕射歌辭

卷一四至二〇　鼓吹曲辭（即短簫鐃歌）

卷二一至二五　橫吹曲辭（即鼓角及胡角）

卷二六至四三　相和歌辭

一　六引。　二　曲。　三　吟歎曲。　四　四弦曲。　五　平調曲。　六　清調曲。　七　瑟調曲。　八　楚調曲。

九　大曲。

卷四四至五一　淸商曲辭

一　吳聲歌曲。二　神弦歌。三　西曲。四　江南弄。五　上雲樂。六　梁雅歌。

卷五二至五六　舞曲歌辭

卷五七至六〇　琴曲歌辭

卷六一至七八　雜曲歌辭

卷七九至八二　近代曲辭

卷八三至八九　雜歌謠辭

卷九〇至一百　新樂府辭

右目錄中所謂近代曲辭者。乃隋唐以後新譜。下及五代北宋小詞。與漢魏樂府無涉。所謂新樂府辭者。乃唐以後詩家自創新題號稱樂府。實則並未嘗入樂。所謂雜歌謠。則「徒歌」之謠。如前章所錄者是。以上三種。嚴格論之。皆不能謂爲樂府。舞曲琴曲。則古代皆有曲無辭。如小雅之六笙詩。其辭大率六朝以後人補作也。自餘郊廟、燕射、鼓吹、橫吹、相和、淸商、雜曲七種。則皆導源漢魏。後代循而衍之。狹義的樂府。當以此爲範圍。今根據鄭郭兩書分類敍錄樂府作品。以漢魏爲斷。其六朝作品。次章別論。唐以後不復列。

一　郊廟樂章

今所傳漢樂府。非惟不知撰人名氏。卽年代亦難確指。其可決爲西漢作品者。惟漢書禮樂志所載房中郊祀兩歌。

房中歌　十七章（分章依殿版漢書原文但只得十六章疑中有兩章誤合爲一）

大孝備矣．純德昭清．高張四縣．（注縣古懸字）樂充宮廷．芬樹羽林．雲景杳冥．金支秀華．庶旄翠旌．（附記）顏師古原注稱注者下同

七始華始．肅倡和聲．神來宴娭．（顏注娭戲也）庶幾是聽．粥粥音送．細齊人情．（晉灼云「微感人情使之齊肅也」超案齊當讀作劑言能調劑人之情感）忽乘青玄．熙事備成．清思眑眑．經緯冥冥．

我定曆數．人告其心．敕身齊戒．施教申申．乃立祖廟．敬明尊親．大矣孝熙．四極爰轃．

王侯秉德．其鄰翼翼．顯明昭式．（案此三句每句有韻）清明鬯矣．皇帝孝德．竟全大功．撫安四極．海內有姦．紛亂東北．詔撫成師．武臣承德．行樂交逆．（劉敞曰逆迎也）簫勺羣慝．（言以禮樂化强暴）肅爲濟哉．蓋定燕國．

大海蕩蕩水所歸．高賢愉愉民所懷．大山崔．百卉殖．民何貴．貴有德．

安其所．樂終產．樂終產．世繼緒．飛龍秋．游上天．高賢愉．樂民人．（注『言駕馬騰驤秋秋然也揚雄賦曰「秋秋蹌蹌入西園」其義亦同』超案釋龍爲馬恐非此正用易之飛龍在天耳又案前章言「高賢愉愉」此言「高賢愉」與秋秋省作秋同一文法前章「大山崔」次章「豐草葽」亦崔崔葽葽之省）

豐草葽．女蘿施．善何如．誰能回．大莫大．成教德．長莫長．被無極．

雷震震．電燿燿．明德鄉．治本約．（顏注鄉方也約讀曰要）治本約．澤弘大．加被寵．咸相保．德施大．世曼壽．

都荔遂芳．窅窊桂華．孝奏天儀．若日月光．乘玄四龍．回馳北行．羽旄殷盛．芬哉芒芒．孝道隨世．我署文章．

馮馮翼翼．承天之則．吾易久遠．燭明四極．慈惠所愛．美若休德．杳杳冥冥．克綽永福．

磑磑卽卽．師象山則．烏呼孝哉．案撫戎國．蠻夷竭歡．象來致福．兼臨是愛．終無兵革．

嘉薦芳矣．告靈饗矣．告靈既饗．德音孔臧．惟德之臧．建侯之常．承保天休．令問不忘．

皇皇鴻明。蕩侯休德。嘉承天和。伊樂厥福。在樂不荒。惟民之則。

浚則師德。下民咸殖。令問在舊。孔容翼翼。

孔容之常。承帝之明。下民之樂。子孫保光。承順溫良。受帝之光。嘉薦令芳。壽考不忘。

承帝明德。師象山則。雲施稱民。永受厥福。承容之常。承帝之明。下民安康。受福無疆。

漢志云『房中祠樂。高祖唐山夫人所作也。（服虔曰『高帝姬也』超案漢書外戚傳無唐山名）周有房中樂。至秦名曰壽人。凡樂樂其所生。禮不忘本。高祖樂楚聲。故房中樂楚聲也。孝惠二年使樂府令夏侯寬備其簫管。更名曰安世樂。』因歌名房中。又成於婦人之手。後世望文生義。或指爲閨房之樂。此種誤解。蓋自漢末已然。魏明帝時侍中繆襲奏言『往昔議者以房中歌后妃之德。……省讀漢安世歌說「神來燕享。嘉薦令儀」無有二南后妃風化天下之言。……宜改曰享神歌。』今案襲說甚是。房中歌蓋宗廟樂章。故發端有「大孝備矣」之文。然雖經繆襲辨明。而後世沿謬者仍不少。鄭樵依違其說。乃曰『房中樂者。婦人禱祠於房中也。』可謂瞎說。「房」本古人宗廟陳主之所。這樂在陳主房奏。故以房中爲名。後來房字意義變遷。作爲閨房專用。故有此誤解耳。此歌爲秦漢以來最古之樂章。格韻高嚴。規模簡古。胎息出於三百篇。而詞藻稍趨華澤。音節亦加舒曼。周漢詩歌嬗變之跡。最可考見。又此爲漢詩第一篇。而成於一夫人之手。足爲中國婦女文學增重。

郊祀歌　十九章

練時日。侯有望。（顏注練選也）焫膋蕭。延四方。（李奇曰膋腸間脂也蕭香蒿也注以蕭焫脂合馨香也）九重開。靈之斿。垂惠恩。鴻祜休。靈之車。結玄雲。駕飛龍。羽旄紛。靈之下。若風馬。左倉龍。右白虎。靈之來。神哉沛。先以雨。般裔裔。靈之至。慶陰陰。相放悲。震澹心。

注放悲猶擊鬊也澹動也靈已至。五音飭。虞至旦。承靈億。注虞樂也億安也超案虞即娛字牲繭栗。粢盛香。尊桂酒。賓八鄉。靈安留。吟青黃。徧觀此。眺瑤堂。衆嫭並。綽奇麗。孟康曰嫭好也顏如荼。兆逐靡。被華文。廁霧縠。注廁雜也曳阿錫。佩珠玉。俠嘉夜。茝蘭芳。超案俠當讀如浹旬之浹澹容與。獻嘉觴。

右練時日第一。

帝臨中壇。四方承宇。繩繩意變。備得其所。清和六合。制數以五。海內安寧。興文偃武。后土富媼。昭明三光。穆穆優游。嘉服上黃。

右帝臨第二。

青陽開動。根荄以遂。膏潤幷愛。跂行畢逮。霆聲發榮。壧處頃聽。注頃讀曰傾言蟄蟲處巖厓者傾聽而起枯槁復產。注產生也迺成厥命。衆庶熙熙。施及夭胎。羣生啿啿。惟春之祺。

右青陽第三。

朱明盛長。旉與萬物。桐生茂豫。靡有所詘。劉攽曰桐幼稚也敷華就實。既阜既昌。登成甫田。百鬼迪嘗。廣大建祀。肅雍不忘。神若宥之。傳世無疆。注若善也宥祐也

右朱明第四。

西顥沆碭。秋氣肅殺。含秀垂穎。續舊不廢。注廢合韻音發姦僞不萌。妖孽伏息。隅辟越遠。四貉咸服。既畏茲威。惟慕純德。附而不驕。正心翊翊。

右西顥第五。

玄冥陵陰。蟄蟲蓋臧。古藏字屮木零落。抵冬降霜。易亂除邪。革正異俗。兆民反本。抱素懷樸。條理信義。望禮五嶽。籍斂之時。掩收嘉穀。

右玄冥第六。以上四章分詠四時原跋云「鄒子樂」

惟泰元尊。媼神蕃釐。注泰元天也媼神地也蕃多也釐福也經緯天地。作成四時。精建日月。星辰度理。陰陽五行。周而復始。雲風靁電。降甘露雨。百姓蕃滋。咸循厥緒。繼統共勤。順皇之德。鸞路龍鱗。原跋云「建始元年丞相匡衡奏改此句爲「涓選休成」」罔不肸飾。嘉籩列陳。庶幾宴享。滅除凶災。烈騰八荒。鐘鼓竽笙。雲舞翔翔。招搖靈旗。九夷賓將。

右惟泰元第七。

天地並況惟予有慕爰熙紫壇思求厥路恭承禋祀緼豫爲紛黼繡周張承神至尊千童羅舞成八溢合好效歡虞泰一九歌畢奏斐然殊鳴琴竽瑟會軒朱璆磬金鼓靈其有喜百官濟濟各敬厥事盛牲實俎進聞膏神奄留臨須搖長麗前掞光耀明寒暑不忒況皇章展詩應律鋗玉鳴函宮吐角激徵淸發梁揚羽中以商造茲新音永久長聲氣遠條鳳鳥鴹神夕奄虞蓋孔享　右天地第八。

日出入安窮時。世不與人同。故春非我春。夏非我夏。秋非我秋。冬非我冬。泊如四海之池。（超案池讀如陀）徧觀是邪謂何。吾知所樂。獨樂六龍。六龍之調。使我心若。（超案若順也善也言若能調御六龍以升天則我心順遂）訾黃其何不徠下。（注訾嗟歎之辭黃乘黃也歎乘黃不來下應劭曰乘黃龍翼而馬身黃帝乘以升天）　右日出入第九。

太一況天馬下霑赤汗沫流赭志俶儻精權奇籋浮雲晻上馳體容與泄萬里今安匹龍爲友天馬徠從西極涉流沙九夷服天馬徠出泉水虎脊兩化若鬼天馬徠歷無草徑千里循東道天馬徠執徐時將搖舉誰與期天馬徠開遠門竦予身逝昆侖天馬徠龍之媒游閶闔觀玉臺　右天馬第十。

天門開詄蕩蕩穆並騁以臨饗光夜燭德信著靈寖平而鴻長生豫大朱涂廣夷石爲堂飾玉梢以舞歌體招搖若永望星留俞塞隕光照紫幄珠熉黃幡比狄回集貳雙飛常羊月穆穆以金波日華燿以宣明假淸風軋忽激長至重觴神裴回若留放殣冀親以肆章函蒙祉福常若期寂漻上天知厥時泛泛滇滇從高斿殷勤此路臚所求佻正嘉吉弘以昌休嘉砰隱溢四方專精厲意逝九閡紛云六幕浮大海。　右天門第十一。

景星顯見信星彪列象載昭庭日親以察參侔開闔爰推本紀汾脽出鼎皇佑元始五音六律依韋饗昭雜變並會雅聲遠姚空桑琴瑟結信成四興遞代八風生殷殷鐘石羽籥鳴河龍供鯉醇犧牲百末旨酒布蘭生泰尊柘

漿析朝酲微感心攸通修名周流常羊思所并穰穰復正直往甯馮觸切和疏寫平上天布施后土成穰穰豐年四時榮　右景星第十二。

齊房產草九莖連葉宮童効異披圖案牒玄氣之精回復此都蔓蔓日茂芝成靈華　右齊房第十三。

后皇嘉壇玄玄黃服物發冀州兆蒙祉福沇沇四塞徦狄合處經營萬億咸遂厥宇　右后皇第十四。

華爗爗固靈根神之斿過天門車千乘敦昆侖神之出排玉房周流雜拔蘭堂神之行旌容容騎沓沓般縱縱神之徠泛翊翊甘露降慶雲集神之揄臨壇宇九疑賓夔龍舞神安坐鴹吉時共翊翊合所思神嘉虞申貳觴福滂洋邁延長沛施祐汾之阿揚金光橫泰河莽若雲增揚波徧臚歡騰天歌　右華爗第十五。

五神相包四鄰土地廣揚浮雲抱嘉壇椒蘭芳璧玉精垂華光益億年美始興交於神若有承廣宣延咸畢觴靈輿位偃蹇驤卉汨臚析奚遺淫淥澤湛然歸　右五神第十六。

朝隴首覽西垠雷電尞獲白麟爰五止顯黃德圖匈虐熏鬻殛闢流離抑不詳賓百僚山河饗掩回轅鬗長馳騰雨師洒路陂流星隕感惟風籋歸雲撫懷心　右朝隴首第十七。

象載瑜白集西食甘露飲榮泉赤鴈集六紛員殊翁雜五采文神所見施祉福登蓬萊結無極　右象載瑜第十八。

赤蛟綏黃華蓋露夜零晝晻濭百君禮六龍位勺椒漿靈已醉靈既享錫吉祥芒芒極降嘉觴靈殷殷爛揚光延壽命永未央杳冥冥塞六合澤汪濊輯萬國靈禗禗象輿轙票然逝旗逶蛇禮樂成靈將歸託玄德長無衰

右赤蛟第十九。

漢書禮樂志云『……至武帝定郊祀之禮，……乃立樂府，……以李延年爲協律都尉，多舉司馬相如等數十人造爲詩賦，略論律呂以合八音之調，作十九章之歌，以正月上辛用事甘泉圜丘，使童男女七十人俱歌，……』據此，知此歌爲武帝時司馬相如等所作，而李延年製其譜。但成之非一時，天馬、景星、齊房、朝隴首、象載瑜諸章，各敍年分事緣，其不敍者想亦歷若干年陸續作成，但時日難確考了。作歌者非一人，想隨時更互有訂改。（觀成帝時匡衡尙改兩句可知前此亦有之）故不著明某章爲某人作，惟靑陽、朱明、西顥、玄冥四章注明爲『鄒子樂』。當是鄒陽作，陽景帝時人，似不逮事武帝，想是當時樂府采其詞以製譜。然則十九章中此四章時代又較早了。

朝廷歌頌之作，無眞性情可以發攄，本極難工，況郊廟諸歌，越發莊嚴，亦越發束縛，無論何時何人，當不能有很好的作品。這十九章在一般韻文裏頭，原不算什麼佳妙，但專就這類詩歌而論，已是「後無來者」。試把晉宋隋唐四志所載王粲繆襲傅玄荀勗沈約……諸家樂章一比較，便見。

這十九章在韻文史裏頭所以有特殊價值，因爲他總算創作。他的體裁和氣格，有點出自詩經的三頌，卻並不襲三頌面目，有點出自楚辭的九歌，也不襲九歌面目，最少也是鎔鑄三頌九歌，別成自己的生命。

十九章中三言四言五言七言皆有，又或一章中諸言長短並用，開後世作家無限法門。

各章價値，又自分高下。鄒子四章最醇古，有雅頌遺音，分詠四時，各各寫出他的美和善。春則「枯槁復產，迺成厥命」，夏則「桐生茂豫，靡有所詘」，秋則「沈碭肅殺，續舊不廢」，冬則「革除反木，抱素懷樸」，皆從自然界的順應看出人生美善相樂的意義。

練時日天門開二章，想像力豐富，選辭腴而不縟，實諸章最上乘。景星章七言句，遒麗渾健，遠非秋風辭靡靡之比。天馬二章亦有逸氣。其餘諸章便稍差了。

二　郊廟樂章以外之漢樂府在魏晉間辭譜流傳者

我的研究漢樂府歌辭所靠的資料。除前所錄房中郊祀兩歌見漢志外。最古者便是沈約宋書樂志。（晉書所記事蹟時代雖在前。其編著卻在後。其樂志不過謄抄宋志而已）彼志所錄魏晉以後辭皆標明某人作。內有不載作者姓名而單題曰「古詞」者。沈約自言其體例云。『凡樂章古詞今之存者。並漢世街陌謠謳。江南可采蓮。烏生十五子。白頭吟之屬是也。』據此可知凡宋志中所謂「古詞」。決為漢人作品。（總在魏武帝諸作之前）但漢運歷四百年之久。諸謠謳究屬何時所造。無從考證。依我推測。總該以屬於東漢中葉以後者為最多。因為年代愈久則散佚愈易。西漢武帝時樂府所采傳下來的。至多不過百中之一二罷了。

漢樂府詞多有不能句讀且文義絕對不可解者。此非如尋常古書文字傳寫訛奪而已。蓋其辭從伶工傳習之本轉錄。而伶工所傳實為樂譜。將歌詞與音符（後世之「工尺」）寫在一起。景祐廣樂記所謂『言字訛謬。聲辭雜書。』古今樂錄『所謂聲辭豔相雜。不可復分。』（俱宋志引）宋志於宋饒歌詞下亦注云『樂人以音聲相傳。話不可復解。』蓋我國樂譜製法拙劣。以致古樂一無遺留。間有一二。則聲辭攙做一團。既不能傳其聲。反因而亂其辭。最可痛惜。試將宋志所載漢鐃歌錄出第一第二兩章以示其概。

朱鷺曲

朱鷺魚以烏路訾邪鷺何食食茄下不之食不以吐將以問誅者

思悲翁曲

思悲翁唐思奪我美人侵以遇悲翁也但我思蓬首狗逐狡兎食交君梟子五梟母六拉沓高飛莫安宿

鐃歌中有文義可解——且絕佳者下文別錄之但其中大部分詰屈不可句讀率類此。試更取一章併錄漢魏晉宋四代歌詞如下。

艾如張（鐃歌第三章）

（漢曲）

艾而張羅夷於
何行成之四時
和山出黃雀亦
有羅雀以高飛
奈雀何爲此倚
欲誰肯礞室

（魏曲）

獲呂布，
戮陳宮，
芟夷鯨鯢，
驅騁羣雄，
囊括天下，
運掌中。

（晉曲）

征遼東，
敵失據。
威靈邁日域。
淵旣授首，
羣逆破膽，
咸震怖，
朔北響應。
海表景附。
武功赫赫，德雲布。

（宋曲）

幾令吾呼歷舍居執來隨
咄武子邪令烏銜鍼相風
其右其右
幾令吾呼羣議破葫執來隨
吾咄武子邪令烏令烏令
臙入海相風及後
幾令吾呼無公赫吾執來
隨吐吾武子邪令烏與公
赫吾媎立諸布諸布

同一調譜而魏辭最短僅二十一字漢晉辭皆三十五字宋辭則多至八十字可見所添之字皆聲辭相雜之結果試想卿雲歌僅十六字今用爲國歌所用音符有多少箇呢若將音符逐一寫作「上工尺一合六凡」等字而與歌辭相雜如何能讀宋志中極有限之「古詞」緣此而失其文義者又不少眞可惜極了。

漢樂府辭譜俱全流傳最久者爲鐃歌．亦名鼓吹曲．實軍樂也．凡二十二曲．內四曲佚其辭．今將其曲名．次第．及魏晉依譜所造新歌列表如下．

鐃歌二十二曲

（漢）	（魏）	（晉）
1 朱鷺	1 初之平	1 靈之祥
2 思悲翁	2 戰滎陽	2 宣受命
3 艾如張	3 獲呂布	3 征遼東
4 上之回	4 克官渡	4 宣輔政
5 雝離	5 舊邦	5 時運多難
6 戰城南	6 定武功	6 景龍飛
7 巫山高	7 屠柳城	7 平玉衡
8 上陵	8 平南荊	8 百揆
9 將進酒	9 平關中	9 因時運
10 君馬黃	10 應帝期	10 惟庸蜀（當有所思）
11 芳樹	11 雍熙	11 天序
12 有所思	12 太和　魏僅用十二曲	12 承運期（當上邪）
13 雉子班		13 金靈運（當君馬黃）
14 聖人出		14 於穆我皇（當雉子班）
15 上邪		15 仲春振旅（當聖人出）

16 臨高臺
17 遠如期
18 石留
19 務成
20 玄雲
21 黃爵行
22 釣竿
（19—22）此四曲歌辭佚

16 夏苗田
17 仲秋獮田
18 從天運
19 唐堯
20 玄雲
21 伯益
22 釣竿

以上曲調名稱在文學上本無甚關係。因鐃歌在樂府中最爲重要。故稍詳其歷史沿革。魏晉以後鐃歌。乃由「幫閑文學家」按舊譜製新辭。一味恭惟皇帝讀起來令人肉麻。更無文學上價值。漢鐃歌則不然。其歌辭皆屬『街陌謠謳』大概是社會上本已流行的唱曲再經音樂家審定製譜。所以能流傳久遠。很可惜聲辭相混不能解讀者過半。內中幾首。雖間有三五訛字。然大體尚可讀。今錄之如下。

戰城南（第六曲）

戰城南。死郭北。野死不葬烏可食。
爲我謂烏『且爲客豪。野死諒不葬。腐肉安能去子逃。』
水深激激。蒲葦冥冥。梟騎戰鬭死。駑馬裴回鳴。
梁築室。何以南。梁何北。（此九字似有訛）禾黍而穫君何食。願爲忠臣安可得。
思子良臣。良臣誠可思。朝行出攻。莫不夜歸。

此詩代表一般人民厭惡戰爭的心理。好處在傾瀉胸膈。絕不含蓄。用這種歌詞作軍樂。就後人眼光看起來。很像有點奇怪。但當時只是用人人愛唱的。像並沒有什麼揀擇和忌諱。這首歌寫軍中實感。雖過於悲憤。亦含有馬革裹屍的雄音。

上陵（第八曲）

上陵何美美。下津風以寒。問客從何來。言從水中央。桂樹爲君船。青絲爲君笮。木蘭爲君櫂。黃金錯其間。滄海之雀赤翅鴻。白雁隨。山林乍開乍合。曾不知日月明。醴泉之水光澤何蔚蔚。芝爲車。龍爲馬。覽遨遊。四海外。甘露初二年。芝生銅池中。僊人下來飲。延壽千萬歲。

這首詩差不多沒有韻。但細讀仍覺音節渾成。意境有點像離騷遠遊。

君馬黃（第十曲）

君馬黃。臣馬蒼。二馬同逐臣馬良。易之有騩蔡有赭。此句不能解美人歸以南。駕車馳馬。美人傷我心。佳人歸以北。駕車馳馬。佳人安終極。

此首像純是童謠。意義在可解不可解之間。但拙得有味。

有所思（第十二曲）

有所思乃在大海南何用問遺君雙珠瑇瑁簪——用玉紹繚之聞君有他心拉雜摧燒之摧燒之當風揚其灰從今以往勿復相思相思與君絕雞鳴狗吠兄嫂當知之（此句不甚可解）妃呼狶秋風肅肅晨風颸東方須臾高知之（末句不審有無訛脫）

這一首戀歌正是「溫柔敦厚」「怨而不怒」的反面賭咒發誓斬釘截鐵正見得一往情深後代決無此奇作專門詩家越發不能道其隻字

上邪（第十五曲）

上邪（此二字不可解或是感歎辭和「妃呼狶」一樣）我欲與君相知長命無絕衰山無陵江水為竭冬雷震震夏雨雪天地合乃敢與君絕

又是一首情感熱到沸度的戀歌意境格調句法字法無一不奇特

臨高臺（第十六曲）

臨高臺以軒下有清水清且寒江有香草目以蘭黃鵠高飛離哉翻關弓射鵠令我主壽萬年

漢鐃歌十八首中比較的可以成誦的就算這六首了其餘或僅幾句可解或全首都不可解眞是可惜

鐃歌成於漢代何時今難確考據晉中興書則謂武帝時已有（樂府詩集引）我們雖不敢斷定但認為西漢作品大

概還不甚錯．惟未必全部都出武帝時耳（上陵篇有『甘露初二年』語恐是宣帝時作）他那種古貌古心古香古澤．和別的樂府確有不同．我們既認許多樂府是東漢末年作．這十八首的時代當然要提前估算．

此外樂府曲調名經鄭樵依據伎錄．古今樂錄等書及宋晉兩志分類列目如下．

漢鞞舞歌五曲
- 關中有賢女
- 章和二年中
- 樂久長
- 四方皇
- 殿前生桂樹

右漢代燕享所用．其辭至魏初已亡．魏晉皆依舊譜作新歌．

拂舞歌五曲
- 白鳩
- 濟濟
- 獨漉
- 碣石
- 淮南王

右漢歌五曲．魏武帝更分碣石爲四．共八曲．

- 黃鵠吟
- 隴頭吟
- 洛陽道
- 長安道
- 驄馬
- 雨雪

鼓角橫吹十五曲

望行人　豪俠行　劉生
折楊柳　梅花落　古劍行
關山月　紫騮馬　洛陽公子行

胡角橫吹十曲

黃鵠　入塞
隴頭　折楊柳
出關　黃覃子
入關　赤之楊
出塞　望行人

晉志云『胡角者。本以應胡笳之聲。後漸用之橫吹。張博望（騫）入西域。傳其法於西京。惟得摩訶兜勒一曲。李延年因胡曲更造新聲二十八解。乘輿以爲武樂。後漢以給邊將。和帝時萬人將軍得之。魏晉以來。二十八解不復具存。用者有黃鵠隴頭……赤之楊望行人十曲。』樂府解題云『後又有關山月、洛陽道、長安道、梅花落、紫騮馬、驄馬、雨雪、劉生八曲。合十八曲。』（樂府詩集引）據此則鼓角胡角實同一樂。乃從西域傳來。李延年采以製譜者。外國音樂之輸入實自此始。鄭樵將鼓角胡角分爲二。似未諦審。但延年之二十八解。非惟歌辭多佚。卽調名亦半已無傳。樵所錄合二十五曲。除去重複四曲。餘二十一曲。又除魏晉後新增八曲。餘十三曲。然則延年舊曲名失考者。尚十五曲也。

江南行　短歌行　豔歌何嘗行
度關山　燕歌行　步出夏東門行
長歌行　秋胡行　野田黃雀行
薤露　苦寒行　滿歌行

相和歌三十曲
- 蒿里　董逃行　櫂歌行
- 雞鳴　塘上行　雁門太守行
- 對酒　善哉行　白頭吟
- 烏生八九子　東門行　氣出唱
- 平陵樂　西門行　精列
- 陌上桑　煌煌京洛行　東光

右三十曲鄭樵云『漢舊歌』

相和歌吟嘆四曲
- 大雅吟　楚妃嘆
- 王昭君　王子喬

相和歌四絃一曲——蜀國四絃

右二項鄭樵云『據張永元嘉技錄』

相和歌平調七曲
- 長歌行　君子行
- 短歌行　燕歌行
- 猛虎行　從軍行
- 鞠歌行

相和歌清調六曲
- 苦寒行　相逢狹路間
- 豫章行　塘上行
- 董逃行　秋胡行

相和歌瑟調三十八曲

- 善哉行
- 隴西行
- 折楊柳
- 西門行
- 東門行
- 東西門行
- 却東西門行
- 順東西門行
- 飲馬長城窟行
- 上留田行
- 新城安樂宮行
- 婦病行
- 孤兒行
- 大牆上蒿行
- 野田黃雀行
- 釣竿行
- 臨高臺行
- 長安城西行
- 武舍之中行
- 雁門太守行
- 豔歌何嘗行
- 豔歌福鍾行
- 豔歌雙鴻行
- 煌煌京洛行
- 帝王所居行
- 門有車馬客行
- 牆上難爲趨行
- 日重光行
- 月重輪行
- 蜀道難
- 櫂歌行
- 有所思行
- 蒲坂行
- 採梨橘行
- 白楊行
- 胡無人行
- 青龍行
- 公無渡河行

相和歌楚調五曲

- 白頭吟
- 泰山吟
- 梁甫吟
- 東武吟
- 怨歌行

右四項鄭樵云『據王僧虔技錄』

大曲十五曲

- 東門行—東門
- 煌煌京洛行—園桃
- 滿歌行—相樂
- 折楊柳行—西山
- 豔歌何嘗行—白鵠
- 步出夏門行—夏門
- 豔歌羅敷行—羅敷
- 步出夏門行—碣石
- 櫂歌行—布大化
- 西門行—西門
- 豔歌何嘗行—何嘗
- 雁門太守行—洛陽令
- 折楊柳行—默默
- 野田黃雀行—置酒
- 白頭吟

右一項鄭樵不言所本。今案。蓋採宋書樂志

白紵歌一曲——白紵歌

清商曲七曲

- 子夜——即白紵
- 前溪
- 烏夜啼
- 石城樂
- 莫愁樂
- 襄陽樂
- 王昭君

右一項。鄭樵不言所本。今案。蓋採吳兢樂府古題要解也。

- 白雪
- 歡聞歌
- 烏夜飛
- 公莫舞
- 團扇郎
- 楊叛兒
- 巳渝
- 懊儂
- 雅歌

清商附三十三曲

明之君　鐸舞　白鳩　白紵　子夜　吳聲四時歌　前溪

長史變　丁督護　讀曲　烏夜啼　估客樂　石城樂　莫愁　襄陽

驍壺　常林歡　三洲　採桑度　玉樹後庭花　堂堂　泛龍舟　春江花月夜

右一項。鄭樵不言所本。今案。蓋採杜佑通典。清商在唐武后時猶存六十三曲。至佑時則僅此三十三曲也。唐書樂志亦采佑說。

夷樂四十一曲

西涼五曲　龜茲二十曲　天竺二曲　康國四曲　疏勒三曲　安國三曲　高麗二曲　禮畢二曲

琴操五十七曲（曲名不錄）

遺聲四百十八曲（曲名不錄）

遺聲者.鄭樵謂本有節奏而後乃失之也.以比古之逸詩.但所列四百十八曲之曲名.率多魏晉六朝人五言詩.並非樂府.

右鄭樵所搜錄者如此.其後郭茂倩雖稍有分合.然大體皆與樵同.內中名重複互見者雖甚多.然搜輯之勤.我們對他總該表謝意.然樵有大錯誤者一點.在把「清商」與「相和」混爲一談.均於相和歌三十曲以外.復列相和平調清調瑟調楚調四種.而清商則僅列七曲.附三十三曲.皆南朝新歌.一若漢魏只有相和別無清商者.殊不知惟清商爲有清平瑟三調.（楚調是別出的是否爲清商未可知）而相和則未聞有之.凡樵據王僧虔伎錄所錄之五十一曲.皆清商也.宋書樂志（以下省稱宋志）云『相和.漢舊歌也.絲竹更相和.執節者歌.本十七曲.朱生宋識列和等合之爲十三曲.』此十三曲宋志全錄.1氣出唱.2精列.3江南.4度關山.5東光乎.6十五.7薤露.8蒿里.9對酒.10雞鳴.11烏生八九子.12平陵.13陌上桑.魏明帝時所傳相和歌止此.並無三十曲之說也.至於清商.則杜佑通典云.『清商三調.並漢氏以來舊典.歌章古調與魏三祖所作者皆備於史籍.』佑所謂史籍。卽指宋志也.宋志錄完相和十三曲之後.另一行云.『清商三調歌詩.荀勗撰舊詞施用者.』此下卽分列平調六曲.清調六曲.瑟調八曲.則此三調皆屬於清商甚明.王僧虔所錄.平調增一曲.瑟調增三十曲.僧虔與沈約同時.所增者約蓋亦見.但作史有別裁.不能全錄.但錄荀勗造譜之二十曲耳.而鄭樵讀宋志時.似將『清商三調荀勗撰』一行滑眼漏掉.漫然把宋書卷二十一所錄諸歌.全都歸入相和.造出「相和平調」……等名目.於是本來僅有十三曲的相和.無端增出幾十曲來.本有幾十曲的清商.除吳聲七曲外.漢魏歌辭一首都沒有.樵亦自知不可通.於是復曲爲之說.謂『.漢時所謂清商者.但尙其音耳.晉宋間始尙辭.觀吳兢所纂七曲.皆晉宋間曲也.』殊不知清商三調.本惟其音不惟其辭.魏書樂志載陳仲孺奏云.『瑟調以角爲主。

清調以商爲主。平調以宮爲主。』其性質如宋樂府之有南呂宮。仙呂宮。大石調。小石調…等。本屬有聲無辭。其被之以辭。則衍爲若干曲。有陌上桑。相逢。善哉……諸名。則猶宋樂府各宮調中有菩薩蠻。浪淘沙。……諸曲。鄭樵說『漢但尚音。』實則晉宋何嘗不是尚音。他說『晉宋尚辭』實則晉宋間辭倒逐漸散亡了。宋志載王僧虔奏云『今之清商。實猶銅雀。魏氏三祖。風流可懷。京洛相高。江左九重。而情變聽改。稍復零落。十數年間。亡者將半……』這便是清商漢魏間有辭而晉宋間散佚之明證。鄭樵的話。剛剛說倒了。大抵替清商割地。始自吳兢。而鄭樵郭茂倩沿其誤。今據王僧虔沈約所記載。復還其舊。又宋志於三調之外。復有所謂「大曲」「及楚調」其性質如何。雖難確考。既王僧虔以類相次。則宜並屬清商。至通典所載清商諸曲。則專就唐時現存者言。清商在南朝遞有增加。至唐時則遠代之漢魏曲盡亡。存者僅近代之梁陳曲耳。今依鄙見別造樂府類別表如下。

樂府
- 1 公式專用
  - 1 用諸祭祀者
    - 1 房中歌　宗廟用
    - 2 郊祀歌　郊社用
  - 2 用諸軍旅者
    - 1 短簫鐃歌
    - 2 鼓角橫吹
- 1 歌舞兼者
  - 1 鞞舞曲
  - 2 拂舞曲
  - 3 白紵歌

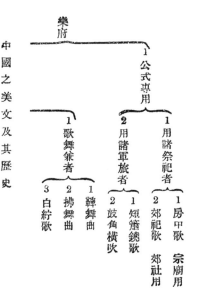

- 2 公私並用
  - 2 唯歌者
    - 1 相和歌（宋志所錄十三曲）（宋志復載「但歌」一種，聲辭俱佚不復列入。）
    - 2 清商
      - 1 漢魏舊曲
        - 1 平淸瑟三調
          - 1 荀勗製譜者（宋志所錄二十曲）
          - 2 舊譜流傳者（王僧虔所錄在宋志外者）
        - 2 大曲（宋志所錄十五曲）
        - 3 楚調（宋志所錄一曲及王僧虔所錄四曲）
      - 2 南朝新聲——吳兢所錄七曲杜佑所錄三十三曲

各種樂府除房中郊祀辭譜同時並製。郊祀多出當時著名文學家手筆外。自鐃歌以下。皆宋志所謂『采自街陌謠謳。』所謂『始皆徒歌。既而被諸弦管。』故欲觀兩漢平民文學必以樂府爲其淵海。房中郊祀鐃歌。前已具錄。左方所錄。斷自鼓角橫吹以下。

左方所錄。全採樂府詩集之標題「古辭」者。「古辭」之名。起於宋志。後之錄樂府者皆襲之。宋志定「古辭」界說謂『並漢世街陌謠謳。』惟樂府詩集所錄古辭。多於宋志一兩倍。未必盡出漢代。今以意別擇。其確知爲魏晉後作品者不錄。界在疑似間者姑錄之。仍以鄙見間加考證焉。

隴頭（橫吹）

隴頭流水。流離四下。念吾一身。飄然曠野。
朝發欣城。暮宿隴頭。寒不能語。舌卷入喉。
隴頭流水。鳴聲幽咽。遙望秦川。心肝斷絕。

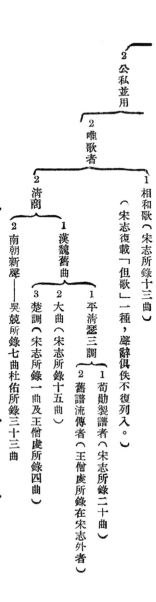

右一篇。樂府詩集編入梁鼓角橫吹曲中。然樂府古題要解稱漢橫二十八曲。魏晉間存者十曲。隴頭在焉。此詞矯健樸茂。雖未必便出李延年。要是漢人作品。

出塞。（橫吹）

候騎出甘泉。奔命入居延。旗作浮雲影。陣如明月弦。

漢橫吹二十八曲。據晉書樂志言當時存者僅有黃鵠、隴頭、出關、入關、出塞、入塞、折楊柳、黃覃子、赤之楊、望行人十曲。今存者只此一曲。歌辭尚好。但對偶聲病頗謹嚴。頗疑是齊梁後作品。最早亦不過晚漢人擬作。若謂出李延年。我斷不敢信。

紫騮馬。（橫吹）

十五從軍征。八十始得歸。道逢鄉里人。家中有阿誰。遙望是君家。松柏冢纍纍。兎從狗竇入。雉從梁上飛。中庭生旅穀。井上生旅葵。烹穀持作飯。采葵持作羹。羹飯一時熟。不知貽阿誰。出門東向望。淚落沾我衣。

紫騮馬這調也是胡角橫吹。但屬後人所加。不見李延年廿八曲之內。樂府解題說何時所加。卻無可考了。此歌樂府詩集載在梁胡角橫吹項下。全首之前尚有八句。又引古今樂錄云。十五從軍征以下是古辭。然則非梁時作品明矣。依我看全首風格樸茂。可以認為漢作。至其詞之沈痛。又在杜老三別之上。不用我贊美了。

箜篌引。（相和六引之一）

崔豹古今注云。『箜篌引者。朝鮮津卒霍里子高妻麗玉所作也。子高晨起刺船。有一白首狂夫。被髮提壺。亂流而渡。其妻隨而止之。不及。遂墮河而死。於是援箜篌而歌曰。『公無渡河……』聲甚悽慘。曲終亦投河死。子高還以語麗玉。麗玉傷之。乃引箜篌而寫其聲。』

公無渡河。公竟渡河。墮河而死。將奈公何。

這歌不用一點詞藻也不著半箇哀痛悲愴字面。僅僅十六箇字。而沈痛至此。眞絕世妙文。

江南曲。一名江南可采蓮（相和）

江南可采蓮。蓮葉何田田。魚戲蓮葉間。

魚戲蓮葉東。魚戲蓮葉西。魚戲蓮葉南。魚戲蓮葉北。

這歌像是相和歌中最古者。所以各書論及相和歌歷史。便首舉之。歌辭也不見什麼特別好處。但質樸得有趣。

薤露蒿里。（相和）

崔豹古今注云『薤露蒿里並喪歌也。本出田橫門人。橫自殺。門人傷之。爲作悲歌。言人命奄忽如薤上之露易晞滅也。亦謂人死魂魄歸於蒿里。至漢武帝時。李延年分爲二曲。薤露送王公貴人。蒿里送士大夫庶人。使挽柩者歌之。亦謂之挽歌。』

薤上露。何易晞。露晞明朝更復落。人死一去何時歸。

蒿里誰家地。聚散魂魄無賢愚。樂府詩集云『蒿里山名在泰山南』鬼伯一何相催促。人民不得少踟躕。

此二歌是否必出田橫門人。雖不可知。要當在李延年以前。實漢歌中最古者。

雞鳴。一名雞鳴高樹巔（相和）

雞鳴高樹顚。狗吠深宮中。蕩子何所之。天下方太平。刑法非有貸。柔協正亂名。（一解）

黃金爲君門。碧玉爲軒闌。堂上雙尊酒。作使邯鄲倡。劉王碧青甓。復出郭門王。案此二句似有訛字（二解）

舍後有方池。池中雙鴛鴦。鴛鴦七十二。羅列自成行。鳴聲何啾啾。聞我殿東廂。(三解)

兄弟四五人。皆為侍中郎。五日一時來。觀者滿路傍。黃金絡馬頭。熲熲何煌煌。(四解)

桃生露井上。李樹生桃傍。蟲來齧桃根。李樹代桃殭。樹木身相代。兄弟還相忘。(五解)

右歌舊不分解。今分作五解。每解六句。各解似皆獨立。文義不相連屬。又間有全句和別的歌大同小異者。殆當時樂人喜唱之語。故不嫌犯複。漢魏六朝樂府多如此

烏生。一名烏生八九子　一名烏生十五子　（相和）

烏生八九子。端坐秦氏桂樹間。案烏而云端坐用語奇特 唶我。案此歌連用「唶我」二字凡五處頗難解竊疑「唶我」即「哦」與「唶」字同為感歎辭重疊歎之 秦氏家有遊蕩子。工用睢陽彊蘇合彈」案彊當為弓之異名 左手持彊彈兩丸。出入烏東西。唶我。一丸卽發中烏身。烏死。魂魄飛揚上天。阿母生烏子時。乃在南山巖石間。唶我。人民安知烏子處。蹊徑窈窕安從通。白鹿乃在上林西苑中。射工尚復得白鹿脯。唶我。黃鵠摩天極高飛。後宮尚復得烹煮之。鯉魚乃在洛水深淵中。釣鉤尚得鯉魚口。唶我。人民生各各有壽命。死生何須復道前後。

此歌大旨言世路險巇。禍機四伏。難可避免。因睹烏子而觸發。故詳敘其事而述所感。復推想到白鹿黃鵠鯉魚。作陪以廣其意。末二句點出實感。

平陵東。（相和）

古今注云『平陵東漢翟義門人所作』。樂府解題云『義丞相方進之少子。為東郡太守。以王莽方篡漢。舉兵誅之。不克。見害。門人作

歌以怨之也。』

平陵東，松柏桐，不知何人劫義公。
劫義公，在高堂下，交錢百萬兩走馬。
兩走馬，亦誠難，顧見追吏心中惻。
心中惻，血出漉，歸告我家賣黃犢。

陌上桑三解 一名日出東南隅 一名豔歌行 （大曲）

古今注言羅敷邯鄲人，爲千乘王仁妻，不知何據。孔雀東南飛亦有羅敷名，蓋當時用以代表好女子，其事實可不必深考也。

日出東南隅，照我秦氏樓。秦氏有好女，自名爲羅敷。羅敷喜蠶桑，採桑城南隅。青絲爲籠係，桂枝爲籠鉤。頭上倭墮髻，耳中明月珠。緗綺爲下帬，紫綺爲上襦。行者見羅敷，下擔捋髭鬚。少年見羅敷，脫帽著帩頭。耕者忘其犂，鋤者忘其鋤。歸來相怒怨，但坐觀羅敷。（一解）

使君從南來，五馬立踟躕。使君遣吏往，問『是誰家姝。』『秦氏有好女，自名爲羅敷。』『羅敷年幾何。』『二十尚不足，十五頗有餘。』使君謝羅敷，『甯可共載不。』羅敷前致辭，『使君一何愚。使君自有婦，羅敷自有夫。』（二解）

『東方千餘騎，夫壻居上頭。何用識夫壻，白馬從驪駒。青絲繫馬尾，黃金絡馬頭。腰中鹿盧劍，可直千萬餘。十五府小史，二十朝大夫，三十侍中郎，四十專城居。爲人潔白晳，鬑鬑頗有鬚。盈盈公府步，冉冉府中趨。坐中數千人，皆言夫壻殊。』（三解）

樂府詩集原注云．『三解前有豔．歌曲後有趨．』案．「豔」與「趨」皆音樂中特別名詞．樂府中在末一解之前有「豔」全曲之末有「趨」者不少．

這首歌幾乎人人共讀．用不著我贊美的批評．我感覺最有趣的是第三解．沒頭沒腦的贊他夫壻大吹特吹．到末句戛然而止．這種結構．絕非專門詩家的詩所有．晉傅玄有豔歌行．將此歌改頭換面．末兩句作爲羅敷告使君語云．『天地正厥位．願君改其圖．』眞臭腐得不可嚮邇．『嗚呼人之度量相越豈不遠哉』

王子喬．（相和吟歎）

王子喬參駕白鹿雲中遨參駕白鹿雲中遨下遊來
王子喬參駕白鹿 上至雲戲遊遨上建逋陰廣里踐近高結仙宮過謁三台東遊四海五嶽山過蓬萊紫雲臺
三王五帝不足令令我聖朝應太平養民若子事父明當究天祿永康寧
玉女羅坐吹笛簫嗟行聖人遊八極鳴吐銜福翔殿側聖主享萬年悲吟皇帝延壽命

「相和吟歎曲」凡四曲．曲目見前表 古辭現存者只此一曲．辭並不佳．且有訛字．因其稀罕．故錄之以備歷史．

長歌行其一．（清商平調）

青青園中葵．朝露待日晞．陽春布德澤．萬物生光輝．常恐秋節至．焜黃華葉衰．百川東到海．何時復西歸．少壯不努力．老大徒傷悲．

此歌音節諧順．絕似建安七子詩．與其他漢樂府氣格不同．但既相傳爲古辭．或是晚漢作品耳．

長歌行其二．（清商平調）

仙人騎白鹿．髮短耳何長導我上太華．攬芝獲赤幢．來到主人門．奉藥一玉箱．主人服此藥．身體日康强．髮一白更黑．延年壽命長．

岧岧山上亭．皎皎雲間星．遠望使心思．遊子戀所生．驅車出北門．遙觀洛陽城．凱風吹長棘．夭夭枝葉傾．黃鳥飛相追．咬咬弄音聲．竚立望西河．泣下沾羅纓．

此歌樂府詩集連寫作一首．細繹文義．似確是兩首．當是傳抄者誤會耳．（拆作兩首每首字句與「青青園中葵」那首正相等）前一首純屬漢樂府音節．後一首已帶建安詩風．

猛虎行．（清商平調）

飢不從猛虎食．暮不從野雀棲．野雀安無巢．游子爲誰驕．

此歌樂府詩集不錄入正文．惟於魏文帝猛虎行之前著一小序引及之．未知其辭是否止於此．

君子行．（清商平調）

君子防未然．不處嫌疑間．瓜田不納履．李下不整冠．嫂叔不親授．長幼不比肩．勞謙得其柄．和光甚獨難．周公下白屋．吐哺不及餐．一哺三握髮．後世稱聖賢．

此歌全屬建安詩風．且亦不見佳．

豫章行．（清商清調）

白楊初生時．乃在豫章山．上葉摩青雲．下根通黃泉．涼秋八九月．山客持斧斤．我□何皎皎．梯落□□□．根株已斷絕．顛倒巖石間．大匠持斧繩．鋸墨齊兩端．一驅四五里．枝葉自□捐．□□□□□．會爲舟船燔．身在洛陽宮．根在豫章山多謝枝與葉。何時復相連。
吾生百年口自口口口俱何意萬人巧使我離根株。（空格皆原闕）

此歌與烏生八九子同一意境氣格亦略相類。

董逃行五解。（淸商淸調）

吾欲上謁從高山山頭危嶮大難言。遙望五嶽端黃金爲闕班璘。但見芝草葉落紛紛。（一解）
百鳥集來如烟山獸紛綸麟辟邪。（案辟邪獸豸也）其端鵾雞聲鳴但見山獸援戲相拘攣。（二解）
小復前行玉堂未心懷流還。（案此七字疑有訛奪）傳教出門來『門外人何求所言』『欲從聖道求得一命延』（三解）
教勅凡吏受言『採取神藥若木端白兔長跪擣藥蝦蟆丸。（案謂使兔擣藥蝦蟆丸之丸者搓使成圓也）奉上陛下一玉柈服此藥可得神仙』（四解）
服爾神藥莫不歡喜陛下長生老壽。四面肅肅稽首天神擁護左右陛下長與天相保守。（五解）

續漢書五行志云靈帝中平中京都歌曰『承樂世董逃遊四郭董逃蒙天恩董逃帶金紫董逃行謝恩董逃整車騎董逃垂欲發董逃與中辭董逃出西門董逃瞻宮殿董逃望京城董逃日夜絕董逃心摧傷董逃』風俗通云『董卓以董逃之歌主爲己發大禁絕之』古今注云『董逃歌後漢游童所作終有董卓作亂卒以逃亡後人習之爲歌章樂府奏之』超案「董逃」二字本有音無義殆童謠尾聲用以湊節拍如「丁當」耳董卓心虛迷信因其同音認爲己讖如洪憲時禁賣元宵（消袁）也但我們因此可以推定「上謁高山」之歌出現在董卓後恐是漢樂府中最晚出的了。

相逢行。一名相逢狹路間 一名長安有狹邪（淸商淸調）

相逢狹路間。道隘不容車。不知何年少。夾轂問君家。君家誠易知。易知復難忘。黃金爲君門。白玉爲君堂。堂上置尊酒。作使邯鄲倡。中庭生桂樹。華燈何煌煌。兄弟兩三人。中子爲侍郞。五日一來歸。道上自生光。黃金絡馬頭。觀者盈道傍。入門時左顧。但見雙鴛鴦。鴛鴦七十二。羅列自成行。音聲何噰噰。鶴鳴東西廂。大婦織綺羅。中婦織流黃。小婦無所爲。挾瑟上高堂。丈人且安坐。調絲未遽央。

此歌與雞鳴高樹巔多相同之語句。竊疑兩首中必有一首爲當時伶人所造。採集當時通行歌語而譜以新調。樂府中類此者尙多。

樂府詩集別錄有長安有狹邪古辭一首。其詞與此首大同小異。兩調本屬一調。今不復錄。

六朝人用法調襲此歌改換數字成篇者。不下十數家。荀昶、梁武帝、梁簡文帝、庾肩吾、王冏、徐防、張率……等。俱見樂府詩集。眞是文章孽海。辛稼軒詞調寄淸平樂云『茅簷低小。溪畔靑靑草。醉裏吳音相媚好。白髮誰家翁媼。大兒鋤豆溪東。中兒正織雞籠。最喜小兒無賴。溪頭看剝蓮蓬。』正從這首歌的「三婦」脫胎出來。像這樣的模仿。纔算有價値呢。

善哉行六解。（淸商瑟調）

來日大難。口燥脣乾。今日相樂。皆當喜歡。（一解）
經歷名山。芝草翻翻。仙人王喬。奉藥一丸。（二解）
自惜袖短。內（同納）手知寒。慚無靈輒。以報趙宣。（三解）

月沒參橫北斗闌干．親交在門．飢不及飡．（解四）
歡日常少戚日苦多．以何忘憂彈箏酒歌．（解五）
淮南八公要道不煩參駕六龍游戲雲端．（解六）

此首在四言樂府中音節最諧美和魏武帝的對酒當歌頗相類想時代相去不遠．但魏武別有善哉行數首．此首必在其前耳第一解語頗酸惻生當亂世汲汲顧影的人確有這種感想．

隴西行．（一名步出夏門行）（淸商瑟調）

天上何所有歷歷種白楡．桂樹夾道生青龍對道隅．鳳皇鳴啾啾．一母將九雛．顧視世間人爲樂甚獨殊．——好婦出迎客顏色正敷愉．伸腰再拜跪．問客『平安不．』請客北堂上坐客氈氍毹．淸白各異樽酒上正華疏．酌酒持與客客言『主人持．』卻略再拜跪然後持一杯．談笑未及竟左顧敕中廚．促令『辦粗飯．』愼勿使稽留．廢禮送客出盈盈府中趨．送客亦不遠足不過門樞．取婦得如此齊姜亦不如．健婦持門戶亦勝一丈夫．

樂府中意境新穎結構瑰麗．全首無一懈弱之點者．莫如陌上桑和這篇．這篇以隴西爲題．想是寫隴西風俗．寫的是一位有才幹知禮義的主婦．卻從天上人「顧視世間」的眼中看出來．寫天上話不多境界卻是極美麗閑適．寫主婦言語舉動瑣瑣如畫．卻無一點堆垛．可謂極技術之能事．

步出夏門行．（即前調）（淸商瑟調）

邪徑過空廬．好人常獨居．卒得神仙道．上與天相扶．過謁王父母．乃在太山隅．離天四五里．道逢赤松俱．攬轡爲我御將吾上天遊天上何所有歷歷種白楡桂樹夾道生青龍對伏趺.

這首末四句和前首起四句全同兩首不知孰先孰後當時樂府並不嫌字句抄襲只要全首組織各有各妙處.

折楊柳行四解.（大曲）

默默施行違厥罰隨事來.妹喜殺龍逄.桀放於鳴條.（解一）

祖伊言不用.紂頭懸白旄.指鹿用爲馬.胡亥以喪軀.（解二）

夫差臨命絕.乃云負子胥.戎王納女樂.以亡其由余.（解三）

三夫成市虎.慈母投杼趨.卞和之削足.接輿歸草廬.（解四）

此首堆積若干件故事.別是一格.詞卻不佳.

東門行四解.（大曲）

出東門.不顧歸.來入門.悵欲悲.盎中無斗儲.還視桁上無懸衣.（解一）

拔劍出門去.兒女牽衣啼.他家但願富貴.賤妾與君共餔糜.（解二）

『共餔糜.上用（以也因爲也）倉（同蒼）浪天故.下爲黃口小兒.（言上要對得起蒼天下要替兒女積福）今時清廉難犯.教言君復自愛莫爲非.（解三）

『今時清廉難犯.教言君復自愛莫爲非.行吾.（此二字不可解疑吾讀作「乎」歎辭）去爲遲.（此三字亦不甚可解疑有訛奪）平愼行.望君歸.』（解四）

此篇寫一有氣骨的寒士家庭.人格嶽嶽難犯.愛情卻十分濃摯.又是樂府中一別調.

樂府詩集於此篇之前尙錄有西門行古辭一篇．凡六解．『出西門．步念之．今日不作樂．當待何時．……』云．但原書引古今樂錄謂『據王僧虔技錄．古西門一篇今不傳』．然則僧虔時該詩已佚矣．詩集所錄．乃據樂府解題者．但該詩辭意淺薄．采古詩十九首中「生年不滿百」一首添補而成．似非古辭．今從僧虔．不錄．

飲馬長城窟行．（清商瑟調）

青青河畔草．緜緜思遠道．遠道不可思．夙昔（朝夕也）夢見之．夢見在我旁．忽覺在他鄉．他鄉各異縣．展轉不相見．枯桑知天風．海水知天寒．入門各自媚．誰肯相爲言．客從遠方來．遺我雙鯉魚．呼兒烹鯉魚．中有尺素書．長跪讀素書．書中竟何如．上有『加餐食』．下有『長相憶』．

此詩玉臺新詠題爲蔡邕作．但樂府詩集據解題．仍題古辭．格調純類五言詩．想時代定不甚早．邕作之說或可信．

上留田行．（清商瑟調）

古今注云．『上留田地名也．人有父母死不字其孤弟者．鄰人爲其弟作悲歌以風其兄．』

里中有啼兒．似類親父子．（謂親父所生之子）回車問啼兒．慷慨不可止．

底下所錄婦病孤兒兩首．以繁語寫實感．此首以簡語寫實感．各極其妙．

婦病行．（清商瑟調）

婦病連年累歲．傳呼丈人前一言．當言未及得言．不知淚下一何翩翩．『屬累君兩三孤子．莫我兒飢且寒．有過愼勿笪（音撻）笞．行當折搖．思復念之．』（此句疑有誤字）

亂曰．抱時無衣．襦復無裏．閉門塞牖舍．孤兒到市．道逢親交．（疑當作父．下同）泣坐不能起．對父（原作交今以意改）啼泣淚不可止．我欲不傷悲不能已．探懷中錢持授父（原作交今以意改）入門見孤兒啼．索其母抱．徘徊空舍中．行復爾耳．棄置勿復道．

病婦臨終言『勿令兒飢寒』亂曰以下．正寫兒飢寒之狀．有兩三孤子．故稍長者能到市逢親父．幼者啼索母抱．父始終未歸故．旁觀者『徘徊空舍』歎惜「棄置」

孤兒行．（一名放歌行）（清商瑟調）

孤兒生．孤兒遇生．命獨當苦．父母在時．乘堅車．坐駟馬．父母已去．兄嫂令我行賈．——南到九江．東到齊與魯．臘月來歸．不敢自言苦．頭多蟣蝨．面目多塵．大兄言辦飯．大嫂言視馬．上高堂．行取殿（此三字難辨．當是謂父母影堂）下堂．孤兒淚下如雨．使我朝行汲．暮得水來歸．手為錯．足下無菲．（草鞋）愴愴履霜．中多蒺藜．拔斷蒺藜腸肉中．愴欲悲．淚下渫渫．清涕纍纍．

冬無複襦．夏無單衣．

居生不樂．不如早去．下從地下黃泉．

春氣動．草萌芽．三月蠶桑．六月收瓜．將是瓜車．來到還家．瓜車反覆．助我者少．啗瓜者多．願還我蒂．兄與嫂嚴獨．且急歸．當與校計．

亂曰．里中一何譊譊．願欲寄尺書．將與地下父母．兄嫂難與久居．

這首歌可算中國頭一首寫實詩．妙處在把瑣碎情節委曲描寫．內中行汲收瓜兩段特別細敍．深刻情緒自然活現是寫生不二法門。

雁門太守行八解。（淸商瑟調）

孝和帝在時洛陽令王君本自益州廣漢蜀民少行宦學通五經論（解一）
明知法令歷世衣冠從溫補洛陽令治行致賢擁護百姓子養萬民（解二）
外行猛政內懷慈仁文武備具料民富貧移惡子姓篇著里端（解三）
傷殺人比伍同罪對門禁鍪予八尺捕輕薄少年加笞決罪詣馬市論（解四）
無妄發賦念在理寃敕吏正獄不得苛煩財用錢三十買繩理竿（解五）
賢哉賢哉我縣王君臣吏衣冠奉事皇帝功書主簿皆得其人（解六）
臨部居職不敢行恩淸身苦體夙夜勞勤治有能名遠近所聞（解七）
天年不遂早就奄昏爲君作祠安陽亭西欲令後世莫不稱傳（解八）

此歌專頌一地方官功德所頌爲王渙字稚子後漢書有傳石刻中存有王稚子闕銘體例與他歌皆異。歌並不佳。但既爲漢人作品。仍錄之以備一格。

豔歌何嘗行四解。一名飛鵠行（大曲）

飛來雙白鵠。乃從西北來。十十五五。羅列成行。（解一）
妻卒被病。行不能相隨。五里一反顧。六里一徘徊。（解二）
『吾欲銜汝去。口噤不能開。吾欲負汝去。毛羽何摧穨。』（解三）

樂哉新相知。憂來生別離。躊躇顧羣侶。淚下不自知。（四解）

念與君離別。氣結不能言。各各重自愛。遠道歸還難。妾當守空房。閉門下重關。若生當相見。亡者會黃泉。今日樂相樂。延年萬歲期。（原注云「念與」下為趨）

此歌著語不多。然伉儷摯愛。表現到十二分。『五里反顧六里徘徊』『吾欲銜汝吾欲負汝』等句。我們悼亡的人。不能卒讀。

此歌分五段。而舊本只云「四解」。原注又謂『念與下為趨』。然則末段十句非本文矣。古今樂錄引王僧虔云。『大曲有豔有趨有亂。豔在曲之前。趨與亂在曲之後。亦猶吳聲西曲前有和後有送也。』（樂府詩集引）案「趨」或有歌辭在本文中為附庸。或並無歌辭由樂工臨時增入以湊音節。如日出東南隅等篇原注云。『曲後有趨』而其趨辭無傳。想是聽樂工自由增入也。本篇前四解皆「豔」為本文。後十句之「趨」則附庸。又最末兩句『今日樂相樂。延年萬歲期。』與全文意義不相聯屬。殆樂工臨時增唱者。樂府中類此者甚多。（相逢狹路間之末兩句『丈人且安坐調絲未遽央』性質亦與此同樂工唱完這一曲說道還有他曲請安心等等云耳「調絲」並不連上句之「挾瑟」而言）

豔歌何嘗行五解　（大曲）

何嘗快。獨無憂。但當飲醇酒。炙肥牛。（一解）

長兄為二千石。中兄被貂裘。（二解）

小弟雖無官爵。鞍馬馺馺。往來王侯長者遊。（三解）

但當在王侯殿上。快獨摴蒱六博。對坐彈棊。（四解）

男兒居世各當努力．蹙迫日暮殊不久留（五解）

少小相觸抵．寒苦常相隨．忿恚安足諍．吾中道與卿共別離．約身奉事君．禮節不可虧．上慙滄浪之天．下顧黃口小兒．奈何復老心皇皇．獨悲誰能知．（原注云「少小」下為趨曲前為豔）

這首亦有很長的「趨」不在原曲五解中．注所謂『曲前為豔』疑當作「前曲」．蓋謂「趨」以前之曲皆「豔」耳．這首的「趨」和前曲不相連屬．當是伶工臨時雜湊「滄浪天」「黃口小兒」等語．明明割裂東門行湊成．

豔歌行．（清商瑟調）

古今樂錄曰『豔歌行非一．有直云豔歌．即此豔歌行是也．若羅敷．何嘗．雙鴻．福鍾等行．亦皆豔歌．』（樂府詩集引）案普通大曲曲前有豔．或末解之前有「豔」．此歌及羅敷何嘗等四章殆全曲皆「豔」的音節．故專以「豔歌」名．後人指香奩體為豔歌．誤也．

翩翩堂前燕．冬藏夏來見．兄弟兩三人．流宕在他縣．故衣誰當補．新衣誰當綻．賴得賢主人．覽（同攬）取為我組．夫壻從門來．斜柯西北眄．語卿『且勿眄．水清石自見．』石見何纍纍．遠行不如歸．

此詩結構頗有趣．說的一位作客的人流寓在別人家．那家的男人卻亦出去作客．末句『遠行不如歸』總結兩客．

豔歌行．（清商瑟調）

南山石嵬嵬．松柏何離離．上枝拂青雲．中心十數圍．洛陽發中梁．松樹竊自悲．斧鋸截是松．松樹東西摧．持作四輪車．載至洛陽宮．觀者莫不歎．問是何山材．誰能刻鏤此．公輸與魯班．被之用丹漆．薰用蘇合香．本是南山松．今爲宮殿梁．

此歌與豫章行同一命意．但辭不逮彼．

豔歌．（淸商瑟調）

今日樂相樂．相從步雲衢．天公出美酒．河伯出鯉魚．靑龍前鋪席．白虎持榼壺．南斗工鼓瑟．北斗吹笙竽．姮娥垂明璫．織女奉琪琚．蒼霞揚東謳．淸風流西歈．垂露成帷幄．奔星扶輪輿．

此歌樂府詩集不錄．據馮惟訥古詩記補入．此歌專講享受自然界之美．頗富於想像也．但以格調論．除首二句外．全首對偶．末四句頗傷彫飾．疑非漢作．姑存之．

白頭吟．（大曲）

皚如山上雪．皎似雲間月．聞君有兩意．故來相決絕．
今日斗酒會．明日溝水頭．躞蹀御溝上．溝水東西流．
淒淒復淒淒．嫁娶不須啼．願得一心人．白頭不相離．
竹竿何嫋嫋．魚尾何簁簁．男兒重意氣．何用錢刀爲．

樂府詩集載「晉樂所奏」．此曲凡分五解．首四句爲第一解．次四句爲第二解．但在解前添『平生共城中何嘗斗酒會』二句．共六句．此下添『郭東亦有樵．郭西亦有樵．兩樵相推與．無親爲誰驕』四句．爲第三解．『淒淒復淒淒』四句爲第四解．『竹竿』以下爲第五解．但末又添四句『齮如馬噉萁．川上高士嬉．今日相對樂．延年萬歲期』．所添之句殊拙劣．且或與原辭文義不屬．此皆樂工增改原文以求合音樂節拍．如元人。曲本明淸伶人動多增改也。其所增改。或插入別的歌謠零句。如『郭東亦有樵』四句便是。或樂工自己雜湊。如『平生共城中』二句及末四句便是。樂府中類此者當甚多。後人或因其文義不連屬。斥爲不通。或又驚奇之以爲特別好章法。皆無當也。

此詩文選採載。題爲卓文君作。二千年來幾公認爲正確的故實。所以凡論五言詩者。率推枚乘蘇李及此詩爲最古之作。卓文君作白頭吟事。始見於西京雜記。雜記爲晉以後人僞書。久有定論。然則此事確否。已難徵信。就算是確。那原辭恐決不是如此。此詩每四句一轉韻。音節諧媚。最早也不過東漢末作品。西漢中葉斷無此音調。王僧虔技錄。不著作者姓名。但題古辭。（樂府詩集據古今樂錄引）然則六朝初年人並不認爲文君作也。

怨詩行。（楚調）

天德悠且長。人命一何促。百年未幾時。奄若風吹燭。嘉賓難再遇。人命不可續。齊度遊四方。各繫太山錄。人間樂未央。忽然歸東嶽。當須盪中情。遊心恣所欲。

滿歌行。（大曲）

爲樂未幾時。遭時險巇。逢此百罹。伶丁荼毒。愁苦難爲。遙望極辰。天曉月移。憂來塡心。誰當我知。戚戚多思慮。耿耿殊不寧。禍福無形。惟念古人。遜位躬耕。遂我所敢。以玆自寧。自鄙棲棲。守此末榮。暮秋烈風。昔蹈滄海。心不能安。攬衣瞻夜。北斗闌干。星漢照我。去自無他。奉事二親。勞心可言。窮達天爲。智者不愁。多爲少憂。安貧樂道。師彼莊周。遺名者貴。子遐同遊。往者二賢。名垂千秋。飲酒歌舞。樂復何須。照視日月。日月馳騁。轗軻人間。何有何無。貪財惜費。此一何愚。鑿石見火。居代幾時。爲當懽樂。心得所喜。安神養性。得保遐期。

此歌並不佳。年代似亦不古。

右所錄除鐃歌外凡橫吹曲一首。相和引一首。相和歌七首。相和吟歎曲一首。清商平調四首。清商清調三首。清商瑟調十首。楚調一首。大曲八首。共二十九首皆兩漢古辭。曾製譜入樂而其音節至魏晉時猶傳者。樂府新集每首之下皆注「右魏樂所奏」「右晉樂所奏」字樣蓋本諸古今樂錄

獨漉六解。（拂舞）

獨漉獨漉。水深泥濁。泥濁尚可。水深殺我。（一解）
雍雍雙雁。游戲田畔。我欲射雁。念子孤散。（二解）
翩翩浮萍。得風搖輕。我心何合。與之同并。（三解）
空帷低牀。誰知無人。夜衣錦繡。誰別僞眞。（四解）
刀鳴削中。倚牀無施。父冤不報。欲活何爲。（五解）
猛虎斑斑。游戲山間。虎欲齧人。不避豪賢。（六解）

此拂舞五曲之一也。南齊書樂志僅錄第一解。云『晉時獨漉舞歌六解。此是前一解。』此歌爲何時作品難確考。晉書云『拂舞出自江左。』而吳兢云『讀其辭。除白鳩一曲。餘並非吳歌。未知所起。』然則亦漢魏古辭矣。齊志復引伎錄所載曲詞云『求祿求祿。清白不濁。清白尚可。貪汙殺我。』未知與此孰先。

淮南王。（拂舞）

淮南王。自言尊。百尺高樓與天連。後園鑿井銀作牀。金瓶素綆汲寒漿、汲寒漿。飲少年。少年窈窕何能賢。揚聲悲歌音絕天。

我欲渡河河無梁．願化黃鵠還故鄉．

還故鄉．入故里．徘徊故鄉．苦身不已．繁舞寄聲．無不泰．徘徊桑梓遊天外．

此亦拂舞五曲之一．古今注謂『淮南王安死後．其徒思戀不已而作．』但辭靡意淺．斷非西漢作品．或東漢末樂伶所造耳．

此外舞曲歌辭今有者尚有兩篇．皆「聲辭雜寫．不可復辨．」（古今樂錄語）其一爲漢鐸舞曲『昔皇文武邪彌彌舍誰吾時吾行許……咄等邪烏素女有絕其聖烏烏武邪』凡百八十一字．一爲漢巾舞曲『吾不見公莫時吾何嬰公來嬰姥時吾哺……君去時思來嬰吾去時母何何吾吾』凡三百零三字．在王僧虔沈約時已如讀天書．我們更不用說了．

俳歌（一名侏儒導）（散樂）

俳不言不語．呼俳噏所．俳適一起．狠率不止．生拔牛角．摩斷膚耳．馬無懸蹄．牛無上齒．駱駝無角．奮迅兩耳．

此歌見齊志云『侏儒導舞人自歌之．古辭俳歌八曲．此是前一篇二十二句．今侏儒所歌．摘取之也．』作品年代無考．但侏儒演劇．漢武帝時已成行．這首歌辭也像很古．

右兩首亦有音樂爲節．但已不算正式樂府．

蛺蝶行（雜曲）

蛺蝶遨遊東園．奈何卒逢三月養子鷰．接我苜蓿間．持我入紫深宮中．行纏之傅欂櫨間．雀來鷰．鷰子見啣哺來．搖頭鼓翼．何斬奴軒．

這歌有些錯字不甚可讀．作爲被燕子捉去的胡蝶兒口吻．頗有趣．

悲歌．（雜曲）

悲歌可以當泣．遠望可以當歸．思念故鄉．鬱鬱纍纍．
欲歸家無人．欲渡河無船．心思不能言．腸中車輪轉．

歌辭一句一字都有鬱鬱纍纍氣象．樂府中無上妙品．

前緩聲歌．（雜曲）

水中之馬．必有（此二字無甚意義或涉下文而衍）陸地之船．但有意氣．不能自前．心非木石荆根株數得覆天當復思——（此十四字中似有訛舛）
東流之水．必有西上之魚．不在大小．但有朝於後來——（此處當有訛字或脫句）
長笛續短笛．欲今皇帝陛下三千萬歲．（末二句伶工作吉語）

東飛伯勞歌．（雜曲）

東飛伯勞西飛燕．黃姑織女時相見．誰家兒女對門居．開顏發豔照里閭．南牕北牖掛月光．羅帷綺帳脂粉香．女兒年歲十五六．窈窕無雙顏如玉．三春已暮花從風．空留可憐誰與同．

這首歌是好的．惟音節太諧協．和梁武帝河中之水．鮑照行路難那一類詩極相近．我很疑是六朝作品．但既相傳是古辭．姑錄於此．

焦仲卿妻．（一名孔雀東南飛）（雜曲）

原序云，『漢末建安中．廬江府小吏焦仲卿妻劉氏．爲仲卿母所遣．自誓不嫁．其家逼之．乃沒水而死．仲卿聞之．亦自縊於庭樹．時人傷之．而爲此辭也．

孔雀東南飛．五里一徘徊．『十三能織素．十四學裁衣．十五彈箜篌．十六誦詩書．十七爲君婦．心中常苦悲．君既爲府吏．守節情不移．賤妾留空房．相見常日稀．雞鳴入機織．夜夜不得息．三日斷五匹．大人故嫌遲．非爲織作遲．君家婦難爲．妾不堪驅使．徒留無所施．便可白公姥．及時相遣歸．』

府吏得聞之．堂上啓阿母．『兒已薄祿相．幸復得此婦．結髮同枕席．黃泉共爲友．共事二三年．始爾未爲久．女行無偏斜．何意致不厚．』

阿母謂府吏．『何乃太區區．此婦無禮節．舉動自專由．吾意久懷忿．汝豈得自由．東家有賢女．自名秦羅敷．可憐體無比．阿母爲汝求．便可速遣之．遣之愼莫留．』

府吏長跪告．『伏惟啓阿母．今若遣此婦．終老不復取．』阿母得聞之．搥牀便大怒．『小子無所畏．何敢助婦語．吾已失恩義．會不相從許．』

府吏默無聲．再拜還入戶．舉言謂新婦．哽咽不能語．『我自不驅卿．逼迫有阿母．卿但暫還家．吾今且報府．不久當歸還．還必相迎取．以此下心意．愼勿違吾語．』新婦謂府吏．『勿復重紛紜．往昔初陽歲．謝家來貴門．奉事循公姥．進止敢自專．晝夜勤作息．伶俜縈苦辛．謂言無罪過．供養卒大恩．仍更被驅遣．何言復來還．妾有繡腰襦．葳蕤自生光．紅羅複斗帳．四角垂香囊．箱簾六七十．綠碧青絲繩．物物各自異．種種在其中．人賤物亦鄙．不足迎後人．留待作遺施．於今無會因．時時爲安慰．久久莫相忘．』

雞鳴外欲曙．新婦起嚴妝．著我繡裌裙．事事四五通．足下躡絲履．頭上玳瑁光．腰若流紈素．耳著明月璫．指如削葱根．口如含朱丹．纖纖作細步．精妙世無雙．上堂拜阿母．阿母怒不止．『昔作女兒時．生小出野里．本自無教訓．兼愧貴家子．受母錢帛多．不堪母驅使．今日還家去．念母勞家裏．』卻與小姑別．淚落連珠子．『新婦初來時．小姑始扶牀．今日被驅遣．小姑如我長．勤心養公姥．好自相扶將．初七及下九．嬉戲莫相忘．』

出門登車去．涕落百餘行．府吏馬在前．新婦車在後．隱隱何甸甸．俱會大道口．下馬入車中．低頭共耳語．『誓不相隔卿．且暫還家去．吾今且赴府．不久當還歸．誓天不相負．』新婦謂府吏．『感君區區懷．君既若見錄．不久望君來．君當作盤石．妾當作蒲葦．蒲葦紉如絲．盤石無轉移．我有親父兄．性行暴如雷．恐不任我意．逆以煎我懷．』舉手長勞勞．二情同依依．

入門上家堂．進退無顏儀．阿母大拊掌．『不圖子自歸．十三教汝織．十四能裁衣．十五彈箜篌．十六知禮儀．十七遣汝嫁．謂言無誓違．汝今無罪過．不迎而自歸．』蘭芝慚阿母．『兒實無罪過．』阿母大悲摧．

還家十餘日．縣令遣媒來．云有第三郎．窈窕世無雙．年始十八九．便言多令才．阿母謂阿女．『汝可去應之．』阿女含淚答．『蘭芝初還時．府吏見丁寧．決誓不別離．今日違情義．恐此事非奇．自可斷來信．徐徐更謂之．』阿母白媒人．『貧賤有此女．始適還家門．不堪吏人婦．豈合令郎君．幸可廣問訊．不得便相許．』媒人去數日．尋遣丞請還．說『有蘭家女．承籍有宦官．云有第五郎．嬌逸未有婚．遣丞爲媒人．主簿通語言．直說太守家．有此令郎君．既欲結大義．故遣來貴門．』阿母謝媒人．『女子先有誓．老姥豈敢言．』阿兄得聞之．悵然心中煩．舉言謂阿妹．『作計何不量．先嫁得府吏．後嫁得郎君．否泰如天地．足以榮汝身．不嫁義郎體．其住欲何云．』蘭芝仰頭答．『

理實如兄言。謝家事夫壻。中道還兄門。處分適兄意。那得自任專。雖與府吏要。渠會永無緣。』登卽相許和。便可作婚姻。

媒人下牀去。諾諾復爾爾。還部白府君。『下官奉使命。言談大有緣。』府君得聞之。心中大歡喜。視曆復開書。便利此月內。六合正相應。良吉三十日。今已二十七。卿可去成婚。交語速裝束。駱驛如浮雲。青雀白鵠舫。四角龍子幡。婀娜隨風轉。金車玉作輪。躑躅青驄馬。流蘇金鏤鞍。齎錢三百萬。皆用青絲穿。雜彩三百匹。交廣市鮭珍。從人四五百。鬱鬱登郡門。

阿母謂阿女。『適得府君書。明日來迎汝。何不作衣裳。莫令事不舉。』阿女默無聲。手巾掩口嗁。淚落便如瀉。移我琉璃榻。出置窗前下。左手持刀尺。右手執綾羅。朝成繡裌裙。晚成單羅衫。晻晻日欲暝。愁思出門嗁。

府吏聞此變。因求假暫歸。未至二三里。摧藏馬悲哀。新婦識馬聲。躡履相逢迎。悵然遙相望。知是故人來。舉手拍馬鞍。嗟歎使心傷。『自君別我後。人事不可量。果不如先願。又非君所詳。我有親父母。逼迫兼弟兄。以我應他人。君還何所望。』府吏謂新婦。『賀君得高遷。盤石方且厚。可以卒千年。蒲葦一時紉。便作旦夕間。卿當日勝貴。吾獨向黃泉。』新婦謂府吏。『何意出此言。同是被逼迫。君爾妾亦然。黃泉下相見。勿違今日言。』執手分道去。各各還家門。生人作死別。恨恨那可論。念與世間辭。千萬不復全。

府吏還家去。上堂拜阿母。『今日大風寒。寒風摧樹木。嚴霜結庭蘭。兒今日冥冥。令母在後單。故作不良計。勿復怨鬼神。命如南山石。四體康且直。』阿母得聞之。零淚應聲落。『汝是大家子。仕宦於臺閣。慎勿爲婦死。貴賤情何薄。東家有賢女。窈窕豔城郭。阿母爲汝求。但復在旦夕。』府吏再拜還。長歎空房中。作計乃爾立。轉頭向戶裏。

漸見愁煎迫。

其日牛馬嘶新婦入青廬。奄奄黃昏後寂寂入定初。我命絕今日。魂去尸長留。攬裙脫絲履。舉身赴青池。府吏聞此事。心知長別離。徘徊庭樹下自挂東南枝。

兩家求合葬合葬華山傍東西植松柏左右種梧桐。枝枝相覆蓋。葉葉相交通。中有雙飛鳥自名爲鴛鴦仰頭相向鳴。夜夜達五更行人駐足聽寡婦赴傍徨。多謝後世人戒之愼勿忘。

這首詩幾於人人共讀。用不著我贊美了。劉克莊後村詩話疑這詩非漢人作品。他說漢人沒有這種長篇敍事詩。應爲六朝人擬作。我從前也覺此說新奇頗表同意。但子細研究六朝人總不會有此樸拙筆墨。原序說焦仲卿是建安時人。若此詩作於建安末年。便與魏的黃初緊相銜接。那時候如蔡琰的悲憤詩曹植的贈白馬王彪詩都是篇幅很長。然則孔雀東南飛也有在那時代成立的可能性。我們還是不翻舊案的好。

此詩與病婦孤兒兩行同爲樂府中寫實的作品。但其中有大不同的一點。婦病孤兒純屬『街陌謠謳』——質而言之純是不會做詩的人做的。孔雀東南飛卻是會做詩的人做的。所以那兩首一句一字都是實在狀況。這一首就不免有些緣飾造作的話。篇中『妾有繡腰襦』一段。『著我繡裌裙』一段。『青雀白鵠舫』一段。後來評家極力贊美。說他筆力排奡。爲全篇生色。這些話我也相對的承認。因爲全首一千多字都屬談話體。太乾燥了。以文章技術論。不能不有幾段鋪敍之筆瑰麗之辭。但可惜這類鋪敍和寫實的體裁已起了衝突了。因爲所鋪敍的富貴氣太重。和「小吏」家門不稱。又如『新婦初來時。小姑始扶牀今日被驅遣。小姑如我長。』分明和上文『共事二三年始爾未爲久』兩句衝突。小姑那裏會長得這樣快呢。又如『東家有賢女自名秦羅敷』分明是借用日出東南隅那首詩的典故怎麽「東方千騎夫壻上頭」的羅敷還會在閨中待字又恰是廬江小吏的「東家」呢凡此之類都是經不起反駁的文人憑他想像力所及隨意揮灑原是可以的笨伯吹毛挑剔固是「癡人前說不得夢」但這詩既是寫實此類語句終不能不說是自亂其例總之這首詩是詩人之詩不免爲技術而犧牲事實我們不必爲諱

枯魚過河泣（雜曲）

枯魚過河泣何時悔復及作書與魴鱮相敎愼出入

絕似一首絕句但音節還近古或是晚漢作品

咄唶歌（一名棗下何纂纂）（雜曲）

棗下何攢攢榮華各有時棗欲初赤時人從四邊來棗適今日賜（此字疑有誤）誰當仰視之

無題（雜曲）

秋風蕭蕭愁殺人出亦愁入亦愁座中何人誰不懷憂令我白頭

胡地多飇風樹木何修修

離家日趨遠衣帶日趨緩心思不能言腸中車輪轉

此歌樂府詩集不載據古詩紀補入疑與前所錄悲歌爲同時作品

右雜曲七首皆無樂譜傳在魏晉間者鄭樵謂之遺聲謂本有譜而後來失卻也但如孔雀東南飛等長篇我們敢決其自始卽未嘗入樂何從得有譜來鄭樵主張詩樂合一說太過致有此偏見耳雜曲之名郭茂倩所

用。今從之。

右所錄先後次第。俱依樂府詩集。以歌曲之種類相從。凡橫吹相和大曲拂舞散樂雜曲共口十口首。合諸房中歌十七首。郊祀歌十九首。鐃歌十八首。兩漢樂府盡於此。大約總數不能逾百首。內中尚有年代可疑或應屬六朝作品者若干首。有與五言詩界限不甚分明者若干首。

就篇幅之長短統計。則最短者爲箜篌引。僅十六字。最長者爲孔雀東南飛。口千口百口十口字。其餘則二十字以上口首。五十字以上口首。百字以上口首。二百字以上口首。五百字以上口首。

就句法之長短統計。則全首三字句口首。全首四字句口首。全首五字句者口首。全首七字句者口首。長短句相雜者口首。

右各篇有作者姓名可考者。惟郊祀歌中青陽朱明西顥玄冥四首。漢志明載爲鄒陽作。其餘十五首爲「司馬相如等」所造。已不能確指某首屬某人。其飲馬長城窟行則見蔡邕集。玉臺新詠亦指爲邕作。此外則作者一無可考。沈約所謂『皆漢世街陌謠謳』。當屬實情。故欲觀兩漢平民文學。必以樂府爲總匯。

既無作者姓名。那麼各篇的年代先後自然也無從稽考。若勉強找過標準。則郊祀歌我們已知決爲漢武帝時作品。鐃歌假定是武昭宣間作品。可拿來作西漢中葉風格的代表。飲馬長城窟假定是蔡邕作。可拿來作東漢末風格的代表。還有次節所錄曹氏父子各篇也可作這時代的代表用這兩把尺來將各篇子細一量。總可以看出些消息。但也不過略知其概能了。正確的標準到底沒有。依我的見地。樸拙的作品。也許東漢時還有。流媚的作品。敢說西漢時必無。

三　建安黃初間有作者主名之樂府

漢樂府除武帝時所造郊祀雅歌外。餘皆采自街陌謠謳。作者之名。靡得而指。及建安末。風流文采。盛於鄴下。其尤卓犖者稱「七子」。（見第三卷）而曹氏父子兄弟——武帝操。文帝丕。陳思王植。爲之領袖。於是五言詩規模大備。而樂府之作亦極盛。其時則杜夔深通古樂。而左延年善爲新聲。皆在操幕府。黃初太和間。則朱生宋識列和等以知音奉事宮廷。凡操丕所作詩歌。率皆被諸弦管。其譜則依漢舊者十之七八。而新創者亦十之二三。但其時詩風已一變。樂府與五言詩幾不復可分矣。今取宋書樂志所錄操丕植諸篇爲當時伶官所奏者。擇其尤異。錄若干首。其宋志不載者。雖用樂府舊題。仍歸諸次卷。

魏武帝曹操

操字孟德。沛國譙人（今亳縣）。漢桓帝永壽元年生。建安二十五年死。年六十六。（西紀一五五——二二〇）事蹟具史志。不待贅述。操雖以功業顯。然學問極博。文翰尤長。自言年二十餘。築精舍於譙東五十里。秋夏讀書。冬春射獵。若將終身焉。有集　卷。見隋志。久佚。明張溥輯爲　卷。

短歌行。（相和平調）

對酒當歌。人生幾何。譬如朝露。去日苦多。
慨當以慷。憂思難忘。何以解憂。惟有杜康。（杜康古始造酒者）
青青子衿。悠悠我心。但爲君故。沈吟至今。

呦呦鹿鳴。食野之苹。我有嘉賓。鼓瑟吹笙。
明明如月。何時可掇。憂從中來。不可斷絕。
越陌度阡。枉用相存。契闊談讌。心念舊恩。
月明星稀。烏鵲南飛。繞樹三匝。何枝可依。
山不厭高。水不厭深。周公吐哺。天下歸心。

宋志載晉樂所奏無『呦呦鹿鳴』及『月明星稀』兩首。蓋短歌行僅有六解。删原詩以就音節也。

步出夏門行。（即隴西行）（相和瑟調）

雲行雨步。超越九江之皋。臨觀異同。心意懷游豫。不知當復何從。經過至我碣石。心惆悵我東海。（宋志原注云「雲行至此爲豔」）

「超案此原詩小序製譜者譜之爲導引也」

東臨碣石。以觀滄海。水何澹澹。山島竦峙。樹木叢生。百草豐茂。秋風蕭瑟。洪波湧起。日月之行。若出其中，星漢燦爛。若出其裏。幸甚至哉。歌以永志。（一解）觀滄海

孟冬十月。北風裵回。天氣肅清。繁霜霏霏。鵾雞晨鳴。鴻雁南飛。鷙鳥潛藏。熊羆窟棲。錢鎛停置。農收積場。逆旅正設。以通賈商。幸甚至哉。歌以詠思。（二解）冬十月

鄉土不同。河朔隆寒。流澌浮漂。舟船難行。錐不入地。豐藾深奧。水竭不流。冰堅可蹈。士隱者貧。勇俠輕非，心常歎怨。戚戚多悲。幸甚至哉。歌以詠志。（三解）河朔寒

神龜雖壽。猶有竟時。騰蛇乘霧。終爲土灰。老驥伏櫪。志在千里。烈士暮年。壯心不已。盈縮之期。不獨在天。養怡之

福。可得永年。幸甚至哉。歌以詠志。（四解）龜雖壽

每解後『幸甚至哉歌以詠志』二句。當是入樂時用以湊音節。是否原文所有。不敢斷定。宋志尚載魏武秋胡行四解每解末句皆複首句『晨上散關山』末二句云『歌以言志晨上散關山』二解以下同亦當是添句湊音節與此同例

右兩篇在四言詩中算是韋孟鄒陽以後一大革命。大抵兩漢四言。過於矜嚴。遂乏詩趣。或貌襲三百篇。益成陳腐。魏武此兩篇以當時五言的風韻入四言。遂覺生氣遠出。能於三百篇外別樹一壁壘。子建五言雖獨步一時。至其四言——如責躬應詔等篇。實遠出乃翁下也。可與抗衡者。惟前節所錄漢樂府中來日大難一篇耳。然吾頗疑彼篇為魏武同時作品。且或在其後。

『東臨碣石』『神龜雖壽』兩章。是作者人格的表現。以『冬春射獵秋夏讀書』之一少年。遭逢時會。戡定禍亂。卒至騎虎難下。取漢而代之。於豪邁英鷙中常別有感慨懷抱。讀此兩篇髣髴見之。

苦寒行六解。（相和）

北上太行山。艱哉何巍巍。羊腸坂詰屈。車輪為之摧。（一解）
樹木何蕭瑟。北風聲正悲。熊羆對我蹲。虎豹夾路啼。（二解）
谿谷少人民。雪落何霏霏。延頸長歎息。遠行多所懷。（三解）
我心何怫鬱。思欲一東歸。水深橋梁絕。中路正徘徊。（四解）
迷惑失故路。薄暮無宿棲。行行日已遠。人馬同時饑。（五解）
擔囊行取薪。斧冰持作糜。悲彼東山詩。悠悠使我哀。（六解）

宋志每解前二句皆疊寫。北上太行山艱哉何巍巍北上太行山艱哉何巍巍殆入樂時須疊唱一徧乃合節奏也。此歌蓋北征烏桓時所作。

薤露。（相和）

惟漢二十世。所任誠不良。沐猴而冠帶。知小而謀彊。猶豫不敢斷。因狩執君王。白虹爲貫日。己亦先受殃。賊臣執國柄殺主滅宇京蕩覆帝基業宗廟以燔喪播越西遷移。號泣而且行瞻彼洛城郭微子爲哀鳴。

蒿里。（相和）

關東有義士。興兵討羣凶。初期會盟津。乃心在咸陽。軍合力不齊。躊躇而鴈行。勢利使人爭。嗣還自相戕。淮南弟稱號刻璽於北方。鎧甲生蟣蝨。萬姓以死亡。白骨露於野。千里無雞鳴生民百遺一。念之斷人腸

右三首皆純五言詩。被以樂府節奏。魏武五言甚平常。不及子建遠矣。

陌上桑。（相和）

駕虹蜺乘赤雲登彼九疑歷玉門濟天漢至崑崙見西王母謁東君交赤松及羨門受要祕道愛精神食芝英飲醴泉拄杖桂枝佩秋蘭絕人事遊渾元若疾風遊欻飄飄景未移行數千壽如南山不忘愆。

此歌句法絕似荀子成相篇。

試將前節所錄薤露蒿里陌上桑三曲對照。可見同一曲調。而句法字數可以相去懸絕。

氣出倡。（相和）

駕六龍乘風而行行四海外路下之八邦歷登高山臨谿谷乘雲而行行四海外東到泰山仙人玉女下來遨遊

驂駕六龍飲玉漿河水盡不東流解愁腹飲玉漿奉持行東到蓬萊山上至天之門玉闕下引見得入赤松相對四面顧望視正惶惶開王心正興其氣百道至傳告無窮閉其口但當愛氣壽萬年東到海與天連神仙之道出窈入冥常當專之心恬澹無所愒欲閉門坐自守天與期氣願得神之人乘駕雲車驂駕白鹿上到天之門來賜神之藥跪受之敬神齊當如此道自來華陰山自以爲大高百丈浮雲爲之蓋仙人欲來出隨風列之雨吹我洞簫鼓瑟琴何誾誾酒與歌戲今日相樂誠爲樂玉女起起舞移數時鼓吹一何嘈嘈從西北來時仙道多駕煙乘雲駕龍鬱何務務遨遊八極乃到崑崙之山西王母側神仙金止玉亭來者爲誰赤松王喬乃德旋之門樂共飲食到黃昏多駕合坐萬歲長宜子孫遊君山甚爲眞磪磈砟硌爾自爲神乃到王母臺金階玉爲堂芝草生殿傍東西廂客滿堂主人當行觴坐者長壽遽何央長樂甫始宜孫子常願主人增年與相守

此歌不甚能句讀字句亦有一二處不可解想是因入樂有添字添句或傳鈔更有小譌錄之以備魏武長篇

宋志錄魏武歌辭凡十五篇今未錄者九篇一精列二度關山三對酒（以上相和）四短歌行（別一篇）五秋胡行二篇六塘上行（以上平調）七善哉行二篇（以上瑟調）附其目於此

魏文帝曹丕

丕字子桓操子靈帝中和三年生黃初七年死年四十（一八六—二二六）

秋胡行（清調）

泛泛綠池中有浮萍寄身流波隨風靡傾芙蓉含芳菡萏垂榮朝采其實夕佩其英采之遺誰所思在庭雙魚比目鴛鴦交頸有美一人婉如淸揚知音識曲善爲樂方

善哉行．（瑟調）

上山採薇．薄暮苦饑．谿谷多風．霜露沾衣．（一解）
野雉羣雊．猴猿相追．還望故鄉．鬱何壘壘．（二解）
高山有崖．林木有枝．憂來無方．人莫之知．（三解）
人生如寄．多憂何爲．今我不樂．歲月如馳．（四解）
湯湯川流．中有行舟．隨波轉薄．有似客遊．（五解）
策我良馬．被我輕裘．載馳載驅．聊以忘憂．（六解）

此篇筆力不讓乃翁．

善哉行．（瑟調）

朝日樂相樂．酣飲不知醉．悲絃激新聲．長笛吐清氣．（一解）
絃歌感人腸．四坐皆歡悅．寥寥高堂上．涼風入我室．（二解）
持滿如不盈．有德者皆卒．居子多苦心．所愁不但一．（三解）
慊慊下白屋．吐握不可失．衆賓飽滿歸．主人苦不悉．（四解）
比翼翔雲漢．羅者安所羇．冲靜得自然．榮華何足爲．（五解）

燕歌行七解（平調）

秋雨蕭瑟天氣涼．草木搖落露爲霜．（一解）

羣燕辭歸雁南翔。念君客遊多思腸。（解二）

慊慊思歸戀故鄉。君何淹留滯他鄉。（解三）

賤妾煢煢守空房。憂來思君不可忘。（解四）

不覺淚下沾衣裳。援琴鳴絃發清商。（解五）

短歌微吟不能長。明月皎皎照我牀。（解六）

星漢西流夜未央。牽牛織女遙相望。爾獨何辜限河梁。（解七）

宋志所載魏文燕歌行二篇。格調相同。今錄其一。

七言詩的發達。實際上比五言詩爲更早。而初期的七言。大率皆每句押韻。如楚辭的招魂。自『魂兮歸來入脩門些』以下。若每句將「些」删去。便是一七言長篇。如漢房中歌之『大海蕩蕩水何歸。高賢愉愉民所懷。』漢郊祀歌天門章之『函蒙祉福常若期。寂寥上天知厥時。……』以下八句。景星章之『空桑琴瑟結信成。四興遞代八風生。……』以下十二句。都是每句押韻的七言。不必引別體的柏梁詩。方足徵七言起於盛漢也。但招魂既別有語助辭。房中郊祀諸歌。每章中亦有三四五言相雜。故嚴格的七言。第一家當推張平子四愁。第二家便是魏文這兩篇燕歌。而燕歌格調。尤爲唐人七古不祧之祖。在文學史上。永遠有他的特殊地位。

上留田。（瑟調）

居世一何不同。上留田。富人食稻與粱。上留田。貧子食糟與糠。上留田。貧賤亦何傷。上留田。祿命懸在蒼天。上留田。今爾歎息將欲誰怨。上留田。

這首和梁鴻五噫及靈帝末董逃童謠同一格調。

秋胡行。（淸調）

朝與佳人期日夕殊不來嘉肴不嘗酒停杯寄言飛鳥告予不能俯折蘭英仰結桂枝佳人不在結之何爲從爾何所之乃在大海隅靈若道言貽爾明珠企予望之步立踟蹰佳人不來何得斯須

陌上桑。（相和）

棄故鄉離室宅遠從軍旅萬里客披荆棘求阡陌側足獨窘步路局苲虎豹嘷動雞驚禽失羣鳴相索登南山奈何蹈盤石樹木叢生鬱差錯寢蒿草蔭松柏涕泣雨面霑枕席伴旅單稍稍日零落惆悵竊自憐相痛惜

曹植。（植小傳見第四卷）

野田黃雀行。（宋志原注云『箜篌引亦用此曲』）（相和）

置酒高殿上。親友從我遊。中廚辦豐膳。烹羊宰肥牛。秦箏何慷慨。齊瑟和且柔。（一解）
陽阿奏奇舞。京洛出名謳。樂飲過三爵。緩帶傾庶羞。主稱千金壽。賓奉萬年酬。（二解）
久要不可忘。薄終義所尤。謙謙君子德。磬折欲何求。盛時不可再。百年忽我遒。（三解）
驚風飄白日。光景馳西流。生存華屋處。零落歸山丘。先民誰不死。知命復何憂。（四解）

本集『驚風飄白日』兩句在『盛時不再來』兩句之上。

明月。（楚調）

明月照高樓。流光正徘徊。上有愁思婦。悲歎有餘哀。（一解）

借問歎者誰。自云（集作云是）客子妻。夫（集作君）行踰十載。賤妾常獨棲。（二解）

念君過於渴。思君劇於饑。（集無此二句）君爲高山柏。（集作「君若清路塵」）妾爲（集作「若」）「濁水泥」。（三解）

北風行蕭蕭。烈烈入吾耳。心中念故人。淚墮不能止。（集無此四句）（四解）

浮沈各異路。（集作「勢」）「會合當何（集作「何時」）諧。願作東北風。吹我入君懷。（集作「願爲西南風長逝入君懷」）（五解）

君懷常（集作「良」）「不開。賤妾當何依。恩情中道絕。流止任東西。（集無此二句）（六解）

我欲竟此曲。此曲悲且長。今日樂相樂。別後莫相忘。（集無此四句）（七解）

右一首據宋書樂志鈔錄。而以本集校注其下。本集與文選玉臺新詠皆同。其爲原文無疑。宋志本添出十二句。改字八處。所添都是狗尾續貂。所改都是點金成鐵。如「清路塵」「濁水泥」「一浮一沈」永遠碰不著頭。眞是妙語。改爲「高山柏」已經索然無味。中間插上「北風蕭蕭」四句。把文氣隔斷。下文「浮沈」二字便成了沒頭沒腦。「願爲西南風長逝入君懷」意思是要把自己變成風。自由自在的一飛就飛到你懷裏。改爲（吹我入君懷）自己變了風。又自己吹自己。成何說話。至於篇末添那六句。毫無意義。更不待言了。這都是因爲伶工要湊合歌調的節拍。把美妙的作品來削趾適屨。正如西廂記牡丹亭被唱曲的改得一塌糊塗。漢魏樂府中像這樣的諒來很不少。可惜不能逐篇的原文而校之耳。後來評注家碰著字句不通的地方。强爲解釋。碰着語氣不連屬的地方。說他章法奇妙。眞是夢囈。怕這些話誤人不淺。所以不嫌累贅。詳校這一首爲例。

曹子建（植）用樂府舊調名所做的詩．還有二十餘首．但實際上和他別的五言詩一點分別也沒有．所以我在這裏只錄宋志所載兩篇做箇結束．其餘還放在第四卷「建安七子詩」那章．庶子建詩風的全豹較容易看出．讀者勿責我自亂其例．

陳琳

琳．字孔璋．——廣陵人．琳初爲袁紹記室．爲紹草檄討曹操．備極醜詆．術敗．復事操．仍掌書記．其文極優美．詩現存者僅下列之一首．

飲馬長城窟行．（瑟調）

飲馬長城窟水寒傷馬骨往謂長城吏愼莫稽留太原卒官作自有程舉築諧汝聲男兒寧當格鬬死何能怫鬱築長城長城何連連連連三千里邊城多健少內舍多寡婦作書與內舍便嫁莫留住善事新姑章時時念我故夫子報書往邊地君今出語一何鄙身在禍難中何爲稽留他家子生男愼莫舉生女哺用脯君獨不見長城下骸骨相撑拄結髮行事君慊慊心意關明知邊地苦賤妾何能久自全

此一首純然漢人音節．竊疑此爲飲馬長城窟本調．前節所錄「青青河畔草」一首．或反是繼起之作．辭沈痛決絕．杜甫兵車行不獨仿其意境音節．並用其語句．

周秦時代之美文

第一章　詩經之篇數及其結集

我們最古的文學寶典——詩經由三部分作品結集而成。一曰「風」二曰「雅」三曰「頌」風居全部過半數。雅約居三分之一頌不及六分之一。漢初相傳之卷數篇數如下（注一）

卷一　周南十一篇
卷二　召南十四篇
卷三　邶鄘衛風三十九篇
卷四　鄶風四篇
卷五　鄭風二十一篇
卷六　齊風十一篇
卷七　魏風七篇
卷八　唐風十二篇
卷九　秦風十篇
卷十　陳風十篇

卷十一　曹風四篇

卷十二　豳風七篇

卷十三　王風十篇

卷十四至二十　小雅七十四篇

卷二十一至二十三　大雅三十一篇

卷二十四至二十六　周頌三十一篇

卷二十七　魯頌四篇

卷二十八　商頌五篇

右風六十篇

雅百五篇

頌四十篇

凡三百五篇

(注一)毛詩卷數篇數及篇第與三家詩異同考

漢書藝文志云『詩經二十八卷。魯齊韓三家。』又云『毛詩故訓傳三十卷。』今所傳者則毛詩三十卷。以十五國風爲十五卷。小雅七卷。大雅周頌各三卷。魯商頌各一卷。三家詩則邶鄘衞共一卷。國風僅十三卷。合爲二十八卷也。案左傳襄二十九年記吳公子札聘魯觀樂。爲之歌邶鄘衞。曰『美哉淵乎。吾聞康叔武公之德如是。是其衞風乎。』以邶鄘並爲衞風。是古說三國不分之明證。故漢書地理志亦爲『邶鄘衞三國之詩相與同風。』可見此爲兩漢經師相傳通說。今試取毛傳所析出之邶鄘兩國詩細讀之。到處皆衞國史蹟事實。無從分析。析一爲三。毛氏之陋耳。

又十五國風之次第。今本一周南。二召南。三邶。四鄘。五衞。六王。七鄭。八齊。九魏。十唐。十一秦。十二陳。十三檜。十四曹。十五豳。鄭玄詩譜則合周召爲一。合邶鄘衞爲一。而檜在鄭前。王在豳後。蓋亦三家之舊。

又召南之采蘩采蘋編次本相連。毛本則以草蟲間之。周頌之桓本在賚後。毛本倒置。小雅之采薇出車皆宣王時詩。毛本則以次於文王時。此皆篇第之宜改正者。

又詩本僅三百五篇。而毛本篇目則有百十一篇。其異同蓋起於六笙詩——南陔、白華、華黍、由庚、崇丘、由儀、——之存佚問題。毛傳於此六篇云『有其義而亡其辭』其意似謂本有其文而後乃亡佚者。故以編入「鹿鳴之什」「白華之什」遂爲三百十一篇。後此晉束晳作補亡詩。卽沿此誤。殊不知笙詩本有譜無辭。孔子以前卽已如此。（鄭樵樂略辨之最明）漢書藝文志云『孔子純取周詩。上取殷。下取魯。凡三百五篇。』龔遂謂昌邑王曰。『大王誦詩三百五篇』王式曰『臣以三百五篇諫』凡漢人所述。皆言三百五篇。無言三百十一篇者。足見毛說之不可信。

這三百零五首詩。把不同時不同地之許多人的作品編爲一集。體裁頗類後此之文選玉臺新詠等。然則編輯成書者究屬何人。實爲我們急欲知道之一問題。可惜這問題徧考古書到底不能有確實的答案。

後世盛傳孔子刪詩書之說。此說起於司馬遷的孔子世家。他說。『古者詩三千餘篇。孔子去其重。（重複也）取可施於禮義者……三百五篇』依他說。這是孔子六十四歲自衞反魯以後的事。這話若眞。則是孔子把許多古詩加一番選擇。十汰其九。勒成今本。絕似手選文選的昭明太子了。但細查事實。大有可疑。孔子設教不始晚年。而「子所雅言」詩實居首。若果晚而刪定。則未刪以前孔門所誦習應爲三千餘首之舊本。何以論語一則曰『

詩三百一言以蔽之。……』再則曰『誦詩三百……雖多亦奚以爲』。凡說到詩皆舉三百之數呢。況孔子以前人徵引詩文者甚多。大抵不出今本之外。魏源嘗列舉國語引詩三十一條。不見今本者僅一條。左傳引詩二百十七條。不見今本者僅十條。（內左丘明自引及述孔子所引者四條今佚者兩條列國公卿所引百〇一條今佚者五條列國歌詩贈答七十條今佚者三條）彼左國兩書所記引詩之人。其先孔子生或數十年或數百年。何故引來引去總不出今本範圍之外。因此可見三百篇之泐爲定本。在春秋時久已盛行。絕非孔子所能去取加減。刪詩之說。實出漢儒附會。欲尊孔子而反以誣之耳。（看魏源詩古微卷一夫子正樂論中篇）

然則這部書到底編自何人定自何時呢。據周官禮記諸書所說。周王室有太師太史大司樂等官。專管采詩陳詩教詩之職。詩經中一部分爲周代全盛時的官定本。殆無可疑。但三百篇大半出於衰周。其東遷以後作品且將及半。最遲者乃至在春秋襄昭之際。其時周王已久成虛位。是否還有權力及餘裕做這種畫一的文化事業。實屬疑問。若勉強臆測。或者魯史官因周京舊本隨時增益以成今本。左傳記吳季札適魯觀樂。爲之徧歌各詩。其名目次第與今本略同。像給我們透幾分消息。但此外別無有力的證據。終不敢斷其必然。古代最有價值的作品大半找不出主名。與其穿鑿。毋甯闕疑罷了。

附　釋「四詩」名義

相傳有一副對子『三才天地人』以爲再不會有人對的。後來有人對個『四詩風雅頌』。公認爲古今絕對。三件東西而占有四個數碼。恐怕誰也不能說是合理罷。四詩變成三詩起自何時。史記孔子世家說『關雎之亂以爲風始。鹿鳴爲小雅始。文王爲大雅始。清廟爲頌始。』把大小雅分而爲二以湊足四數。僞毛序因襲其說。

又把風雅頌賦比興列爲六義，越發鬧得支離。其實詩經分明擺著四個名字，有周召二「南」，有邶至豳十三「風」，有小大二「雅」，有周魯商三「頌」。後人一定把「南」踢開硬編在「風」裏頭，因爲和四數不合，又把「雅」劈而爲二，這是何苦來呢。

我以爲「南」「風」「雅」「頌」是四種詩體，四體的異同，是要從音樂節奏上纔分得出來，後世樂譜失傳，無從分別，於是望文生義，造出許多牽强的解釋，乃至連四詩的數目也毀掉了一個，眞是怪事。今請把我所蒐集的證據——雖然很貧薄——重新釋其名義如下。

一　釋南

僞毛序說：『南言王化自北而南也。』朱熹因此說了許多『南國被文王之化。』煞是可笑。二南是否文王時代的詩，已經是問題。（三家詩都說不是）就算是文王德化大行，亦只能說自西而東，那裏會自北而南。就令自北而南，也沒有把「南」字做詩名的道理。明是衞宏不得其解，胡說亂謅罷了。詩鼓鐘篇『以雅以南』，「南」與「雅」對舉，「雅」既爲詩之一體，「南」自然也是詩之一體。禮記文王世子說『胥鼓南』，左傳說『象箾南籥』，都是一種音樂的名，都是指這一種詩歌。

這種詩歌何以名爲「南」，頗難臆斷。據鼓鐘篇毛傳說『南方樂曰南。』或因此得名，亦未可知。但此說縱令不錯，也不能當南北的南字解。因爲這個「南」字本是譯音。周禮旄人鄭注、公羊昭二十五年何注皆作『南方之樂曰任』，與北方之「昧」，西方之「侏離」並舉。「南」「任」同音，恐是一字兩譯。因此我又連帶想到兩個字。漢魏樂府有所謂「鹽」者——如昔昔鹽、黃帝鹽、烏鵲鹽、突厥鹽之類。六朝唐樂府及宋詞有所謂

「豔」者——如三婦豔羅敷豔鞍子豔之類皆詩詞中一體之專名。「南」「任」「鹽」「豔」同音。或者其間有多少連絡關係也未可定。但沒有得充分證據以前我還不敢武斷。總之「南」是一種音樂。音樂之何以得名。本來許多是無從考據的。

這種音樂和雅頌不同之點在那裏呢。樂譜既已失傳。我們自無從懸斷。但從古書中也可以想像一二。據儀禮鄉飲酒禮燕禮所載的音樂程序單。都是於工歌間歌笙奏之後最末一套名曰「合樂」。合樂所歌是周南的關雎、葛覃、卷耳。召南的鵲巢、采蘩、采蘋。論語亦說。『關雎之亂。洋洋乎盈耳哉。』凡曲終所歌名曰「亂」。把這些資料綜合起來。「南」或者是一種合唱的音樂。到樂終時纔唱。唱者並不限於樂工。滿場都齊聲助興。所以把孔老先生喜歡得手舞足蹈。說道『洋洋乎盈耳』了。

二　釋風

僞毛序說。『風。風也。敎也。風以動之。敎以化之。』又說。『上以風化下。下以風刺上。主文而譎諫。言之者無罪。聞之者足以戒。故曰風。』又說。『以一國之事。繫一人之本。謂之風。』據他的意思。則風有兩義。一是諷刺之義。一是風俗之義。兩義截然不相蒙。何以一首詩或一類詩中能兼備兩種資格。毛序專以「美刺」解詩。把詩的眞性情完全喪掉。都因這文字魔而來。依我看風即諷字。（古書風讀作諷者甚多不可枚舉）但要訓諷誦之諷。不是訓諷刺之諷。周禮大司樂注。『倍文曰諷。』瞽矇疏引作『背文曰風。』然則背誦文詞。實「風」之本義。

從邶風的柏舟到豳風的狼跋這幾十篇詩為什麼叫做「風」呢。我想南雅頌都是用音樂合起來唱的。風是只能諷誦的。所以舉他的特色。名這一體詩爲「風」。漢書藝文志。『不歌而誦謂之賦。』「風」「賦」一音之轉，或者原是一字，也未可定。儀禮、周禮、禮記裏頭所舉入樂的詩，沒有一篇在十三風內的。左傳記當時士大夫宴享之斷章賦詩，却十有九在十三風內。可見這一體詩是『不歌而誦』的。

或問曰：左傳季札觀樂，徧歌各國風。樂記說『愛者宜歌商，溫良而能斷者宜歌齊』。齊卽十三風之一，何以見得「風」不能歌呢？答曰：季札觀樂一篇本來可疑，前人多已說過。但姑且不論。歌本來也有兩種：一是合樂之歌，二是徒歌。說文『謠，徒歌也』。左傳僖五年傳疏『徒歌謂之謠，言無樂而空歌，其聲逍遙然也』。「風」卽謠類，宜於徒歌。詩北山『或出入風議』。鄭箋云『風，猶放也』。論衡明雩篇引論語『風乎舞雩』，釋之曰『風，放歌也』。不受音樂節奏所束縛，自由放歌，則謂之謠，亦謂之風。風詩和南雅頌的分別，大概在此。

但這是孔子以前的話。史記孔子世家說『詩三百篇，孔子皆弦而歌之，以求合韶武雅頌之音』。然則孔子已經把這幾十篇風謠都製出譜來。自此以後，風詩已經不是「不歌而誦」的賦，也不是「徒歌」的謠了。

三　釋雅

僞毛序說『雅者正也』。這個解釋大致不錯。但下文又申說幾句道『言王政之所由廢興也。政有小大，故有小雅焉，有大雅焉』。從正字搭到政字上去，把小雅大雅變成小政大政，却眞不通了。依我看，小大雅所合的音樂，當時謂之正聲，故名曰雅。儀禮鄉飲酒禮『工歌鹿鳴、四牡、皇皇者華。笙南陔、白華、華黍。乃間歌魚麗，笙由庚。歌南有嘉魚，笙崇丘。歌南山有臺，笙由儀。……工告於樂正曰「正樂備」……』。左傳說『歌彤弓之三，歌鹿鳴之三』。凡此所歌，皆大小雅之篇，說『正樂備』，可見公認這是正聲了。

然則正聲爲什麼叫做「雅」呢？「雅」與「夏」古字相通。荀子榮辱篇『越人安越，楚人安楚，君子安雅』。

儒效篇則云『居楚而楚居越而越居夏而夏』可見「安雅」之雅卽夏字荀氏申鑒左氏三都賦皆云『音有楚夏』說的是音有楚音夏音之別然則風雅之「雅」其本字當作「夏」無疑說文『夏中國之人也』雅音卽夏音猶言中原正聲云爾

四　釋頌

爲毛序說『頌者美盛德之形容』這話大致是對的可惜沒有引申發明說文『頌皃也从頁公聲籀文作額』皃卽面貌頁人面也故从之這字本來讀作「容」漢書儒林傳『魯徐生善爲頌』蘇林注『頌貌威儀』顏師古注『頌讀與容同』可見頌卽容之本字指容貌威儀言

然則周頌商頌魯頌等詩何故名爲頌呢依我看南雅皆唯歌頌則以歌而兼舞樂記說『舞動其容也』舞之所重在「頌貌威儀」這一類詩舉其所重者以爲專名所以叫做「頌」

何以見得這類詩是舞詩呢舞分文武舞所舞皆在頌中禮記內則『十三舞勺成童舞象』勺和象是什麼呢鄭注云『謂先學「勺」後學「象」文武之次勺卽周頌酌（於鑠王師章）象卽周頌維清（維清緝熙章）奏象舞也』是酌與維清皆舞詩之證禮記文王世子『登歌清廟（於穆清廟章）下管象』鄭注『象周武王伐紂之樂也以管播其聲又爲之舞』（明堂位祭統仲尼燕居皆有『升歌清廟下管象』語）玩其文義似是在堂上歌清廟之章同時在堂下舞維清之章而以管爲之節兩詩節奏或相應亦未可知禮記郊特牲『朱干設鍚冕而舞大武』明堂位『朱干玉戚冕而舞大武』大武又是什麼呢周頌有武一章（於皇武王章）毛序云『武舞大武也』鄭箋云『大武周公作樂所爲舞也』左氏宣十二年傳云『武王克商作武其首章曰「耆定爾功」（今武篇文）其三曰「鋪時繹思我徂維求定」（今賚篇文）其

六曰「綏萬邦，屢豐年。」今桓篇文……『然則大武不止一章，今本賚桓兩篇皆武之一部分，且最少還應有三篇纔合成全套的大武。那三篇不知是何篇，總之不出周頌各篇之外罷了。大武怎樣舞法呢，樂記說『大武先鼓以警戒，三步以見方，再始以著往，復亂以飭歸。』又說，『總干而山立，武王之事也；發揚蹈厲，太公之志也；武亂皆坐，周召之治也。』又說『夫武始而北出，再成而滅商，三成而南，四成而南國是疆，五成而分周公左召公右，六成復綴以崇天子。』以上幾段把大武的舞頌——卽舞容大概傳出了，可見三頌之詩都是古代跳舞的音樂，與雅南之唯歌者有異，與風之不歌而誦者更異也。

* * * * *

總而論之，「風」是民謠，「南」「雅」是樂府歌辭，「頌」是跳舞樂或劇本，因爲各自成體，不能相混，所以全部詩經分爲這四類，這樣解「四詩」像是很妥當。

我這種解釋，惟釋頌一項本諸阮元揅經室集而小有異同，其餘都是自己以意揣度的，或者古人曾說過亦未可知，說得對不對，還盼望好古之士下批評。

第二章　詩經的年代

凡認眞讀書的人，每讀一部書，總要求得他正確的年代。詩三百篇既非一時一人所作，想逐篇求得作者時代，本屬絕對的不可能，但最低限的要求，也想知道全部詩經在歷史上所占的時間，從某時起到某時止，專就這一點論，我敢大胆答覆道：詩經沒有周以前的詩，裏頭最古的作品不能過西紀前一一八五年之前，最晚的作品不能過西紀五八五年以後，頭尾所跨歷史的時間約六百年。（按原稿至此止）

漢魏時代之美文

第一章　建安以前漢詩

西漢文辭，率宗質實。散文方面，有萬古不朽的史界傑作，如史記。有華實並茂的哲學書，如淮南子。至於韵文方面，則惟以鋪敘的賦爲其特產。其詩歌之屬，除民謠外，其章句現存時代灼然可信者，惟第二卷所錄淮南小山招隱士一篇及第三卷所錄下列諸篇。

房中歌十七章
郊祀歌十九章
鐃歌十八章
高帝歌二篇
戚夫人歌一篇
趙王友歌一篇
朱虛侯歌一篇
武帝歌三篇四章
李延年歌一篇
烏孫公主歌一篇
李陵別蘇武歌一篇
燕王旦及華容夫人歌各一篇

燕王旦歌一篇（未錄）

廣川王去歌二篇（錄一）

楊惲歌一篇

世所傳四皓采芝歌。武帝秋風辭及落葉哀蟬曲。淮南王安八公操。東方朔誡子詩。昭帝歌二首。霍去病歌二首。來歷皆不分明。吾未敢輕信。

右諸篇。除鐃歌外。都有作者主名。但其人卻都非詩家。除房中郊祀兩歌外。都不是會做詩的人做的。都不是有心去做詩的。換一句話說。雖然在文學上有相當的價值。卻並不是文學家的文學。此外正正經經做的詩。說也可憐。只有韋孟韋玄成一家祖孫所做的四首。今錄其一以見當時詩品。

韋孟諷諫詩。漢書韋賢傳『孟魯國鄒人也家本彭城為楚元王傅傅子夷王及孫王戊戊荒淫不道孟作詩諷諫後遂去位徙家於鄒又作一篇孟卒於鄒』案孟生卒年史不載約當漢高祖時（西紀前二〇六）

肅肅我祖。國自豕韋。黼衣朱紱。四牡龍旂。彤弓斯征。撫甯遐荒。總齊羣邦。以翼大商。迭彼大彭。勳績惟光。至於有周。歷世會同。王赧聽譖。實絕我邦。

我邦既絕。厥政斯逸。賞罰之行。非繇王室。庶尹羣后。靡扶靡衞。五服崩離。宗周以隊。我祖斯微。遷於彭城。在予小子。勤唉厥生。阨此嫚秦。耒耜斯耕。悠悠嫚秦。上天不寧。乃眷南顧。授漢於京。

於赫有漢。四方是征。靡適不懷。萬國攸平。乃命厥弟。建侯於楚。俾我小臣。惟傅是輔。

矜矜元王。恭儉靜一。惠此黎民。納彼輔弼。享國漸世。垂烈於後。迺及夷王。克奉厥緒。咨命不永。惟王統祀。左右陪臣。斯惟皇士。

如何我王．不思守保．不惟履冰．以繼祖考．邦事是廢．逸游是娛．犬馬悠悠．是放是驅．務此鳥獸．忽此稼苗．烝民以匱．我王以媮．所弘匪德．所親匪俊．惟囿是恢．惟諛是信．睮睮諛夫．諤諤黃髮．如何我王．曾不是察．既藐下臣．追欲縱逸．嫚彼顯祖．輕此削黜．

嗟嗟我王．漢之睦親．曾不夙夜．以休令聞．穆穆天子．照臨下土．明明羣司．執憲靡顧．正遐由近．殆其怙茲．嗟嗟我王．曷不斯思．

匪思匪監．嗣其罔則．彌彌其逸．岌岌其國．致冰匪霜．致墜匪嫚．瞻惟我王．時靡不練．興國救顛．孰違悔過．追思黃髮．秦穆以霸．歲月其徂．年其逮耉．於赫君子．庶顯於後．我王如何．曾不斯覽．黃髮不近．胡不時鑒．

孟尚有「徙家於鄒」後所作一首．體格和這首一樣．他的六世孫玄成（元帝時丞相）的兩首．一首自劾．一首戒子孫．體格也和孟所作一樣．因爲我不覺得他的好處．都不錄了．（『韋孟的兩首是否絕對可信還不敢說漢書云或曰其子孫好事述先人之志而作』據此怕四首都是玄成作的因爲氣息體格完全相同）這些詩完全摹仿三百篇．一點沒有變化．而徒得其糟粕．狠像明七子摹仿「盛唐」的樣子．頗覺可厭．但我們不能怪他．西漢時所謂詩人之詩．恐怕都是如此．

純粹的詩在西漢我們是不能多見了．只有些和詩相類的作品還可以引來比照參考．如司馬相如封禪文裏頭插有一首頌．其辭如下．

自我天覆．雲之油油．甘露時雨．厥壤可游．滋液滲漉．何生不育．嘉穀六穗．我穡曷蓄．匪惟雨之．又潤澤之．匪惟徧之．我氾布護之．萬物熙熙．懷而慕之．名山顯位．望君之來．君兮君兮．侯不邁哉．……

把這首頌和郊祀歌裏頭的「鄒子樂」四章——青陽、朱明、西顥、玄冥、來同韋孟的詩參互着看．可想見西漢盛時——武帝前後文學家矜心作意做的詩，都是以摹仿三百篇爲能事。不過鄒陽司馬相如聰明些，摹仿得活潑一點；韋孟厚重些，摹仿得呆滯一點。總而言之，西漢文學家用心作的詩，全摹仿三百篇。那些非文學專家的人——如高祖武帝至楊惲等——隨手做的歌謠，便用當時通行的楚辭腔調。講到創作，可以說完全沒有。

我既作這等主張，當然牽涉到一個大問題，卽五言詩發生的時代問題。要解決這個問題，便有下列幾首詩的時代，最要仔細研究。

第一，史記正義所載虞姬和項羽歌一首。

第二，玉臺新詠所載枚乘詩九首。（一西北有高樓二東城高且長三行行重行行四涉江采芙蓉五青青河畔草六蘭若生春陽七庭中有奇樹八迢迢牽牛星九明月何皎皎）

第三，文選所載蘇武詩四首，李陵與蘇武詩三首。（玉臺同）

第四，近代選家所載卓文君白頭吟一首。

第五，文選所載班婕妤怨歌行一首。（玉臺作怨詩）

倘若這幾首詩作者主名不錯，那麼，五言詩在秦漢之交已經發生，到漢景帝武帝時已經十分成熟了。但這幾首詩可疑之點其實甚多。內中最易判明者爲第一項所謂虞姬和歌者。原文云：『漢兵已略地，四面楚歌聲，大王意氣盡，賤妾何聊生』。一望而知爲唐以後的打油近體詩，連六朝人也不至有這等乏句，何況漢初。這詩始見於張守節史記正義，據云出楚漢春秋。楚漢春秋久佚，唐時所傳已屬贋本，節引之徒見其陋耳。而王應麟困學紀聞乃推爲五言之祖，可謂無識。此詩之僞，近人多能知之，不俟多辨。

次則第四項也容易解決。所謂卓文君白頭吟者，宋書樂志中有其文，題曰「古辭」。（原文見卷三）凡宋志所謂「古辭」者皆『漢世街陌謠謳』。沈約既自著其例。然則此詩在約時並無作者主名可知。玉臺新詠亦無作者主名。且並不名爲白頭吟。僅用首句標題云「皚如山上雪」。太平御覽樂府詩集亦皆云古辭。並無卓文君之說。卓文君作白頭吟始見於僞西京雜記。但亦僅記其事。未著其詞。至宋末黃鶴注杜詩。始以雜記傅會宋志指此書爲卓作。明馮惟訥古詩紀因之。此後盲盲相引。幾成定案。然馮舒詩紀匡謬已明辨之矣。

第二項所謂枚乘古詩九首。其八首皆在文選古詩十九首中。並無作者主名。鍾嶸亦不認枚乘曾有此作品。劉勰雖引當時傳說。然亦僅作懷疑語。（鍾劉原語俱詳下文）至徐陵輯玉臺新詠。乃貿然竟題枚作。以冠全編之首。陵時代後於鍾劉及昭明太子。諒來必有什麼確證爲他們所未見。我們與其信玉臺。不如稍取謹愼態度信文選及鍾劉等。

第五項所謂班婕妤怨歌行。文選玉臺同載。似無甚疑竇。但劉勰已疑之。文選李善注引歌錄則云『怨歌行古詞』。然則此詩是否確有作者主名。久已成問題了。

賸下第三項的蘇李詩。文選玉臺都認爲眞的。鍾嶸亦無甚異議。惟劉勰對他作懷疑之詞。後世則蘇軾公然攻擊之。謂爲後人擬作。然附和者少。但我們最當注意者。相傳蘇李詩並不止文選所載七首。還有十首見於古文苑初學記藝文類聚等書。所以這問題頗複雜不易解決。當在下文錄本詩時更詳論之。

以上所論。是關於這五家之詩各別可疑的資料。除虞姬一家僞跡太顯不勞辨證外。其餘都有虛心商榷之必要。我以爲對於這些問題要求一箇總解決。什麼叫做總解決。就是五言詩發生時代問題。再直捷點說。是西漢會否有五言詩的問題。

對於這問題最持謹慎態度者莫如劉勰文心雕龍他說『漢初四言韋孟首唱匡諫之義繼軌周人孝武愛文柏梁列韻嚴馬之徒屬辭無方至成帝品錄三百餘篇朝章國采亦云周備而辭人遺翰莫見五言所以李陵班婕妤見疑於後代也』彥和（劉勰字）之意以爲西漢有四言詩如韋孟諷諫有七言詩如柏梁聯句有長短雜言如嚴助司馬相如諸遺什獨至五言則成帝時命劉向總校詩賦略——即今漢書藝文志所載『歌詩二十八家三百一十四篇』裏頭卻有一首因此世俗所傳李陵班婕妤……那幾首五言作品不能不令人動疑了彥和所發問題如此他雖沒有下斬截的判斷然其疑西漢無五言之意已隱躍言外我以爲因劉向品錄不及便指爲無原未免過於武斷反駁的人也可以說道『韋孟四言漢志亦並未著錄難道也說是假嗎』話雖如此說但枚乘蘇李若有這種好詩劉向似不容不見見了似不容不著錄彥和所挑剔最少也令主張西漢有五言之人消極的失卻根據了但僅靠這一點還不能解決這問題我們應做的工作是要審查彥和所謂『辭人遺翰莫見五言』這句話的正確程度何如

一般人的幻覺大概以爲詩的發達先有四言次有五言次有七言其實不然除三百篇的四言和楚辭的長短句其發達次第爲人所共見外若專拿五言和七言比較七言的歷史實遠在五言之前今試列舉戰國至西漢中葉七言或類似七言之作

其一楚辭招魂篇『魂兮歸來入脩門些』以下若將每句「些」字刪去便是一首極長的七言詩大招篇

　每句刪去「只」字亦然

其二荀子成相篇請成相世之殃愚闇愚闇墮賢良……』用兩句三言一句七言組成一小段音節全篇皆

如此。也可以說是有一定規則的長短句。也可以截出每小段之第三句為純粹的七言。

其三秦始皇時史游作急就章。『急就奇觚與衆異。羅列諸物名姓字。分別部居不雜廁。用日約少誠快意。……』全篇儼然一首七古。後此西漢字書皆仿其體。又後來黃庭經之類。亦從此出。這類作品。雖沒有文學上價值。但專就七言韻語的歷史論。卻不能把他們除外。（緯書中亦最多七言句如『玄立制命帝卯行』（孝經援神挈）如『太易變教民不倦』（乾鑿度）之類緯書大率戰國秦漢間儒生方士所作）

其四易水垓下大風諸歌。或並「兮」字計算。或將「兮」字刪除。皆成七言。例如『威加海內歸故鄉。安得猛士守四方。』（此等句法楚辭中已多有例如九辯的『悲憂窮蹙兮獨處廓有美一人兮心不懌去鄉離家兮來遠客……』若將「兮」字省去便是七言但其中有五箇字中夾一「兮」字者卻不能照辦例如『蕙肴蒸兮蘭藉奠桂酒兮椒漿』若將「兮」字刪去『蕙肴蒸蘭藉奠桂酒椒漿』便不是五言句法『有美人兮心不懌去鄉離家來遠客』卻恰是七言句法）

其五漢高祖時房中歌。『大海蕩蕩水所歸。大賢愉愉民所懷。』純粹的七言。

其六武帝時郊祀歌天門章。『函蒙祉福常若期。……』以下八句。景星章。『空桑琴瑟結信成。……』以下十二句。都是純粹的七言。

其七柏梁臺詩。眞假尚難確定。若眞。當然是很完整的七言了。

據以上所論列。則自戰國到西漢。七言作品連綿不絕。以後逐漸稀少。惟張平子四愁。魏文帝燕歌行。獨傳。建安七子詩風盛行之後。七言幾乎絕響。直至鮑照庾信。始復興長短句的歌行。入唐而極盛。七言發展變遷之歷史大略如此。推原其所以發展較早之由。蓋緣秦漢間詩歌皆從楚辭蛻嬗而來。音節舒促相近。即如『風蕭蕭兮易水寒。壯士一去兮不復還。』形式上純祖楚辭。而上句合一兮字。下句去一兮字。皆成七言。由楚辭渡到七言其勢實比五言爲順也。

以上這段話說得離題太遠了。現在要歸結到五言發展的歷史。

劉彥和又云『按召南行露。肇始半歌。孺子滄浪。亦有全曲。暇豫優歌。遠見春秋。邪徑童謠。近在成世。閱時取證。則五言久矣。』我以爲若覓一二斷句作證。則可引者原不止此。專就詩經論。如『胡爲乎泥中』『誰謂雀無角』『無使尨也吠』『期我乎桑中』『洞酌彼行潦』『宛在水中央』『或盡瘁事國』……此類句子狠不少。乃至左傳引逸詩『昔吾有先正。其言明且清。』論語記接輿歌『往者不可諫。來者猶可追。』都不能不算是五言句法的遠祖。卻是全首完整的五言詩。在漢以前到底找不出一首來。

漢代第一首五言詩。當推戚夫人歌。

『子爲王。母爲虜。終日舂薄暮。常與死爲伍。相離三千里。當誰使告汝。』

這首歌雖有兩句三言相間。大體總算是五言了。我們若肯認大風歌爲七言之祖。也可以認這歌爲五言之祖。但是除了這歌四句以外。別的卻就難找了。倘若把蘇李枚卓那幾首剔出。簡直可以說從高祖到武帝八九十年間。除戚夫人那四句外更無第二首五言。最當注意者。房中郊祀兩歌共三十六章。內中三言四言六言七言都有。獨無五言。勉强找算找出四句『幡比翅回集。貳雙飛常羊。』『假青風軋忽。激長至重觴。』（郊祀歌天門章）這四句夾雜在三言六言七言中間。音節異常佶屈。和所傳枚乘蘇李諸作截然不同。

第二首五言是那首呢。鐃歌十八章中上陵章云。

『上陵何美美。下津風以寒。問客從何來。言從水中央。桂樹爲君船。青絲爲君笮。木蘭爲君櫂。黃金錯其間。滄海之雀，赤翅鴻白雁隨。山林乍開乍合，曾不知日月明。醴泉之水光澤何蔚蔚。芝爲車。龍爲馬。覽遨遊。四海外。甘露初二年芝生銅池中。仙人下來飲延壽千萬歲』

這首歌雖有三四六言插入但五言爲多。我們姑且勉强認爲五言。鐃歌作品年代難確考。依我看並不是一時作成的。惟這首有『甘露初二年』一句。認爲宣帝時作品當無大錯。然則在枚乘蘇李後五六十年了。他的格調音節之樸儳拙劣如此。

第三首的五言是那首呢。漢書五行志載成帝時童謠云

『邪徑敗良田。讒口亂善人。桂樹華不實。黃爵巢其顛。昔爲人所羨。今爲人所憐。』

這一首眞算純粹的五言了。彥和所謂『邪徑童謠近在成世』即指此。其音節諧暢。和後來的五言詩幾無甚分別。但雖作於成帝時。已是西漢之末了。

西漢二百年間五言詩其時代確鑿可信絕無問題者。只有這三首。內中兩首還是長短句相雜。其純粹的一首又是童謠。然則彥和『詞人遺翰莫見五言』之語並不爲過了。

我們試在這種資料之下來解決蘇李枚卓諸詩的時代問題。凡辨別古人作品之眞僞及其年代有兩種方法。一曰考證的。二曰直覺的。考證的者將該作品本身和周圍之實質的資料搜集齊備。看他字句間有無可疑之點。他的來歷出處如何。前人對於他的觀察如何……等等。參伍錯綜而下判斷。直覺的者專從作品本身字法句法章法之體裁結構及其神韻氣息上觀察。拿來和同時代確實的作品比較。推定其是否產於此時代。譬諸偵探案件。考證的方法是搜齊人證物證。步步踏實。毫不雜以主觀。直覺的方法則如利用野蠻人或狗之特別

嗅覺去偵查奇案。雖像是狠杳茫狠危險。但有時亦收奇効。文學美術作品。往往以直覺的鑑別爲最有力。例如碑帖字畫等類。內行家可以一望而知爲某時代作品。某人手筆。絲毫不容假借。文體亦然。東晉晚出之僞古文尙書。就令將傳授上及其他種種罅漏。閣在一邊不提。專以文字論。已可斷其決非三代以上文也。文選所載李陵答蘇武書。別無他種作僞實證。而識者早公認其爲六朝人語。凡此之類。皆用直覺的鑑別。似武斷而實非武斷也。西漢承戰國之後。——除少數作者摹仿三百篇作四言詩外——全部文學家之精力。皆務蛻變楚辭以作賦。就實質論。則鋪敍多比興少。就形式論。則多用自由伸縮之長短句。而未有每句之一定字數。乃若『行行重行行』『皚如山上雪』『攜手上河梁』……諸篇。在實質方面。則陳旨婉曲。寄興深微。在形式方面。則雖非如魏晉之講究對偶。齊梁後之拘束聲病。然而句法調法。皆略有一定。音節諧暢流麗。凡此皆與西漢其他作品絕不相類。我們用歷史家的眼光忠實觀察。以爲西漢景武之間。未必能發生這種詩風這種詩體。倘使已經發生。便當繼續盛行。又不應中斷二三百年。到建安黃初間始再振其緒。所以我對於五言詩發生時代這箇問題。兼用考證的直覺的兩種方法。仔細研究。要下一箇極大膽的結論曰。五言詩起於東漢中葉。和建安七子時代相隔不遠。——『行行重行行』等九首。決非枚乘作。「皚如山上雪」決非卓文君所作。「骨肉緣枝葉」「良時不再至」等七首。決非蘇武李陵作。「新裂齊紈素」是否班婕妤作。尙在未定之列。』今具錄諸作。先分別考定其時代。再評論其價值。

文選所錄古詩十九首附一首。

章末有△符者。玉臺新詠所指爲枚乘作。有▲符者。文心雕龍所指爲傅毅作。有※符者。陸機有擬作。

『行行重行行。與君生別離。相去萬餘里。各在天一涯。道里阻且長。會面安可知。胡馬依北風。越鳥巢南枝。相去日已遠。衣帶日以緩。浮雲蔽白日。游子不顧返。思君令人老。歲月忽已晚。棄捐莫復道。努力加餐飯。△*

青青河畔草。鬱鬱園中柳。盈盈樓上女。皎皎當窗牖。娥娥紅粉粧。纖纖出素手。昔爲倡家女。今爲蕩子婦。蕩子行不歸。空牀難獨守。△*

青青陵上柏。磊磊澗中石。人生天地間。忽如遠行客。斗酒相娛樂。聊厚不爲薄。驅車策駑馬。游戲宛與洛。洛中何鬱鬱。冠帶自相索。長衢羅夾巷。王侯多第宅。兩宮遙相望。雙闕百餘尺。極宴娛心意。戚戚何所迫。*

今日良宴會。歡樂難具陳。彈箏奮逸響。新聲妙入神。令德唱高言。識曲聽其眞。齊心同所願。含意俱未申。人生寄一世。奄忽若飆塵。何不策高足。先據要路津。無爲守窮賤。轗軻長苦辛。*

西北有高樓。上與浮雲齊。交疏結綺窗。（李善注『疏刻穿之也』蓋窗櫺之類）阿閣三重階。上有弦歌聲。音響一何哀。誰能爲此曲。無乃杞梁妻。清商隨風發。中曲正徘徊。一彈再三歎。慷慨有餘哀。不惜歌者苦。但傷知音稀。願爲雙鳴鶴。奮翅起高飛。△*

涉江采芙蓉。蘭澤多芳草。采之欲遺誰。所思在遠道。還顧望舊鄉。長路漫浩浩。同心而離居。憂傷以終老。△*

明月皎夜光。促織鳴東壁。玉衡指孟冬。（李注玉衡北斗第五星也）衆星何歷歷。白露沾野草。時節忽復易。秋蟬鳴樹間。玄鳥逝安適。昔我同門友。高舉振六翮。不念攜手好。棄我如遺跡。南箕北有斗。牽牛不負軛。（詩云『維南有箕不可以簸揚維北有斗不可以挹酒漿睆彼牽牛不以服箱』借衆星以喩有名無實也此引用之故下云『虛名復何益』）良無磐石固。虛名復何益。

冉冉孤生竹。結根泰山阿。與君爲新婚。兔絲附女蘿。兔絲生有時。夫婦會有宜。千里遠結婚。悠悠隔山陂。思君

令人老。軒車來何遲。傷彼蕙蘭花。含英揚光輝。過時而不采。將隨秋草萎。君亮執高節。賤妾亦何爲。▲

庭中有奇樹。綠葉發華滋。攀條折其榮。將以遺所思。馨香盈懷袖。路遠莫致之。此物何足貴。但感別經時。△*

迢迢牽牛星。皎皎河漢女。纖纖擢素手。札札弄機杼。終日不成章。泣涕零如雨。河漢淸且淺。相去復幾許。盈盈一水間。脈脈不得語。△*

迴車駕言邁。悠悠涉長道。四顧何茫茫。東風搖百草。所遇無故物。焉得不速老。盛衰各有時。立身苦不早。人生非金石。豈能長壽考。奄忽隨物化。榮名以爲寶。

東城高且長。逶迤自相屬。回風動地起。秋草萋以綠。四時更變化。歲暮一何速。晨風懷苦心。蟋蟀傷局促。（晨風蟋蟀皆詩經篇名）蕩滌放情志。何爲自結束。燕趙多佳人。美者顏如玉。被服羅裳衣。當戶理淸曲。音響一何悲。絃急知柱促。馳情整中帶。（李注『中帶中衣帶也』）沈吟聊躑躅。願爲雙飛燕。銜泥巢君屋。△*

驅車上東門。（李注引河南郡圖經云『東有三門最北頭曰上東門』蓋紀洛陽城闕也）遙望郭北墓。白楊何蕭蕭。松柏夾廣路。下有陳死人。杳杳卽長暮。（卽趣也就也楚辭『去白日之昭昭襲長夜之悠悠』）潛寐黃泉下。千載永不寤。浩浩陰陽移。年命如朝露。人生忽如寄。壽無金石固。萬歲更相送。聖賢莫能度。服食求神仙。多爲藥所誤。不如飲美酒。被服紈與素。

去者日以疏。來者日以親。出郭門直視。但見丘與墳。古墓犁爲田。松柏摧爲薪。白楊多悲風。蕭蕭愁殺人。思還故里閭。欲歸道無因。

生年不滿百。常懷千歲憂。晝短苦夜長。何不秉燭遊。爲樂當及時。何能待來茲。愚者愛惜費。但爲後世嗤。仙人王子喬。難可與等期。

凜凜歲云暮。螻蛄夕鳴悲。涼風率已厲。遊子寒無衣。錦衾遺洛浦。同袍與我違。獨宿累長夜。夢想見容輝。良人惟古歡。枉駕惠前綏、綏引車之繮繩也願得常巧笑。攜手同車歸。既來不須臾。又不處重闈。亮無晨風翼。爾雅『晨風鸇也』亮同諒焉能凌風飛。眄睞以適意。引領遙相睎。徙倚懷感傷。垂涕沾雙扉。

孟冬寒氣至。北風何慘栗。愁多知夜長。仰觀衆星列。三五明月滿。四五蟾兔缺。客從遠方來。遺我一書札。上言長相思。下言久離別。置書懷袖中。三歲字不滅。一心抱區區。懼君不識察。

客從遠方來。遺我一端綺。相去萬餘里。故人心尚爾。文采雙鴛鴦。裁爲合歡被。著以長相思。緣以結不解。李注引儀禮鄭注云『著謂充之以絮也』又引禮記鄭注云『緣飾邊也』以膠投漆中。誰能別離此。

明月何皎皎。照我羅床幃。憂愁不能寐。攬衣起徘徊。客行雖云樂。不如早旋歸。出戶獨彷徨。愁思當告誰。引領還入房。淚下霑裳衣。△*

蘭若生春陽。涉冬猶盛滋。願言追昔愛。情款感四時。美人在雲端。天路隔無期。夜光照玄陰。長歎戀所思。誰謂我無憂。積念發狂癡。△*

右二十首。除最末一首外。皆見文選。不題撰人名氏。惟題「古詩」。玉臺新詠則九首題枚乘雜詩。一西北有高樓二東城高且長三行行重行行四涉江采芙蓉五青青河畔草六蘭若生春陽七庭中有奇樹八迢迢牽牛星九明月何皎皎餘七首不錄。文心雕龍則云『古詩佳麗。或稱枚叔。其孤竹一篇（冉冉孤生竹）則傅毅之詞。』是對於枚乘之說。付諸存疑。而割出一首以屬傅毅。詩品則分爲二類。其一陸機所會擬之十四首。認爲時代最古。今存者僅十二首一行行重行行二今日良宴會三迢迢牽牛星四涉江采芙蓉五青青河畔草六明月何皎皎七蘭若生春陽八青青陵上柏九東城高且長十西北有高樓十一庭中有奇樹十二明月皎夜光玉臺所謂枚乘九首全在其中餘二首已佚不知屬何題其餘「去者日以疏」等四十五首。鍾未列其目惟十九首中

「客從遠方來」一首在內復舉有「橘柚垂華實」一首餘四十三首不知何指則謂『疑是建安中曹（植）王（粲）所製』。昭明（文選選者蕭統）彥和（文心雕龍著者劉勰）仲偉（詩品著者鍾嶸）孝穆（玉臺新詠選者徐陵）同是梁人。而所傳之異同如此。可見這一票古詩之作者和時代在六朝時久已成問題了。其所擬議之作者。最古者枚乘。西漢初人。次則傅毅。東漢初人。距枚乘百餘年。最近者曹王。漢魏間人。距傅毅又百餘年。距枚乘且三百年。

我以爲要解決這一票詩時代。須先認一箇假定。卽「古詩十九首」這票東西雖不是一箇人所作。卻是一箇時代。——先後不過數十年間所作。斷不會西漢初人有幾首。東漢初人有幾首。東漢末人又有幾首。因爲這十幾首詩體格韻味都大略相同。確是一時代詩風之表現。凡詩風之爲物。未有閱數十年百年而不變者。如後此建安黃初之與元嘉永明。元嘉永明之與梁陳宮體。乃至唐代初盛中晚之遞嬗。宋代「西崑」「江西」之代興。凡此通例。不遑枚舉。兩漢歷四百年。萬不會從景武到靈獻。詩風始終同一。「十九首」既風格首首相近。其出現時代。當然不能距離太遠。讀者若肯承認我這箇前提。我們纔可以有點邊際來討論他的出現時代了。

漢制避諱極嚴。犯者罪至死。惟東漢對於西漢諸帝則不諱。惠帝諱盈。而十九首中有『盈盈樓上女』『馨香盈懷袖』等句。非西漢作品甚明。此其一。『游戲宛與洛。洛中何鬱鬱……長衢羅夾巷。王侯多第宅。兩宮遙相望。相闕百餘尺』。明寫洛陽之繁盛。西漢決無此景象。『驅車上東門。遙望郭北墓』。上東門爲洛城門。郭北卽北邙。顯然東京人語。此其二。此就作品本身覓證。其應屬東漢不應屬西漢。殆已灼然無疑。然東漢歷祚。亦垂二百年。究竟當屬何時耶。此則在作品本身上無從得證。只能以各時代別的作品旁證推論。劉彥和以『冉冉孤生竹』一首爲傅毅作。依我的觀察。西漢成帝時。五言已萌芽。傅毅時候。也未嘗無發生十九首之可能性。但以同時班固詠史一篇相較。風格全別。（固詩見後）其他亦更無相類之作。則東漢之期——明章之間。似尚未有此體。安順桓靈以後。張衡、秦嘉、蔡邕、酈炎、趙壹、孔融。各有五言作品傳世。音節日趨諧暢。格律日趨嚴整。其時五言體製已經通行。造詣已經純熟。非常傑作。理合應時出現。我據此中消息以估定十九首之年代。大概在西紀一二〇至一七〇約五十年間。比建安黃初略先一期。而緊相銜接。所以風格和建安體格相近。而其中一部分鍾仲偉且疑爲曹王所製也。我所估定若不甚錯。那麼十九首一派的詩風。並非西漢初期瞥然一現中間戛然中絕。而建安體亦並非近無所承。突然產生。按諸歷史進化的原則。四方八面都說得通了。

十九首在文學史上所占的地位。或與三百篇離騷相埒。稍有文學常識的人都能知道。無待我讚美了。對於他最古的批評。則劉彥和謂『結體散文直而不野。宛轉附物怊悵切情。』鍾仲偉謂『文溫以麗意悲而遠驚心動魄。一字千金。』對於他的價值。差不多發揮盡致了。我爲幫助讀者興味起見。且再把他仔細解剖一下。

十九首第一點特色在善用比興。比興本爲詩六義之二。三百篇所恆用。國風中尤什居七八。降及楚辭。『美人芳草』幾舍比興無他技焉。漢人尚質。西京尤甚。其作品大率賦體多而比興少。長篇之賦。專事鋪敍無論矣。即間有詩歌。也多半是徑情直遂的傾瀉實感。到十九首纔把國風楚辭的技術翻新來用。專務『附物切情』。胡馬越鳥。陵柏澗石。江芙澤蘭。孤竹女蘿。隨手寄興。輒增嫵媚。至如『迢迢牽牛星』一章。純借牛女作象徵。沒有一字實寫自己情感。而情感已活躍句下。此種作法。和周公的鴟鴞一樣。實文學界最高超的技術。（漢初作品如高祖之鴻鵠歌劉章之耕田歌尚有此種境界後來便狠少了）論者或以含蓄蘊藉爲詩之唯一作法。固屬太偏。然含蓄蘊藉。最少應爲詩的要素之一。此則無論何國何時代之詩家所不能否認也十九首之價值全在意內言外使人心醉其眞意所在苟非確知其「本事」則無從索解但就令不解而優飫涵諷已移我情卽如『迢迢牽牛星』一章不是憑空替牛郎織女發感慨自無待言最少也是借來寫男女戀愛再進一步是否專寫戀愛抑或更別有寄託而借戀愛作影子非問作詩的人不能知道了雖不知道然而讀起來可以養成我們溫厚的情感引發我們優美的趣味比興體的價值全在此這種詩風到十九首纔大成後來唐人名作率皆如此宋則盛行於詞界詩界漸少了

十九首雖不講究「聲病」然而格律音節略有定程大率四句爲一解每一解轉一意如行行重行行至各在天一涯爲一解道路阻且長至越鳥巢南枝爲一解相去日以遠至游子不顧返爲一解思君令人老至努力加餐飯爲一解其用字平仄相間按諸王漁洋古詩聲調譜殆十有九不可移易試拏來和當時的歌謠樂府比較雖名之爲漢代的律詩亦無不可此種詩格蓋自西漢末五言萌芽之後。經歷多少年纔到這純熟諧美的境界後此五言詩雖內容實質屢變而格調形式總不能出其範圍

從內容實質上研究十九首則厭世思想之濃厚——現世享樂主義之謳歌最爲其特色三百篇中之變風變雅雖憂生念亂之辭不少至如山樞之『且以喜樂且以永日宛其死矣他人入室』此等論調實不多見大抵太平之世詩思安和喪亂之餘詩思慘厲三百篇中代表此兩種氣象的作品所在多有然而社會更有將亂未亂之一境表面上歌舞歡娛骨子裏已禍機四伏全社會人汲汲顧影莫或爲百年之計而但思媮一日之安在這種時代背景之下厭世的哲學文學便會應運而生依前文所推論十九首爲東漢安順桓靈間作品若所測不謬那麼正是將亂未亂極沈悶極不安的時代了當時思想界則西漢之平實嚴正的經術已漸不足以維持社會而佛教的人生觀已乘虛而入桓靈間安世高支婁迦讖二人所譯出佛經已數十部下文所錄仲長統一詩最足表示此中消息看第

葉十九首正孕育於此等社會狀況之下．故厭世的色彩極濃．『人生天地間．忽如遠行客．』『萬歲更相送，聖賢莫能度．』『所遇無故物．焉得不速老．』『生年不滿百．常懷千歲憂．』此種思想．在漢人文學中．除賈誼鵩鳥賦外．似未經人道．鵩鳥賦不過箇人特別性格特別境遇所產物．十九首則全社會氛圍所產別物．故感人深淺不同．十九首非一人所作．其中如『奄忽隨物化．榮名以爲寶』之類．一面浸染厭世思想．一面仍保持儒家哲學平實態度者．雖間有一二．其大部分則皆如山樞之『且以喜樂．且以永日．』以現世享樂爲其結論．』青陵上柏』『今日良宴會』『東城高且長』『驅車上東門』『去者日以疏』『生年不滿百』諸篇其最著也．他們的人生觀出發點雖在老莊哲學．其歸宿點則與列子楊朱篇同一論調．不獨榮華富貴功業名譽無所留戀．乃至「谷神不死」「長生久視」等觀念亦破棄無餘．『服食求神仙．多爲藥所誤．不如飲美酒．被服紈與素．』『愚者愛惜費．但爲後世嗤．仙人王子喬．難可與等期．』眞算把這種頹廢思想盡情揭穿．他的文辭既『驚心動魄．一字千金』．故所詮寫的思想也給後人以極大印象．千餘年來中國文學都帶悲觀消極的氣象．十九首的作者怕不能不負點責任哩．

十九首之考證批評略竟．今當以次論列所謂蘇李詩者．

文選所錄李少卿與蘇武詩三首．（李陵字少卿廣之孫爲騎都尉武帝天漢中將步卒五千人擊匈奴轉戰失利遂降虜單于以女妻之立爲右校王在匈奴二十餘年卒）

良時不再至．離別在須臾．屏營衢路側．執手野踟躕．仰視浮雲馳．奄忽互相踰．風波一失所．各在天一隅．長當從此別．且復立斯須．欲因晨風發．（李注云『晨風早風也』超案李說誤晨風鳥名也）送子以賤軀．

嘉會難再遇．三載爲千秋．臨河濯長纓．念子悵悠悠．遠望悲風至．對酒不能酬．行人懷往路．何以慰我愁．獨有盈觴酒。與子結綢繆。

攜手上河梁。游子暮何之。徘徊溪路側。悢悢不能辭。行人難久留。各言長相思。安知非日月。弦望自有時。李注云「弦月半之名也其形一旁曲一旁直若張弓弛弦也望月滿之名也日在東月在西遙相望也」超案詩意謂雖一別無相見期猶冀如日月之由弦而望有短時間得遙遙相對也努力崇明德。皓首以為期。

又蘇子卿詩四首。蘇武字子卿京兆人天漢二年以中郎將使匈奴十九年不屈節會昭帝與匈奴和得歸國宣帝神爵二年卒年八十餘

骨肉緣枝葉。結交亦相因。四海皆兄弟。誰為行路人。況我連枝樹。與子同一身。昔為鴛與鴦。今為參與辰。昔者長相近。邈若胡與秦。惟念當乖離。恩情日以新。鹿鳴思野草。可以喻嘉賓。我有一樽酒。欲以贈遠人。願子留斟酌。敘此平生親。

黃鵠一遠別。千里顧徘徊。胡馬失其羣。思心常依依。何況雙飛龍。羽翼臨當乖。幸有絃歌曲。可以喻中懷。請為游子吟。泠泠一何悲。絲竹厲清聲。慷慨有餘哀。長歌正激烈。中心愴以摧。欲展清商曲。念子不得歸。俛仰內傷心。淚下不可揮。願為雙黃鵠。送子俱遠飛。

結髮為夫妻。恩愛兩不疑。歡娛在今夕。燕婉及良時。征夫懷往路。起視夜何其。參辰皆已沒。去去從此辭。行役在戰場。相見未有期。握手一長歎。淚為生別滋。努力愛春華。莫忘歡樂時。生當復歸來。死當長相思。

燭燭晨明月。馥馥秋蘭芳。芬馨良夜發。隨風聞我堂。征夫懷遠路。游子戀故鄉。寒冬十二月。晨起踐嚴霜。俯觀江漢流。仰視浮雲翔。良友遠別離。各在天一方。山海隔中州。相去悠且長。嘉會難再遇。歡樂殊未央。願君崇令德。隨時愛景光。

右七首中。玉臺新詠惟錄『結髮爲夫妻』一首。餘不錄。而藝文類聚及古文苑所載復有十首。

李陵錄別詩八首

有鳥西南飛。熠熠似蒼鷹。朝發天北隅。暮聞日南陵。欲寄一言去。託之牋綵繒。因風附輕翼。以遺（遺當作遺）心蘊蒸。鳥辭路悠長。羽翼不能勝。意欲從鳥逝。駑馬不可乘。

爍爍三星列。拳拳月初生。寒涼應節至。蟋蟀夜悲鳴。晨風動喬木。枝葉日夜零。游子暮思歸。塞耳不能聽。遠望正蕭條。百里無人聲。豺狼鳴後園。虎豹步客庭。遠處天一隅。苦困獨零丁。親人隨風散。歷歷如流星。三萃離不結。思心獨屏營。願得萱草枝。以解飢渴情。

寂寂君子坐。奕奕合衆芳。溫聲何穆穆。因風動馨香。淸言振東序。良時著西庠。乃命絲竹音。列席無高唱。怨意何慷慨。淸歌正激揚。長哀發華屋。四坐莫不傷。

晨風鳴北林。熠熠東南飛。願言所相思。日暮不垂帷。明月照高樓。想見餘光輝。玄鳥夜過庭。髣髴能復飛。褰裳路踟躕。彷徨不能歸。浮雲日千里。安知我心怨。思得瓊樹枝。以解長渴飢。

涉彼南山隅。送子淇水陽。爾行西南游。我獨東北翔。轅馬顧悲鳴。五步一彷徨。雙鳧相背飛。相遠日已長。遠望雲中路。相見來圭璋。萬里遙相思。何益心獨傷。隨時愛景耀。願言莫相忘。

鍾子歌南音。仲尼欲歸與。戎馬悲邊鳴。游子戀故廬。陽鳥歸飛雲。蛟龍樂潛居。人生一世間。貴與願同俱。身無四凶罪。何爲天一隅。與其苦筋力。必欲榮薄軀。不如及淸時。策名於天衢。

鳳凰鳴高岡。有翼不好飛。安知鳳凰德。貴其來見稀。……闕

紅塵蔽天地。白日何冥冥。……闕

蘇武答別詩二首

童童孤生柳。寄根河水泥。連翩遊客子。于冬服涼衣。去家千里餘。一身常渴飢。寒夜立淸庭。仰瞻天漢湄。寒風吹我骨。嚴霜切我肌。憂心

常慘戚。晨風爲我悲。瑤光遊何速。行願支荷遲。仰視雲間星。忽若割長帷。低頭還自憐。盛年行已衰。依依戀明世。愴愴難久懷。

雙鳧俱北飛。一鳧獨南翔。子當留斯館。我當歸故鄉。一別如秦胡。會見何詎央。愴恨切中懷。不覺淚沾衣。願子長努力。言笑莫相忘。

藝文類聚爲隋唐間歐陽詢所著。古文苑爲唐人所輯。失輯者姓名。其書以文選所不錄者爲範圍。蓋唐時所傳蘇李詩。除文選七首外。復有此十二首也。明馮惟訥古詩紀則以前七首爲原作。後十二首爲後人擬作。後十二首中李陵八首之末兩首。古文苑僅錄首次聯。下注「闕」字。蓋唐時已佚其後半。而明楊慎升庵詩話則有其末首之全文云『見修文殿御覽』。其文如下。

紅塵蔽天地。白日何冥冥。微音盛殺氣。凄風從此興。招搖西北指。天漢東南傾。嗟爾穹廬子。獨行如履冰。短褐中無緒。帶斷續以繩。瀉水置瓶中。焉辨淄與澠。巢父不洗耳。後世有何稱。

關於蘇李詩的資料之全部如此。

文心雕龍云『……所以李陵班婕妤見疑於後代。』可見這幾首詩的眞僞問題。蓋起自六朝以前了。近代昌言其僞者。則始自蘇東坡。他說『劉子玄（知幾）辨文選所載李陵與蘇武書非西漢文。蓋齊梁間文士擬作者也。吾因悟陵與蘇武贈答五言。亦後人所擬。』又說『李陵書蘇武五言皆僞。而蕭統不能辨。』（章樵古文苑注引）但東坡未能指出其作僞實據。故不足以奪歷史上相沿之信仰。間有祖其說者。或摘『獨有盈觴酒』之盈字犯惠帝諱。或摘『俯觀江漢流』『小海隔中州』『送子洪水陽』『攜手上河梁』等句與塞外地理不合。或摘『行役在戰場』『一別如秦胡』『骨肉緣枝葉』『結髮爲夫妻』等句爲與陵武情事不合。斯皆然矣。然爲之辯護者亦自有說。如謂各詩未必皆作於塞外。謂陵詩未必皆贈武。武詩未必皆贈陵。則許多矛盾之點也可以勉强解釋過去。所以僅靠這些末節。還不能判定此公案。

我是絕對不承認這幾首詩爲李陵蘇武作的．我所持的理由第一．則漢武帝時決無此種詩體．具如前文所論．此諸詩與十九首體格略同而諧協尤過之．如『良時不再至．離別在須臾．』如『長當從此別．且復立斯須．』如『骨肉緣枝葉．』如『努力崇明德．』……其平仄幾全拘齊梁聲病．故其時代又當在十九首之後．第二．贈答詩起於建安七子．兩漢詞翰．除秦嘉贈婦外．更無第二首．然時已屬漢末．至朋友相贈．則除此數章外更不一見．蓋古代之詩．本以自寫性情．不用爲應酬之具．建安時文士盛集鄴下．聲氣相競．始有投報．蘇李之世．絕對的不容有此．第三．蘇武於所傳諸詩外．別無他詩．固無從知其詩風爲何如．至於李陵．則漢書蘇武傳尙載有他一首歌．其辭云『行萬里兮度沙漠．爲君將兮奮匈奴．路窮絕兮矢刃摧．士衆滅兮名已隤．老母已死．雖欲報恩將安歸．』純是武人質直粗笨口吻．幾乎沒有文學上價值．凡一箇人前後作品．相差總不會太遠．何況同時所作．作『經萬里兮度沙漠……』的人．忽然會寫出『風波一失所．各在天一隅．』會寫出『安知非日月．弦望自有時．』我們無論如何．斷不能相信．我據這三種理由．所以對於東坡所提出的抗議．深表贊同．

然則這幾首詩是後人有意作僞嗎．又未必然．石崇集中有王昭君辭一首．李賀集中庾肩吾還自會稽歌一首．都是本無此詩．而作者懸揣前人心事．替他補作的．幸虧石李二人對於這兩首詩各有一篇小序聲明係代作．不然．被一位冒冒失失的選家．將那兩首逕題爲昭君作．肩吾作．又不知把多少人引入迷途了．李陵這箇人．本來不算什麼大人物．文學史上更不會有他的位置．徒以司馬遷因他獲罪．報任安書裏頭有一大段替他抱不平．引起後人對於他格外的表同情．於是好事者流．有人替他擬一篇答蘇武書．傾吐胸中塊壘．（答蘇武書之爲擬作．劉知幾史通辨之已明．現在幾爲學界所公認了．）又有人因他送蘇武歸國時本有一首歌．明見漢書．而那首歌實在做得不見高妙．因此重新替他擬作一兩首。來完成這段佳話。後來又有人覺得李陵既有詩送蘇武。蘇武也不可無詩送李陵。於是又替蘇武也作幾首。在作者原是自己鬧着頑。並非有意僞託。自昭明太子編入文選。逕題蘇李之名。卻令千餘年來墮入雲霧了。

然則什麼人擬作呢。我們雖沒有法子找出作者主名。大概總是建安七子那班人。而各首又非成於一人之手。各詩氣格樸茂淡遠。決非晉宋以後人手筆。而漢桓靈以前又像不會有替人捉刀的風氣。建安七子既創開贈答之風。自然容易聯想到替古人贈答。他們又喜歡共拈一題數人比賽着做。看第三章第一葉或者談論之間覺得蘇李言別是一種絕好詩材。因此拈爲課題。各人分擬。所以擬出的共有幾首之多。各首語意多相重複。而詩的好壞亦大相懸絕。

還有該注意的一點。文選所錄七首之中。李陵的比蘇武强多了。文心雕龍只言『李陵班婕妤見疑於累代』不提蘇武。詩品也只有李陵。並無蘇武。詩品敘論裏頭有『子卿雙鳧』一語似是指蘇武之『雙鳧俱北飛』一首但彼文歷舉曹子建至謝惠連十二家皆以年代爲次『子卿雙鳧』句在『阮籍詠懷』句之下『叔夜雙鸞』句之上則子卿宜爲魏人非漢之蘇武也竊疑魏別有一人字子卿者今所傳蘇武詩六首皆其所作自後人以諸詩全歸諸武並其人之姓名亦不傳矣此說別無他證不敢妄主張姑提出俟後之好古者因此我頗疑擬李陵的幾首是早已流行。劉勰鍾嶸對他都狠重視。擬蘇武的那幾首或者是較晚的時代續擬。因此批評家不甚認他的價值。但最遲的也不過魏晉間作品罷了。

至於升庵詩話所載『紅塵蔽天地』的全首。古書中絕未曾見。楊升庵自謂出於修文御覽。但修文御覽早佚。升庵何從得見。升庵最好造假典騙人。這首詩之靠不住。馮已蒼詩紀匡謬早已辯明了。

各詩的價值。要分別言之。擬李陵的『良時不再至』和『攜手上河梁』兩首。眞算送別詩的千古絕唱。『仰覩浮雲馳。奄忽互相踰。風波一失所。各在天一隅。長當從此別。且復立斯須。』意深刻而語飛動。眞是得未曾有。『行人難久留。各言長相思。安知非日月。弦望自有時。』把極熱烈的情感像放在熏爐中用灰蓋住永遠保持溫度。眞極技術之能事。鍾仲偉謂『王粲之詩源出李陵』依我看這兩首的氣味絕似仲宣七哀。或者逕是仲宣擬作亦未可知。此外則擬蘇武的『結髮爲夫妻』一首甚曲折微婉。擬李陵的『有鳥西南飛』一首勁氣直達。其餘則「自鄶以下」了。（鍾仲偉舉『二鳧俱北飛』一首。此首最切合蘇李情事。但淺薄寡味。）

十九首和蘇李的兩大公案。既大略解決。最後更附帶說說班婕妤的問題。

文選所錄班婕妤怨歌行。（班況之女。少有才學。成帝選入宮以爲婕妤。後爲趙飛燕所譖。黜廢居長信宮。）

新裂齊紈素。鮮潔如霜雪。裁爲合歡扇。團圓似明月。出入君懷袖。動搖微風發。常恐秋節至。涼風奪炎熱。棄捐篋笥中。恩情中道絕。

此詩純用比興。託意微婉。在古詩中固爲上乘。婕妤爲成帝時人。以當時童謠中『邪徑良田』的體製對照。則亦有產生此類詩之可能性。但文選李注引歌錄。但稱爲「古詞」而劉勰亦謂其『見疑於後代』然則是否出婕妤手。在六朝時本有問題。恐亦是後人代擬耳。

鍾仲偉云『自王楊枚馬之徒。詞賦競爽。而吟詠無聞。從李都尉迄班婕妤。將百年間。有婦人焉。一人而已。詩人之風。頓已缺喪。東京二百載中。惟有班固詠史。質木無文。降及建安。……彬彬之盛。大備於時。』仲偉不信枚乘及蘇武。故西漢只數李班兩家。歎其寥落。又頗以東漢二百年斯道中絕爲慨。我以爲凡一體新文學之出現。其影響必及於社會。斷不會僅有一兩箇人孤丁丁的獨彈獨唱。又不會沒有人繼續倣摹。隔二百多年纔突然復活轉來。所以甯采劉彥和懷疑的態度。把所傳西漢五言作品都重新估定時代。庶幾歷史之謎。漸漸可以解答了。

以上將西漢傳疑的作品都已說過。以下論東漢確有主名之作品。

東漢初期詩。流傳仍極少。最著聞者如馬援武溪之吟。梁鴻五噫之什。（見卷三葉）皆從離騷一轉手。雖詞韵極美。而體格無變。第一首五言詩。則史學大家班固之詠史。（見固小傳第二卷）

三王德彌薄。惟後用肉刑。太倉令有罪。就逮長安城。自恨身無子。困急獨煢煢。小女痛父言。死者不可生。上書詣闕下。思古歌雞鳴。憂心摧折裂。晨風揚激聲。聖漢孝文帝。惻然感至情。百男何憒憒。不如一緹縈。

我們若將十九首蘇李詩等重新估定年代之後。這首便算有史以來最古的五言詩了。試拿來和晚漢作品比較。眞可笑已極。鍾嶸批評他『質直無文』。一點都不寃枉。班孟堅並不是「無文」的人。且勿論他的史筆超羣絕倫。即以兩都賦而論。固當有不朽的價值。賦末所附那五首四言七言詩。也並不壞。何以這首詠史獨稚弱到如此。可見大輅椎輪。勢難工妙。孟堅首創五言。便値得在文學史上一大紀念。進一步求工。卻要讓後人了。至於十九首中『冉冉孤生竹』一首。若果如劉勰說的爲傅毅所作。那便與班固同時。但我仍未敢信。

東漢中葉。在詩界稍占位置的人。曰張衡。衡字平子。南陽西鄂人。安帝時徵拜郎中。再遷太史令。順帝陽嘉中。遷侍中。爲宦官所讒。出爲河間王相。永和四年卒。衡爲漢代大科學家。深於曆學。著有靈憲一卷。渾天儀一卷。又會測算地震。著有地動儀。惜皆已佚。他的文學以賦著名。所作兩京賦。費十年功夫乃成。他的詩現存三首。除四言怨詩一首沒有什麼特別外餘兩首都在文學史上狠有關係。

同聲歌。

邂逅承際會。得充君後房。情好新交接。恐慄若探湯。不才勉自竭。賤妾職所當。綢繆立中饋。奉禮助蒸嘗。思爲莞蒻席。在下蔽匡牀。願爲羅衾幬。在上衞風霜。灑掃淸枕席。鞮芬以狄香。重戶結金扃。高下華鐙光。衣解金粉御。列圖陳枕張。（此句疑有誤字）素女爲我師。儀態盈萬方。衆夫所希見。天老敎軒皇。樂莫斯夜樂。沒齒焉可忘。

四愁詩。

文選有序云。張衡不樂。久處機密。陽嘉中出爲河間相時國王驕奢不遵法度又多豪右幷兼之家衡下車治威嚴能內察屬縣姦滑行巧刼皆密知名下吏收捕盡服擒諸豪俠遊客悉惶懼逃出境郡中大治爭訟息獄無繫囚時天下漸弊鬱鬱不得志爲四愁詩屈原以美人爲君子以珍寶爲仁義以水深雪芬爲小人思以道術相報貽於時君而懼讒邪不得以通其辭曰。

我所思兮在太山。欲往從之梁父艱。側身東望涕霑翰。美人贈我金錯刀。何以報之英瓊瑤。路遠莫致倚逍遙。何爲懷憂心煩勞。

我所思兮在桂林。欲往從之湘水深。側身南望涕沾襟。美人贈我金琅玕。何以報之雙玉盤。路遠莫致倚惆悵。何爲懷憂心煩勞。

我所思兮在漢陽。欲往從之隴阪長。側身西望涕沾裳。美人贈我貂襜褕。何以報之明月珠。路遠莫致倚踟躕。何爲懷憂心煩紆。

我所思兮在鴈門。欲往從之雪紛紛。側身北望涕沾巾。美人贈我錦繡段。何以報之靑玉案。路遠莫致倚增歎。何爲懷憂心煩惋。

五言詩除孟堅詠史外，平子的同聲歌便算第二件古董了。孟堅那首，只能謂之五言有韻的文，不能謂之詩；平子這首，纔算有詩的氣味。進化路徑，歷歷可指。玩語意，當是初遷侍中時所作，自述初承恩遇感激圖報之意。全首用比體，在五言尤爲首創。此詩若作賦體讀之，認爲男女新昏愛戀之詞，便索然寡味。平子現存三詩，皆全用比興。怨詩、四愁皆有序明言之，此首亦應爾。

四愁詩最有盛名。他用美人芳草託興，是楚辭意境。一唱三歎，詞句不嫌複沓，是國風格調。然而形式上卻全不襲國風，不襲楚辭，所以有創作的價值。昔人謂柏梁詩爲七言之祖，柏梁爲眞爲僞，本屬問題，就算是眞，也沒有文學上價值。純粹的七言，總應推四愁首唱了。晉傅玄有擬四愁詩自序云『張平子作四愁詩，體小而俗，七言類也……』超謂平子不俗，休奕擬之乃俗耳。凡絕調皆不許人擬。

著楚辭章句的王逸——字叔師，南郡宜城人，安帝時——也有一首七言詩，名爲琴思楚歌。

盛陰修夜何難曉。思念糾戾腸摧繞。時節晚莫年齒老。冬夏更遝去若頹。寒來暑往難逐追。形容減少顏色虧。時忽晻晻若鶩馳。意中私喜施用爲。內無所恃失本義。志願不得心肝沸。憂懷感結重欲噫。歲月已盡去奄忽。亡官失祿去家室。思想君命幸復位。久處無成卒放率。

叔師注楚辭九章、九辯、遠遊等篇，全用此等句法。若將每句末「也」字刪去，便成若干首七言。例如遠遊注之『哀衆嫉妒迫脅賢，高翔避世求道眞，質性鄙陋無所因，將何引援而升雲，逢遇闇主觸讒佞，思慮煩寃無告陳……』九辯注之『修德見過愁懼惶，孤立特止居一方，常念弗解內結藏，偕違邑里之他邦，去鄙南征濟沅湘……』注文用韵，起於易經各爻家之象辭，叔師效之而一律裁爲七言。琴思一章，疑亦某篇之注，後人摘以爲詩耳。韻味當然不及四愁，但可見當時競創新體也。

桓靈之間，音節諧美格律嚴正的五言詩體完全成立。作品流傳名氏可指者數家：曰秦嘉及嘉妻徐淑，曰酈炎，

曰趙壹。曰蔡邕及邕女琰。秦嘉留郡贈婦詩二首。嘉字士會隴西人桓帝時爲郡上計掾

人生譬朝露。居世多屯蹇。憂難常早至。歡會常苦晚。念當奉時役。去爾日遙遠。遣車迎子還。空往空復返。省書情悽愴。臨食不能飯。獨坐空房中。誰與相勸勉。長夜不能眠。伏枕獨輾轉。憂來如尋環。匪席不可卷。

皇靈無私親。爲善荷天祿。傷我與爾身。少小罹煢獨。既得結大義。歡樂苦不足。念當遠離別。思念敍款曲。河廣無舟梁。道近隔邱陸。臨路懷惆悵。中駕正躑躅。浮雲起高山。悲風激深谷。良馬不迴鞍。輕車不轉轂。鍼藥可屢進。愁思難爲數。貞士篤終始。恩義不可屬。

肅肅僕夫征。鏘鏘揚和鈴。清晨當引邁。束帶待鷄鳴。顧看空室中。髣髴想姿形。一別懷萬恨。起坐爲不寧。何用敍我心。遺思致款誠。寶釵可耀首。明鏡可鑒形。芳香去垢穢。素琴有淸聲。詩人感木瓜。乃欲答瑤瓊。愧彼贈我厚。慚此往物輕。雖知未足報。貴用敍我情。

徐淑答秦嘉詩

妾身兮不令。嬰疾兮來歸。沈滯兮家門。歷時兮不差。曠廢兮侍覲。情敬兮有違。君今兮奉命。遠適兮京師。悠悠兮離別。無因兮敍懷。瞻望兮踴躍。佇立兮徘徊。思君兮感結。夢想兮容暉。君發兮引邁。去我兮日乖。恨無兮羽翼。高飛兮相追。長吟兮永歎。淚下兮沾衣。

嘉詩玉臺新詠有序。蓋嘉爲郡上計京師。其妻寢疾還家。不獲面別。故贈此詩。詩品云『夫妻事既可傷。文亦悽怨。爲五言者不過數家。而婦人居二。徐淑敍別之作。亞於團扇矣』案贈答詩始此。

酈炎詩二首。炎字文勝范陽人當靈帝時

大道夷且長，窘路狹且促。修翼無卑棲，遠趾不步局。舒吾陵霄羽，奮此千里足。超邁絕塵驅，倏忽誰能逐。賢愚豈常類，稟性在淸濁。富貴有人籍，貧賤無天祿。通塞苟由己，志士不相卜、陳平敖里社，韓信釣河曲。終居天下宰，食此萬鍾祿。德音流千載，功名重山嶽。

靈芝生河洲，動搖因洪波。蘭榮一何晚，嚴霜瘁其柯。哀哉二芳草，不植泰山阿。文質道所貴，遭時用有嘉。絳灌臨衡宰，謂誼崇浮華。賢才抑不用，遠投荆南沙。抱玉乘龍驥，不逢樂與和。安得孔仲尼，爲世陳四科。

趙壹詩二首　壹字元叔，漢陽西縣人。靈帝光和元年舉郡上計，公府十辟不就。

河淸不可俟，人命不可延。順風激靡草，富貴者稱賢。文籍雖滿腹，不如一囊錢。伊優北堂上，骯髒倚門邊。

勢家多所宜，欬唾自成珠。被褐懷金玉，蘭蕙化爲芻。賢者雖獨悟，所困在羣愚。且各守爾分，勿復空馳驅。哀哉復哀哉，此是命矣夫。

二家詩皆不韵，姑錄之以見當時詩風之一種云爾。其在建安七子以前，確然能以詩名家者，當推蔡邕父子。

蔡邕字伯喈，陳留圉人。靈帝建寧中拜郎中，校書東觀。董卓爲司空，辟之，遷尙書、侍中。獻帝初平三年（一九二）王允誅卓，邕亦遇害。邕有良史才，在東觀續漢書未成，其著書有月令章句十二卷，獨斷二卷，集二十卷。文章書法皆絕妙一時。詩則有玉臺新詠所載飲馬長城窟一首。

青青河畔草，緜緜思遠道。遠道不可思，宿昔夢見之。夢見在我旁，忽覺在他鄉。他鄉各異縣，展轉不可見。枯桑知天風，海水知天寒。入門各自媚，誰肯相爲言。客從遠方來，遺我雙鯉魚。呼童烹鯉魚，中有尺素書。長跪讀素書，書中竟何如。上有『加餐食』，下有『長相憶』。

此詩文選不著作者姓名，惟玉臺則題邕作。我們並非輕信玉臺，但以進化法則論，五言詩自東漢初葉發生以後，經歷班固、張衡、秦嘉幾箇階級，到蔡邕時纔算眞成熟，固宜有此圓滿美妙之作品。伯喈文才掩映一世，其女文姬之詩，載在後漢書，精工如彼，則伯喈必能詩可知。故孝穆以此詩歸伯喈，我們樂予承認。不惟如此，此詩與十九首音節氣韵極相近。我還疑十九首中有伯喈作品在內。不過別無他證。不便主張罷了。伯喈能書之名。震鑠千古。然今漢碑中無一種能定爲蔡書。而後人則每種皆揣測爲蔡書。我對於蔡詩也抱同一的觀念哩。

邕女琰字文姬。博學有才辯。適河東衞仲道。夫亡無子。歸寧於家。獻帝興平元二年間。天下喪亂。姬爲胡騎所獲。沒於南匈奴。在胡中十二年。生二子。曹操痛邕無嗣。乃遣使者以金璧贖之歸。重嫁陳留董祀。歸後感傷亂離。追懷悲憤。作詩二章。

漢季失權柄。董卓亂天常。志欲圖篡弑。先害諸賢良。逼迫遷舊邦。擁主以自彊。海內興義師。欲共討不祥。卓衆來東下。金甲耀日光。平土人脆弱。來兵皆胡羌。獵野圍城邑。所向悉破亡。斬截無孑遺。尸骸相撐拒。馬邊縣男頭。馬後載婦女。長驅西入關。迴路險且阻。還顧邈冥冥。肝脾爲爛腐。所略有萬計。不得令屯聚。或有骨肉俱。欲言不敢語。失意幾微間。輒言斃降虜。要當以亭刃。我曹不活汝。』豈復惜性命。不堪其詈罵。或便加捶杖。毒痛參幷下。旦則號泣行。夜則悲吟坐。欲死不能得。欲生無一可。彼蒼者何辜。乃遭此戹禍。邊荒與華異。人俗少義理。處所多霜雪。胡風春夏起。翩翩吹我衣。肅肅入我耳。感時念父母。哀歎無窮已。有客從外來。聞之常歡喜。迎問其消息。輒復非鄉里。邂逅徼時願。骨肉來迎己。己得自解免。當復棄兒子。天屬綴人心。念別無會期。存亡永乖隔。不忍與之辭。兒前抱我頸。問母『欲何之。人言母當去。豈復有還時。阿母常仁惻。今何更不慈。我尙未成人。奈何不顧思。』見此崩五內。恍惚生狂癡。號泣手撫摩。當發復回疑。兼有同時輩。相送告離別。慕我獨得歸。哀叫聲摧裂。馬爲立踟躕。車爲不轉轍。觀者皆歔欷。行路亦嗚咽。去去割情戀。遄征日遐邁。悠悠三千里。何時復交會。念我出腹子。胸臆爲摧敗。既至家人盡。又復無中外。城郭爲山林。庭宇生荆艾。白骨不知誰。從橫莫覆蓋。出門無人聲。豺狼號且吠。煢煢對孤景。怛咤糜肝肺。登高遠眺望。魂神忽飛逝。奄若壽命盡。旁人相寬大。爲復彊視息。雖生何聊賴。託命於新人。竭心自勗厲。流離成鄙賤。常恐復捐廢。人生幾何時。懷憂終年歲。

嗟薄祜兮遭世患。宗族殄兮門戶單。身執略兮入西關。歷險阻兮之羌蠻。山谷眇兮路漫漫。眷東顧兮但悲歎。冥當寢兮不能安。饑當食兮不能餐。常流涕兮眥不乾。薄志節兮念死難。雖苟活兮無形顏。惟彼方兮遠陽精。陰氣凝兮雪夏零。沙漠壅兮塵冥冥。有草木兮春不榮。人似禽兮食臭腥。言兜離兮狀窈停。歲聿暮兮時邁征。夜悠長兮禁門扃。不能寐兮起屏營。登胡殿兮臨廣庭。玄雲合兮翳月星。北風厲兮肅泠泠。胡笳動兮邊馬鳴。孤鴈歸兮聲嚶嚶。樂人興兮彈琴箏。音相和兮悲且清。心吐思兮胸憤盈。欲舒氣兮恐彼驚。含哀咽兮涕沾頸。家既迎兮當歸寧。臨長路兮捐所生。兒呼母兮啼失聲。我掩耳兮不忍聽。追持我兮走煢煢。頓復起兮毀顏形。還顧之兮破人情。心怛絕兮死復生。

兩詩並見後漢書。或疑第二首爲後人擬作。范蔚宗未經別擇。誤行收錄。此說我頗贊同。因爲兩詩所寫同一事實。同一情緒。絕無做兩首之必要。第二首雖亦不惡。但比起第一首來卻差得多了。第一首則眞千古絕調。當時作家皆善用比興。獨此詩純爲賦體。將實事實感赤裸裸鋪敍抒寫。不加一毫藻飾。而纏綿往復。把讀者引到與作者同一情感。我想二千年來的詩。除這首和杜工部北征外。再沒有第三首了。這首詩與十九首及建安七子諸作。體勢韻味都不一樣。這是因文姬身世所經歷。特別與人不同。所以能發此異彩。與時代風尚無關。要之五言詩到蔡氏父女。算完全成熟。後此雖有變化。但大體總不能出其範圍了。

（附言）俗傳有所謂胡笳十八拍者。亦題蔡文姬作。今錄其頭尾兩拍如下。

我生之初尚無爲。我生之後漢祚衰。天不仁兮降亂離。地不仁兮使我逢此時。干戈日尋兮道路危。民卒流亡兮共哀悲。烟塵蔽野兮胡虜盛。志意乖兮節義虧。對殊俗兮非我宜。遭惡辱兮當告誰。笳一會兮琴一拍。心憤怨兮無人知。　右第一拍

胡笳本自出胡中。緣琴翻出音律同。十八拍兮曲雖終。響有餘兮思無窮。是知絲竹微妙兮均造化之功。哀樂各隨人心兮有變則通。胡

與漢兮異域殊風。天與地隔兮子西母東苦我怨氣兮浩於長空。六合雖廣兮受之應不容。　右第十八拍

此十八首音節靡弱意境凡近與後漢書所載五言詩截然不類其非出文姬手無疑。唐劉商胡笳曲序云『……文姬捲蘆葉爲吹笳奏哀怨之音。後董生以琴寫胡笳聲爲十八拍今之胡笳弄是也。』李肇國史補云『唐有董庭蘭善沈聲祝聲蓋大小胡笳云。』然則十八拍之音節。乃姓董者所創其人爲唐時人名庭蘭而歌辭又當在節拍之後。去文姬時遠矣。作者亦非有心冒充文姬只是借他的事代他擬作。無識的選家硬要把他送給文姬。卻成了眞僞問題。此本不足深辯因恐淺學誤認故述其來歷如右。

以上所述皆建安以前五言詩。蔡琰一首在建安後因邕作順次附錄五言在歷史上發展的路徑。大略可見了。此外四言詩在這時代也起一種變化。讀仲長統——字公理。山陽高平人。嘗以尙書郎參曹操軍事。建安二十四年（二一九）卒——的述志二首。最能見此中消息。

飛鳥遺跡。蟬蛻亡殼。騰蛇棄鱗。神龍喪角。至人能變。達士拔俗。乘雲無轡。騁風無足。垂露成幃。張霄成幄。沆瀣當餐。九陽代燭。恆星豔珠。朝霞潤玉。六合之內。恣心所欲。人事可遺。何爲局促。

大道雖夷。見幾者寡。任意無非。適物無可。古來繚繞。委曲如瑣。百慮何爲。至要在我。寄愁天上。埋憂地下。叛亂五經。滅棄風雅。百家雜碎。請用從火。抗志山棲。游心海左。元氣爲舟。微風爲柁。翱翔太清。縱意容冶。

公理是晚漢一位思想家。他所著的昌言十二卷和王充的論衡王符的潛夫論有同等價值。可惜除後漢書所摘錄那幾篇外。其餘都亡佚了。他的詩也只存這兩首。但這兩首在四言詩裏頭是有特別地位的。自韋孟以下三百多年的四言詩。都是摹仿三百篇皮毛陳腐質木得可厭。這兩首詩命意結體選詞都自出機杼。完全和三百篇兩樣。與曹孟德對酒觀滄海諸篇。同爲四言詩一大革命。這是技術上的特色。至於實質方面。他能代表那時候思想界沈寂不安的狀況。他對於傳統學術。一切懷疑。一切表示不滿。雖不能自有建設。然而努力破壞讀

他第二首。可以知魏晉間淸談派哲學的來龍去脈。

此外作者姓名雖存而時代事蹟失考之詩尙有兩首。

辛延年的羽林郎。

昔有霍家奴。姓馮名子都。依倚將軍勢。調笑酒家胡。胡姬年十五。春日獨當壚。長裾連理帶。廣袖合歡襦。頭上藍田玉。耳後大秦珠。兩鬟何窈窕。一世良所無。一鬟五百萬。兩鬟千萬餘。不意金吾子。娉婷過我廬。銀鞍何煜爚。翠蓋空峙𡾰。就我求淸酒。絲竹提玉壺。就我求珍肴。金盤鱠鯉魚。貽我青銅鏡。結我紅羅裙。不惜紅羅裂。何論輕賤軀。男兒愛後婦。女子重前夫。人生有新故。貴賤不相渝。多謝金吾子。私愛徒區區。

宋子侯的董嬌嬈詩。

洛陽城東路。桃李生路旁。花花自相對。葉葉自相當。春風東北起。花葉正低昂。不知誰家子。提籠行采桑。纖手折其枝。花落何飄颺。請謝彼姝子。何爲見損傷。高秋八九月。白露變爲霜。終年會飄墮。安得久馨香。秋時有零落。春月復芬芳。何如盛年去。（丁福保云「如」宋刻玉臺作「時」諸本亦皆作「時」惟藝文類聚作「如」案此四句本言花落仍可重開不如人之盛年一去即遭捐棄而從前之歡愛俱忘乃一篇立言寄慨之本旨如作「時」字則此句並不可解全篇文義俱闇矣今從藝文類聚改正）懽愛兩相忘。吾欲竟此曲。此曲愁人腸。歸來酌美酒。挾琴上高堂。

右兩詩作者雖不能得其時代。細審氣格。當是桓靈間作品。辛詩言「大秦珠」。當在安敦通使之後。宋詩言「洛陽城」。當在遷鄴以前。

其餘失名之首。除前卷所錄各樂府外。尚有以下各首。

上山採蘼蕪。下山逢故夫。長跪問故夫。新人復何如。新人雖言好。未若故人姝。顏色類相似。手爪不相如。新人從門入。故人從閤去。新人工織縑。故人工織素。織縑日一匹。織素五丈餘。將縑來比素。新人不如故。

四坐且莫諠。願聽歌一言，請說銅爐器。崔嵬象南山。上枝似松柏。下根據銅盤。雕文各異類。離婁自相聯。誰能爲此器。公輸與魯班。朱火然其中。青烟颺其間。從風入君懷。四坐莫不歡。香風難久居。空令蕙草殘。

悲與親友別。氣結不能言。贈子以自愛。道遠會見難。人生無幾時。顛沛在其間。念子棄我去。新心有所歡。結志青雲上。何時復來還。

穆穆青風至。吹我羅衣裾。青袍似春草。長條隨風舒。朝登津梁山。褰裳望所思。安得抱柱信。皎日以爲期。

橘柚垂華實。乃在深山側。聞君好我甘。竊獨自彫飾。委身玉盤中。歷年冀見食。芳菲不相投。青黃忽改色。人儻欲我知。因君爲羽翼。

十五從軍征。八十始得歸。道逢鄉里人。家中有阿誰。遙望是君家。松柏冢纍纍。兎從狗竇入。雉從梁上飛。中庭生旅穀。井上生旅葵。烹穀持作飯。采葵持作羹。羹飯一時熟。不知貽阿誰。出門東向望。淚落沾我衣。

新樹蘭蕙葩。雜用杜衡草。終朝采其華。日暮不盈抱。采之欲遺誰。所思在遠道。馨香易銷歇。繁華會枯槁。悵望何所言。臨風送懷抱。

步出城東門。遙望江南路。前日風雪中。故人從此去。我欲渡河水。河水深無梁。願爲雙黃鵠。高飛還故鄉。

鍾仲偉評品古詩。於陸士衡曾經擬作之十四首外。（題已見前）別指『去者日以疏』等四十五首。疑爲建安中曹王所製。而『橘柚垂華實』一首與焉。其餘不知何指。大約此八首皆應在內。十九首中亦有七八首在內。然所缺尚多。樂府歌辭中之『雞鳴高樹顛』『日出東南隅』『青青園中葵』『君子防未然』『相逢狹路間』『天上何所有』『默默施行違』『飛來雙白鵠』『翩翩堂前燕』『今日樂相樂』『皚如山上雪』『天德悠且長』『昭昭素明月』『蒲生我池中』諸篇或亦皆在內。樂府與詩本無界限。特詩之曾經傳以音符被之絃管者斯謂之樂府耳此諸詩逕指爲曹王製固未必然。但恐多是建安作品。其較早者亦不過上溯桓靈而止。

漢末五言詩有篇幅極短絕類後此之絕句者數首。錄如下。

採葵莫傷根傷根葵不生。結交莫羞貧羞貧友不成。

甘瓜抱苦蒂美棗生荊棘。利傍有倚刀貪人還自賊。

藁砧今何在。（藁砧砆也借射夫字）山上復有山。（射出字）何當大刀頭。（刀頭有鐶借射還字）破鏡飛上天。（月上下弦時如破鏡爲半言此當歸時也）

日暮秋雲陰江水清且深。何用通音信。蓮花玳瑁簪。

菟絲從長風根莖無斷絕。無情尚不離有情安可別。

南山一樹桂上有雙鴛鴦。千年長交頸歡慶不相忘。

高田種小麥終久不成穗。男兒在他鄉焉得不憔悴。

蘭草自然香生於大道旁。腰鐮八九月俱在束薪中。

枯魚過河泣何時悔復及。作書與魴鱮相教慎出入。

大抵晚漢之詩（此指廣義的詩連樂府包在內）可分二大派第一派音節諧美。寄興深微。詞旨含蓄。其源出於國風。十九首及擬蘇李詩等皆屬之第二派音節倔强意境假詭筆力横恣其源出於離騷招魂樂府中之大部分皆屬之兩派雖塗徑不同而皆用比興體爲多其用賦體者、則蔡文姬一詩屬第一派孤兒行焦仲卿妻詩等屬第二派要而言之晚漢詩雖未能盡詩的境界然而後代許多做詩的路子已在那時候開發出來了。

傳世的漢詩本來不多除正史各傳及文選與玉臺新詠所錄外則藝文類聚初學記古文苑樂府詩集各有錄載明末馮惟訥古詩紀清初李因篤漢詩評集其大成近人丁福保因馮紀之舊輯爲全漢詩五卷總算完備了然而眞僞雜糅時代錯迕則諸家皆所不免今據丁輯分其種類綜其首數列表如左

附　全漢詩種類篇數及其作者年代眞僞表

葛天民

敍例

一茲表之作，纘述先師，凡厥體製，咸遵遺意。

一茲表命名，雖由己撰，凡厥意義，俱準原書。

一詩歌樂府，釐爲三類，悉準原書，無或稍違。

一先師作表，欲本丁輯，蕭規曹隨，今亦從之。

一詩歌篇名，一準原書，歧異之處，略加詮釋。

一詩歌謠諺，丁輯各以類聚，先師講述體製，少有出入，今準師說，旁參己意，小有不同，讀者自知，無關宏旨，故不附注。

一詩歌謠諺，句讀各異，略加區分，取便讀者，雖非師意，亦無舛失。

一樂府分類，先師表著甚詳，惟漢魏合著一表，而於全漢樂府乖異，因參己意，稍事更張，實事求是，亦無違失。

一作者眞僞，年代先後，悉遵師意，以爲序次，間有懷疑，輒著己意，以示區別，匪敢標異。

敍曰：先師梁任公嘗著中國美文及其歷史一書，惟於周秦時代之美文，僅成第一章詩經之篇數及其結集，與第二章詩經之年代；於唐宋時代之美文，則僅成第一章詞之起源；而於漢魏詩則皆蔚然成帙矣。其第一章建安以前漢詩辨別作者之眞僞，詳考五七言詩之起源，皆俱有卓識，足以讞定古代文學史中之懸案。其第二章兩漢歌謠，其第三卷則爲古歌謠及樂府，其第一章周秦以前之歌謠及其眞僞，其第二章兩漢以前歌謠，其第三章建安黃初間有作者主名之樂府均足以發蒙啓覆開導後學惟於第一章「建安以前漢詩」之末欲依丁福葆輯之全漢詩而作一全漢詩「種類篇數」表未成而卒天民不才昕夕籀誦爰據丁輯全漢書四百零六篇附以先師所輯錄之出塞紫騮馬獨漉豔歌何嘗行五解鷄鳴歌東飛伯勞歌六篇計共四百十二篇（作者之眞僞及其詩之年代俱詳於原書內及本表中茲不贅述）謹成全漢詩種類篇數及其作者年代眞僞一表共分三類第一表詩第二表歌謠及諺語第三表樂府大體一準先師其中小有出入者如第三表樂府分爲二類第一類詞譜均由公製者爲朝廷上文士之文學第二類詞采民謠譜由公製者乃係采之於民間之歌謠而爲樂章者則爲民衆之文學斯則參酌個人之私意而成者也其是否有無謬誤先師已逝無由請敎良足悼矣表成之後因綴數言以識涯略世有達者理而董之時維庚午仲夏西豐葛天民識于北京地安門外之寓廬

全漢詩種類篇數及其作者年代眞僞表第一——詩

年代		西漢								東漢			
作者主名		虞美人	韋孟	韋孟	應季先	武帝	韋玄成	韋玄成	班婕妤	班固	傅毅	王昭君	張衡
眞	三言												
眞	四言		1 諷諫詩	2 在鄒詩	3 美嚴王思詩		4 自劾詩	5 戒子詩			6 迪志詩		7 怨篇
眞	五言									1 詠史			
眞	六言												
眞	七言												
僞	三言												
僞	四言											1 怨詩	
僞	五言	1 答項王楚歌							2 怨詩一首				
僞	六言												
僞	七言					1 柏梁詩							
附注		天民案先師任公謂虞美人答項王楚歌爲唐人之打油詩，非虞姬作。				天民案武帝柏梁臺詩先師任公疑爲非漢武時作。			天民案班婕妤怨詩，先師任公。以文選李注引歌錄作古辭，不題班婕妤作，故以爲非出班手。				

	2 同聲歌		張衡
8 與劉伯宗絕交詩			朱穆
		1 思琴楚歌	王逸
9 答客詩			桓生
10 客示桓驎詩			
11 述昏詩二章			秦嘉
12 贈婦詩一首			秦嘉
	3 留郡贈婦詩三首		秦嘉
13 答元式詩			蔡邕
14 答卜元嗣詩			蔡邕
	4 （飲馬長城窟行入樂府）		蔡邕
	5 翠鳥		蔡邕

酈炎	6 見志詩二首
趙壹	7 疾邪詩二首
蔡琰	8 悲憤詩二首（第二首騷體）
天民案蔡琰悲憤詩第二首先師任公以爲後人僞託，非蔡琰作。	
仲長統	15 述志詩二首
孔融	9 雜詩二首
孔融	10 臨終詩
孔融	1 六言詩三首
孔融	16 離合郡姓名字詩
應亨	11 贈四王冠詩
辛延年	12 羽林郎
宋子侯	13 董嬌嬈詩
枚乘	3 雜詩九首

1 古五雜組詩

17 古詩一首
18 古豔歌
19 傷三貞詩
20 諷巴郡太守詩

14 古詩十首
15 古詩四首
16 古詩三首
17 古詩一首
18 茅山父老歌
19 古詩二首
20 古詩絕句四首
21 古歌
22 古樂府
23 刺巴郡守詩

2 古兩頭纖纖詩

4 古詩一首

傅毅

以下無作者主名

●天民案古雜組詩疑僞

天民案古兩頭纖纖詩疑僞。

		24 思治詩		
		25 譙君黃詩		

		5 詩四首（原作）			蘇武
					天民案蘇李詩七首，先師任公疑爲建安七子所作。其餘十一首以爲後世之人作。
		6 答李陵詩			蘇武
		7 別李陵			蘇武
		8 與蘇武詩三首（原作）			李陵
		9 錄別詩八首附一首			李陵

全漢詩種類篇數及其作者年代眞僞表第二——歌謠及諺語

作者主名			項羽	高帝	高帝	四皓	四皓	無名	無名	戚夫人	趙幽王友	無名	朱虛侯章	無名
年代			西											
歌	眞	三言												
		四言			1 鴻鵠歌							2 畫一歌	3 耕田歌	
		五言												
		七言												
		長短句							1 平城歌	2 歌一首				3 淮南民歌
		騷體	1 垓下歌	2 大風歌							3 歌一首			
	僞	四言				1 採芝操	2 紫芝歌							
		騷體												
謠	眞	三言												
		四言												
		五言												
		七言												
		長短句												
諺語	眞	三言												
		四言												
		五言												
		七言												
		長短句						1 楚人諺						

漢

淮南王安	4 八公操
武帝	5 瓠子歌二首
無名	1 武帝太初中謠
武帝	1 秋風辭
武帝	4 李夫人歌
武帝	6 西極天馬歌
武帝（天民案落葉哀蟬曲先師任公以爲六朝作品。）	2 落葉哀蟬曲
東方朔	5 據地歌
無名	6 匈奴歌
烏孫公主	7 歌一首
司馬相如	8 琴歌二首
霍去病	9 琴歌
無名	7 衞皇后歌
無名	1 彈丸謠
無名	1 紫宮諺
無名	1 路溫舒

1 潁川歌　2 諸儒爲匡衡語

4 鄭白渠歌　5 牢石歌

8 歌一首　9 拊缶歌　10 歌二首　11 五侯歌

10 歌一首　11 黃鵠歌　12 歌一首　13 歌一首

3 淋池歌　4 歸風送遠操

1 東家棗

引諺　2 谷樓

2 五鹿

無名　無名　李陵　李延年　昭帝　昭帝　燕剌王旦　廣陵厲王胥　楊惲　廣川王去　無名　無名　無名　趙飛燕　以下無作者主名

1 樓護歌

12 尹賞歌

13 上郡歌

1 元帝時童謠

2 更始時南陽童謠

1 漢成帝時童謠歌一首

2 長安謠

3 漢成帝時童謠歌一首

4 鴻隙陂童謠

5 王莽末天水童謠

2 諸葛豐

3 櫝如屋

2 三王

3 投閣

1 張文

2 楊伯起

3 鄒魯諺

6 杜陵蔣翁

天民案鴻隙陂童謠，一作王莽時汝南童謠。

東漢

作者	作品
馬援	武溪深行 1
無名	張君歌 1
天民案凉州歌一作樊曄歌	凉州歌 1
無名	朱暉歌 2
無名	郭喬卿歌 1
無名	
無名	董宣歌 2；漢時童謠歌 1
白狼王唐菆	筰都夷歌三章 3
無名	南陽諺 1
無名	戴侍中 1
梁鴻	五噫歌 1
梁鴻	適吳詩 2

下 4 養縮

1 通博南歌　2 崔實引里語

2 崔瑗歌

3 九曲歌

2 鮑司隸歌　3 廉范歌

3 思友詩　4 郊祀靈芝歌　5 四愁詩　6 安封侯詩　7 答秦嘉詩

1 胡笳十八拍

1 會稽童謠

1 會稽童謠

2 井大春　3 劉太常

梁鴻　班固　李尤　張衡　崔駰 蔡琰　無名　無名　徐淑　以下無作者主名

4 喻猛歌　5 魏郡與人歌　6 劉君歌
3 吳資歌　4 又歌
4 陳臨歌　5 又　6 黎陽會張公頌　7 范史雲歌
2 河內謠　3 順帝末京都童謠
1 桓帝時童謠歌二首
2 江夏黃童　3 白眉　4 避驄
4 楊子行　5 許叔重　6 馮仲文　7 魯國孔氏　8 胡伯始　9 考城諺　10 朱伯厚

7 賈父歌

8 招商歌

8 悲歌一首　9 歌一首　10 皇甫嵩歌

4 桓靈時童謠，又抱朴子引一首

2 桓帝初京都童謠　3 鄉人謠　4 仟安二謠

2 桓帝末京都童謠　3 桓帝末京都童謠

5 荀氏八龍　6 公沙六龍　7 郭君

1 纔拔　2 時人語

11 帳下壯士　12 繆文雅　13 許偉君　14 王君公

1 太常妻　2 柳伯騫

靈帝以下無作者主名　少帝唐姬以下無作者主名　天民案：抱朴子引桓帝時童謠歌一首，疑僞。

11 襄陽太守歌
10 高孝市歌
9 爰珍歌
8 洛陽令歌

5 董逃歌

9 雒鳴歌

4 陳紀山歌

7 興平中吳中童謠
6 獻帝初京都童謠
5 京兆謠

2 京都謠
1 桓農童謠

1 閭君謠
6 太學中謠五首
5 二郡謠

6 建安荊州童謠
5 獻帝初童謠
4 靈帝末京都童謠

1 相里諺

10 作奏
9 買偉節
8 五門

15 袁文開

天民案：雜鳴歌丁輯不載，見樂府詩集，先師任公以爲東漢末作品。

全漢詩種類篇數及其作者年代眞僞表第三——樂府

年代							
1 詞譜同時均由公製者（文士文學）	1 宗廟用	安世房中歌十七章					三言
							四言
							長短句
	2 郊社用	郊祀歌十九章					三言
							四言
							長短句
2 詞采民謠譜由公製者（民衆文學）	1 軍旅用	1 鼓吹曲	鐃歌十八章				長短句
		2 橫吹曲（附錄）					四言
							五言
	2 普通用	1 歌舞兼者	1 雅舞	1 武德舞			四言
			2 雜舞	1 拂舞			四言
							長短句
				2 鐸舞			長短句
				3 巾舞			長短句
			3 散樂				長短句
		2 唯歌者	1 相和歌	1 相和曲			四言
							五言
							長短句
				2 吟歎曲			長短句
			2 清商	1 清平瑟三調	1 平調曲		五言
							長短句
					2 清調曲		五言
					3 瑟調曲		四言
							五言
							長短句
				2 大曲			五言
							長短句
				3 楚調			五言
				4 側調			五言
			3 雜曲				四言
							五言
							七言
							長短句
作者名		天民案：先師任公云：安世房中歌十七章，殿板四史及丁輯作十六章，今從之。		天民按：先師任公謂側調出於楚調，傷歌行爲楚調，故另列之。			

西漢

1安其所第一　2豐草第八　3雷震第九

1大孝備矣第一　2七始華始第二　3我定歷數第三　4王侯秉德第四　5海內有姦第

1大海蕩蕩第六

1練時日第一　2天馬第十　3華爗爗第十五　4五神第十六　5朝隴首第十

1帝臨第二　2青陽第三　3朱明第四　4西顥第五　5玄冥第六　6惟泰元第

1天地第八　2日出入第九　3天門第十一　4景星第十二

1朱鷺　2思悲翁　3艾如張　4上之回　5翁離　6戰城南　7巫山高　8上陵

1隴頭

1出塞　2紫騮馬

唐山夫人

天民案漢書樂志：青陽，朱明，西顥，玄冥，四章爲鄒陽作。（景帝時人）先師任公以其餘爲司馬相如等作。李延年製譜。

天民案鐃歌十八章先師任公以爲武昭宣間作品。

天民案隴頭歌丁輯列入歌謠

天民案橫吹三曲，丁輯

五 6 都荔遂芳第十 7 馮馮翼翼第十一 8 暟暟即即第十二 9 嘉薦芳矣第十三 10 皇

七 6 象載瑜第十八 7 赤蛟第十九

七 7 齊房第十三 8 后皇第十四

9 將進酒 10 君馬黃 11 芳樹 12 有所思 13 雉子斑 14 聖人出 15 上邪 16 臨高臺 17 遠如期 18 石流

1 薤露 2 蒿里

不載，先師任公以隴頭爲漢人作品。出塞爲齊梁後作品，紫騮馬雖不見於李延年二十八曲之內。而爲後人所加。但風格樸茂亦爲漢作。

天民按先師任公以薤露蒿里二歌時代在李延年前。

皇鴻明第十四　11孔德之常第十五　12承帝明德第十六

東漢

1武德舞歌詩

1獨漉

東平憲王蒼

天民案獨漉丁輯不載見宋志，先師任公

淮南王篇1

聖人制禮樂篇1

公莫舞1

箜篌引1

江南1　雞鳴2

烏生3　平陵東4　東光5

王子喬1

長歌行二首1　豫章行2

猛虎行1

相逢行1　長安有狹邪行2

善哉行1

以爲東漢末作品。

天民案先師任公以淮南王篇爲東漢末樂伶所造

天民案聖人制禮樂篇及公莫舞年代疑

2董逃行

1隴西行　2步出夏門行　3上留田行　4飲馬長城窟行

1婦病行　2孤兒行　3雁門太守行

1陌上桑　2折楊柳行　3豔歌何嘗行四解　4豔歌行　5豔歌行　6豔歌行

1東門行　2豔歌何嘗行五解　3陌上桑　4西門行

1怨詩行

1傷歌行

1古樂府罩辭

1悲歌　2枯魚過河泣　3咄唶歌　4雜歌　5古八變歌　6焦仲卿妻（一

1東飛伯勞歌

1蛺蝶行　2前緩聲歌　3無題（丁作

天民案艷歌何嘗行五解丁輯不載，見宋書樂志

天民案東飛伯勞歌玉臺新詠載爲古詞，故先師任公以爲東漢末作品。

天民按艷歌何嘗行四解丁輯從玉臺新詠作雙白鵠。

天民案先師任公以焦仲卿妻爲建安末作品，未入樂

7皚如山上雪（一作白頭吟）　8滿歌行

作孔雀東南飛（　7古歌辭　8古詩

古歌（4悲歌　5樂府　6古歌　7古歌銅雀辭

天民案白頭吟玉臺新詠作皚如山上雪，先師任公以爲非文君作。

天民案古歌辭疑爲六朝作品。

天民案滿歌行疑爲東漢末建安初作品。

天民案古詩疑爲六朝作品。

漢魏樂府及其類似之作品

樂府之前驅

介在四言詩和五言詩的中間有一種過渡的新體詩名爲樂府。嚴格的樂府是專指能譜入音樂的詩而言其歷史曲調種類及代表作品次章詳述廣義的樂府也可以說和普通詩沒有多大分別有許多漢魏間的五言樂府和同時代的五言詩狠難劃分界限標準所以後此總集選本一篇而兩體互收者狠不少。

若勉强要求樂府和五言詩的分別則

第一。詩的字數句法用韻的所在都略有一定格式樂府則絕對的自由。

第二。詩貴含蓄婉轉樂府則多爲熱烈的直透的表現。

第三。詩必專門文學家乃能工樂府則一般民衆往往有絕妙的作品。

樂府文學之完全成立當然在兩漢時代但其淵源卻甚古——也可以說遠在三百篇以前蓋人類情感自然發洩不知不覺與天籟相應便構成一種韵調永遠打動人的心絃千百年後誦之依然生起簇新的同感這類文學凡有文化的民族無不皆有而且起源極早吾族也當然不能違此公例如卿雲歌擊壤歌等我們若認爲我國最古的韵文便可以說他和漢初樂府正同一系統只可惜年代久遠流傳下來的不多罷了。春秋戰國間短篇的詩歌從古書上留傳的不少雖時代和作者姓名不全可信大約認爲漢以前作品還不大差今將其最有文學價值者錄若干首。

寧戚　飯牛歌．

南山矸．白石爛．（矸音岸峻削貌）

生不逢堯與舜禪．

短布單衣適至骭．從昏飯牛薄夜半．（骭膝也薄迫也言直到夜半）

長夜漫漫何時旦．

這首歌見淮南子道應篇．據說是齊桓公的大臣寧戚本是一位看牛的小子．有一天晚上．趁桓公往郊外迎客．『悲擊牛角而疾商歌．』（疾急速也商歌沉痛之音）桓公聽見．知為非常人．命後車載歸授以國政．這類半神話的史蹟．本來不大可信．但屈原的離騷已經說『寧戚之謳歌兮齊桓聞以該輔．』可見這段故事在戰國時久已艷傳．這首歌是否出寧戚．雖不敢斷言．大約不失為戰國前作品．磊落英多之氣．活躍在句上．

楚狂歌．

鳳兮鳳兮何德之衰．

往者不可諫．來者猶可追．

已而已而．今之從政者殆而．

這首歌見於論語．說是『楚狂接輿歌而過孔子……』論語這部書大致可信．其為孔子同時作品無疑．

（注）莊子人間世篇亦載此歌．其文曰『鳳兮鳳兮．何如德之衰也．來世不可待．往世不可追也．天下有道．聖人成焉．天下無道．聖人生焉．方今之時．僅免刑焉．福輕乎羽．莫之知載．禍重乎地．莫之知避．已乎已乎．臨人以德．殆乎殆乎．畫地而趨（音促）迷陽迷陽．無傷吾

行。吾行卻曲。無傷吾足。』此明是從論語敷衍出來。但亦足備戰國文學之一種。

楚漁父歌。

日月昭昭乎寖以馳。

與子期乎蘆之漪。（一）

日已夕兮予心憂悲。月已馳兮何不渡爲。

事寖急兮將奈何。（二）

蘆中人。蘆中人。豈非窮士乎。（三）

這首歌見吳越春秋。據說是楚國的伍子胥避仇出走。後有追兵。走到江邊。無船可渡。有位漁翁划着船來。唱第一段兩句。叫他躲在蘆葦裏頭。追兵尋不見他。跑了。漁翁又唱第二段。叫他上船。渡過那邊岸後。漁翁看見他有飢色。弄東西給他吃。他不敢吃。漁翁又唱第三段。……吳越春秋這部書是東漢人做的。本來不可深信。但他的資料必有所本。這首歌也許是戰國前作品。

渾良夫譟

登此昆吾之墟。

緜緜生之瓜。

余爲渾良夫。

叫天無辜。

這首似詩非詩的「諜」見左傳哀公十七年渾良夫是衞國人幫着當時的衞侯篡國原許過他免死到底卻宣布他罪狀把他殺了不久衞侯做夢看見一個人『被髮北面而譟』譟出這幾句饒有詩趣的話來這種無影無蹤的鬼語本來算不得史料但文章眞佳極了我們可以認爲當時史家——或者就是左丘明的傑作。

越榜人歌。

濫兮抃草濫予昌枑澤予昌昌州州𩜱州焉乎秦胥胥縵予乎昭澶秦踰滲提隨河湖（右越語原文）

今夕何夕兮搴舟中流。
今日何日兮得與王子同舟。
蒙羞被好兮不訾垢恥。
心幾頑而不絕兮知得王子。
山有木兮木有枝。
心說君兮君不知（右楚語譯文）

這首歌見說苑善說篇楚國的王子鄂君子晳在越溪泛舟游耍船家女孩子一面握槳一面拿土腔唱這歌子晳不懂叫人用楚國話譯出來古書上繙譯的文學作品當以此歌爲最古了譯本全受楚辭格調的影響也有點後來南朝樂府的風味。

以上所舉都是三百篇楚辭以外另有體格和漢初垓下歌大風歌等極相類雖其中容有後人潤色不能遽認定他的正確時代但在漢樂府以前此體爲一般平民文學所常用殆無可疑。

其見於正史年代撰人確鑿可指而向來傳誦最廣者則有下列諸篇。

易水送別歌。

風蕭蕭兮易水寒。

壯士一去兮不復還。

右歌見史記刺客列傳燕太子丹使荊軻行刺秦始皇軻臨行他的朋友高漸離在易水上給他餞別擊筑而歌軻和之爲「變徵」之聲最後又唱這兩句揮手而別這歌雖僅僅兩句千百年後讀起來當時霜風颯颯滿座白衣冠的情景宛然在目所謂「變徵」之聲像還從耳邊迸裂北方文學得這兩句代表也足够了。

項羽垓下歌。

力拔山兮氣蓋世——

時不利兮騅不逝。

騅不逝兮可奈何。

虞兮虞兮奈若何。

右歌見史記項羽本紀項羽打最後的敗仗在垓下地方被漢兵重重圍住這位失敗的英雄不肯降不肯跑夜間起飲帳中和他的愛妾虞美人及平日常乘的駿馬名騅者訣別慷慨唱這首短歌到天亮還衝鋒打幾個勝仗便自刎而死這首短歌給二千年來許多武士狠深的印象一般人讀起來沒有不替他灑同情之淚在文學上價值之大和易水歌可以相埒。

同時得意失意兩面恰相對照的。有漢高祖的大風歌。

大風起兮雲飛揚。

威加海內兮歸故鄉。

安得猛士兮守四方。

右歌見史記高祖本紀。高祖既定天下。回到他故鄉——沛。把許多故人父老子弟都叫齊來痛飲。酒酣。擊筑自歌此章。這首詩文學上價值。雖然比不上易水和垓下。但也能把高祖的個性完全表出。他還有鴻鵠歌如下。

鴻鵠高飛。一舉千里。

羽翼已就。橫絕四海。

橫絕四海。又可奈何。

雖有矰繳。將安所施。

據史記說。這首歌是高祖欲立愛姬戚夫人子如意爲太子。後不果。戚涕泣。高祖道。『爲我楚舞。我爲若楚歌。』然則此歌也是楚辭流裔。但他的音節。我們無從研究了。

高祖死後。呂后執政。戚夫人被幽永巷。囚服舂米。他的兒子如意時封爲趙王。夫人念子。且舂且歌云。

子爲王。母爲虜。

終日舂薄莫。常與死爲伍。

相離三千里。當誰使告汝。

這首歌雖沒有多大好處．但也能見出眞性情．

西漢文物．自應以武帝在位五十四年中爲全盛時代．但純文學的作品．其大著述如淮南子如史記等不在此論．除幾篇堆垜的大賦外．其發攄性情之作．幾乎舉不出來．相傳枚乘蘇武李陵卓文君的五言詩．我都不敢信．說詳次章．流傳可誦者．還是和垓下大風同格調的幾首短歌．內中關於李夫人的兩首最佳．其一爲李延年作．

北方有佳人．絕世而獨立．
一顧傾人城．再顧傾人國．
寧不知傾城與傾國．佳人難再得．

其二爲武帝自作．

是耶．非耶．立而望之．
翩何姍姍其來遲．

右兩歌皆見漢書外戚傳．都是爲李夫人所作．漢書藝文志有李夫人及幸貴人歌詩三篇．此兩首或即其中之二．李夫人爲協律都尉李延年妹．入宮大見寵幸．前一首延年歌以爲媒者．後一首則夫人死後．武帝悼思．令方士攝其魂來．在帳後髣髴見之．退而作歌也．

漢武帝還有膾炙人口的一首詩．後人名之曰秋風辭．

秋風起兮白雲飛．草木黃落兮雁南歸．
蘭有秀兮菊有芳．懷佳人兮不能忘．

汎樓船兮濟汾河．橫中流兮揚素波．簫鼓鳴兮發棹歌．
歡樂極兮哀情多．
少壯幾時兮奈老何．

這兩首詩見漢武帝故事．武帝故事這部書是漢時人做的．不甚靠得住．這詩狠不壞．但有點柔媚剽滑．沒有西漢人樸拙氣．我不敢十分相信是武帝作．

還有幾首詩的確是武帝所作．詩雖不佳．錄之以見當時體格．

瓠子歌二首　（見史記河渠書）

瓠子決兮將奈何．浩浩洋洋兮慮殫爲河．
殫爲河兮地不得寧．功無已時兮吾（音魚）山平．
吾山平兮鉅野溢．魚弗鬱兮柏（同迫）冬日．
正道弛兮離常流．蛟龍騁兮放遠遊．
歸舊川兮神哉沛．不封禪兮安知外．
爲我謂河伯兮『何不仁．泛濫不止兮愁吾人．』
齧桑浮兮淮泗滿．久不返兮水維緩．——右其一
河湯湯兮激潺湲．北渡回兮迅流難．
搴長茭兮湛（音沈）美玉．河伯許兮薪不屬．
薪不屬兮衞人罪．燒蕭條兮噫乎何以禦水．
隤竹林兮楗石菑．宣房塞兮萬福來．——右其二

蒲梢天馬歌（見史記大宛列傳）

天馬徠兮從西極。經萬里兮歸有德。
承靈威兮得外國。涉流沙兮四夷服。

此外還有一首極別致的詩。乃元封三年作柏梁臺成。在臺上讌會。武帝和羣臣每人做一句七個字的詩。後人名爲柏梁詩。

日月星辰和四時（帝）
驂駕駟馬從梁來（梁孝王武）
郡國士馬羽林材（大司馬）
總領天下誠難治（丞相石慶）
和撫四夷不易哉（大將軍衛青）
刀筆之吏臣執之（御史大夫兒寬）
撞鐘伐鼓聲中詩（太常周建德）
宗室廣大日益滋（宗正劉安國）
周衛交戟禁不時（衞尉路博德）
總領從宗柏梁臺（光祿勳徐自爲）
平理淸讞決嫌疑（廷尉杜周）
修飾輿馬待駕來（太僕公孫賀）
郡國吏功差次之（大鴻臚壺充國）
乘輿御物主治之（少府王溫舒）
陳粟萬名揚以箕（大司農張成）
徼道宮下隨討治（執金吾中尉豹）
三輔盜賊天下危（左馮翊盛宣）
盜阻南山爲民災（右扶風李成信）
外家公主不可治（京兆尹）
椒房率更領其材（詹事陳掌）
蠻夷朝貢常舍其（典屬國）
柱枅欂櫨相支持（大匠）
枇杷橘栗桃李梅（大官令）
走狗逐兎張罘罝（上林令）
齧妃女脣甘如飴（郭舍人）
迫窘詰屈幾窮哉（東方朔）

這首詩見於三秦記。也有人疑他是假的。但我比較的還相信他眞。任昉文章緣起推他爲七言詩之祖。依我看。七言詩之發達。遠在五言之前。並不以此爲始。俟第四卷敍五言起原時再詳論之。

武帝時。因要控制匈奴。所以特別聯絡西域的烏孫國。因把江都王建之女細君立爲公主。遣嫁烏孫王昆莫。公主嫁後。懷思故國。有歌云。

吾家嫁我兮天一方。遠託異國兮烏孫王。

穹廬爲室兮旃爲牆。以肉爲食兮酪爲漿。

居常土思兮心內傷。願爲黃鵠兮歸故鄉。

這首歌將自己情感照直寫出。毫無彫飾。與戚夫人歌同算得婦女文學中佳品。

漢昭帝時。燕王旦謀反。爲霍光所誅滅。將發覺時。旦憂懣。置酒宮中會賓客羣臣妃妾坐飲。且自歌云。

歸空城兮狗不吠雞不鳴。

横術（術道也）何廣廣兮。固知國中之無人。

他的愛姬華容夫人歌云。

髮紛紛兮寘渠。骨藉藉兮亡（同無）居。

母求死子兮妻求死夫。

裴回兩渠間兮君子獨安居。（安居猶言何處棲身）

這兩首歌沉痛悲慘在古今詩詞中罕見其比。和易水垓下的哀壯之音卻又不同。文學的色澤比漢高及戚夫人等所作更强得多。

還有司馬遷的外孫楊惲有一首歌云。

田彼南山。蕪穢不治。種一頃豆。落而爲箕。

人生行樂耳。需富貴何時。

惲本是一位貴公子．失職家居．這首詩滿肚牢騷．現於詞色．後來因爲怨望得罪誅死．
自大風歌至此皆西漢作品．雖未齊備．亦可以見當時詩風之一斑了．綜西漢一代．除前卷所錄的賦和次章所錄的正式樂府外．今所傳的西漢詩大率皆此等體格．
漢書藝文志說『自孝武立樂府而采歌謠．於是有代趙之謳．秦楚之風．皆感於哀樂．緣事而發．』可見當時之詩．無一不可歌．質言之．則凡詩皆樂府．除樂府無詩也．志中所著錄一代歌詩凡二十八家三百一十四篇．其目如下．

高祖歌詩二篇　（案，當卽大風鴻鵠兩歌。）
泰一雜甘泉壽宮歌詩十四篇
宗廟歌詩五篇
漢興以來兵所誅滅歌十四篇
出行巡狩及游歌詩十篇
臨江王及愁思節士歌詩四篇
李夫人及幸貴人歌詩三篇
詔賜中山靖王子噲及孺子妾冰未央材人歌詩四篇
吳楚汝南歌詩十五篇
燕代謳雁門雲中隴西歌詩九篇
邯鄲河間歌詩四篇
齊鄭歌詩四篇

淮南歌詩四篇
左馮翊秦歌詩三篇
京兆尹秦歌詩五篇
河東蒲反歌詩一篇
黃門倡車忠等歌詩十五篇
雜各有主名歌詩十篇
雜歌詩九篇
雒陽歌詩四篇
河南周歌詩七篇
河南周歌詩聲曲折七篇
周謠歌詩七十五篇
周謠歌詩聲曲折七十五篇
諸神歌詩三篇
送迎靈頌歌詩三篇
周歌詩二篇
南郡歌詩五篇

右目錄乃西漢末——成帝時劉向所校錄。在當時所流傳者僅如此——數目恰和詩經相差不遠。其中大部分想是由武帝時所立「樂府」采集編成。我們讀這目錄有當注意者幾點。第一後人所傳蘇武李陵枚乘卓文君——等五言詩一概不見。可知西漢是否有五言詩。大是問題。第二當時之詩殆無一不可以入樂。其中更有帶着樂譜者。如河南周歌詩七篇帶着河南周歌詩聲曲折七篇便是。第三各地方的詩當各有該地方的唱法。所以多冠以地方之名。如漢高祖的鴻鵠歌爲楚聲。楊惲的南山種豆歌爲秦聲。皆見於史。第四此三百十四篇詩現在流傳確實可指者不過十來篇——如高祖歌李夫人歌等。其餘不宜盡佚。然則正式樂府中——朱鷺。上邪。君馬黃。……等調之「古辭」（看次章）其撰人無考者。內中應有一部分為西漢人作品。可惜不能一一分別指出了。

東漢以後。五言詩漸漸興起。許多正式樂府的名作。當也是在那時代出現。容在次章再述。但其中還有幾首詩。不是五言。不是樂府。而在文學史上確有永久價值者。請在這裏順帶一敘。

梁鴻五噫歌。

陟彼北邙兮。噫。
顧瞻帝京兮。噫。
宮室崔嵬兮。噫。
民之劬勞兮。噫。
遼遼未央兮。噫。

鴻字伯鸞。東漢章帝時人。以高隱得名。他和他夫人孟光舉案齊眉一事。最為後世所艷稱。他遺下的作品只有這五句。然而低回悱惻。一往情深。足抵得一千多字的離騷。真是妙文。

張衡四愁詩。

舊序云。張衡不樂久處機密。陽嘉中出為河間相。……時天下漸弊。鬱鬱不得志。為四愁詩。效屈原以美人為君子。以珍寶為仁義。以水深雪雰為小人。思以道術相報貽於時君。而懼讒邪不得以通。其辭曰。

我所思兮在太山．欲往從之梁父艱．側身東望涕霑翰．美人贈我金錯刀．何以報之英瓊瑤．路遠莫致倚逍遙．何爲懷憂心煩勞．

我所思兮在桂林．欲往從之湘水深．側身南望涕霑襟．美人贈我琴琅玕．何以報之雙玉盤．路遠莫致倚惆悵．何爲懷憂心煩傷．

我所思兮在漢陽．欲往從之隴阪長．側身西望涕霑裳．美人贈我貂襜褕．何以報之明月珠．路遠莫致倚踟躕．何爲懷憂心煩紆．

我所思兮在鴈門．欲往從之雪雰雰．側身北望涕霑巾．美人贈我錦繡段．何以報之青玉案．路遠莫致倚增歎．何爲懷憂心煩惋．

張衡是當時一位大賦家．略傳已見前卷．他的賦實在看不出什麼好處．至於這四首詩．卻是志微而婉．奪胎楚辭而自有他的風格．

蘇伯玉妻盤中詩．

山樹高．鳥鳴悲．泉水深．鯉兒肥．
空倉雀．常苦飢．吏人婦．會夫希．
出門望．見白衣．謂當是．而更非．還入門．心中悲．
北上堂．西入階．急機絞．杼聲催．長歎息．當語誰．
君有行．妾念之．出有日．還無期．結巾帶．長相思．

君忘妾，未之知，妾忘君，罪當治，妾有行，宜知之，

黄者金，白者玉，高者山，下者谷，——

姓者蘇，字伯玉，人才多，知謀足，家居長安身在蜀，何惜馬蹶歸不數，

羊肉千斤酒百斛，令君馬肥麥與粟，

今時人，知四足，與其書，不能讀，當從中央周四角，

這首詩最初見於何書，我還未考出，惟近人選本都說是漢詩，其句法和漢郊祀歌辭頗相類，氣格亦蒼渾深婉，也許是東漢人作，

東漢詩自然不止這幾首，因這幾首既不是五言詩，又不是有一定腔調的樂府，純從西漢體的短歌孳衍出來，所以附錄於此，這一體一直到六朝以後，佳章仍不少，因時代的關係，再在別章附錄，

唐宋時代之美文

詞之起源

詩歌作長短句．漢魏樂府旣有之．至南北朝人作品．其音節與後世之詞相近者尤夥．如咸陽王勰勸川楊白花休洗紅諸篇其最著也．其每篇句法字數有一定者則有如梁武帝之江南弄．

衆花雜色滿上林．舒芳耀綠垂輕陰．連手躞蹀舞春心．舞春心。臨歲腴、中人望．獨踟躕．

據古今樂錄此曲爲武帝改「西曲」所製．凡七篇．一江南弄．二龍笛．三採蓮．四鳳笙．五採菱．六遊女．七朝雲．同時沈約亦作四篇簡文帝亦作三篇其調皆同．一武帝採菱云

江南稚女珠腕繩．金翠摇首紅顏興．桂棹容與歌採菱．歌採菱．

心未怡。
翳羅袖。
望所思。

簡文帝龍笛云。

金門玉堂臨水居。
一嚬一笑千萬餘。
游子去還願莫疎。
願莫疎。
意何極。
雙鴛鴦。
兩相憶。

觀此可見凡屬於江南弄之調。皆以七字三句三字四句組織成篇。七字三句。句句押韵。三字四句。隔句押韵。第四句——『舞春心』。卽覆疊第三句之末三字。如憶秦娥調第二句末三字——『秦樓月』也。（看本章第葉）似此嚴格的一字一句按譜製調。實與唐末之「倚聲」新詞無異。

梁武帝復有上雲樂七曲。自製以代「西曲」者。今錄其桐柏一曲。

桐柏眞。
昇帝賓。
戲伊谷。

游洛濱
參差列鳳管
容與起梁塵
望不可至
徘徊謝時人

此七曲句法字數亦同一惟內中有兩首於首四句之三字句省卻一句是否傳鈔脫落不得而知此外如沈約之六憶詩隋煬帝全依其譜爲夜起朝眠曲僧法雲之三洲歌徐勉之送客迎客曲皆有一定字句此種曲調及作法其爲後來塡詞鼻祖無疑故朱弁曲洧舊聞謂『詞起於唐人而六代巳濫觴也』但嚴格的詞非惟六代所無卽中唐以前亦未之見

詞究起於何時耶凡事物之發生成長皆以漸一種文學之成立中間幾經蛻變需時動百數十年欲畫一鴻溝以確指其年代爲事殆不可能今案宋人論詞之起源蓋有三說其一晚唐說陸游云

『倚聲製詞起於唐之季世』(注一)

其二中唐說沈括云(注二)

『……詩之外又有「和聲」則所謂曲也古樂府皆有聲有詞連屬書之如曰「賀賀賀」「何何何」之類皆和聲也今管絃中之「纏聲」亦其遺法也唐人乃以詞塡入曲中不復用「和聲」此格雖云自王涯始然貞元元和之間爲之者已多亦有在涯之前者』(注三)

其三盛唐說李清照云（注四）

『樂府聲詩並著最盛於唐開元天寶間有李八郎者能歌擅天下……自後鄭衛之聲日熾流靡之變日煩已有菩薩蠻春光好莎雞子更漏子浣溪沙夢江南漁父等詞不可徧舉……』（注五）

右三說若極不相容其實皆是也大抵新體的「樂府聲詩」當開元天寶間已盛起「以詞填入曲中」實託始於貞元元和之際至嚴格的「倚聲製詞」每調字句悉依其譜則歷唐季五代始能以附庸蔚為大國也

漢魏樂府什九皆四言或五言古詩（注六）齊梁樂府什九皆類似絕句的五言四句（注七）皆句法字數篇篇相同而譜調各別漢魏之譜六朝時已漸次淪亡齊梁之譜至唐景龍間尚存六十三曲中葉後僅存三十七曲（注八）音樂隨時好而蛻變本是自然之理加以唐時武功極盛與西北諸種落交通頻繁所謂「胡部樂」者紛紛輸入玄宗以右文之主御宇四十年其間各種文化進步皆達最高潮而音樂尤為其所篤嗜有名之霓裳羽衣曲卽其所手製以故開元天寶間新聲疊起崔令欽敎坊記載三百二十四調其中所有後世詞調名不少但其歌詞之有無不可深考（注九）郭茂倩樂府詩集有「近代曲詞」一門所收皆盛唐以後之新聲也內中八十餘調如水調、涼州、伊州、石州、採桑、思歸樂、破陣樂、浣沙女、長命女、一片子、醉公子、甘州、山鷓鴣、何滿子、清平調、回波樂、大酺樂、雨霖鈴、竹枝、楊柳枝、浪淘沙、抛毬樂、憶江南、調笑、踏歌等或與後此詞調名全同——如浪淘沙憶江南之類或為後此詞調所本——如浣沙女轉為浣溪沙山鷓鴣轉為瑞鷓鴣及鷓鴣天水調轉為水調歌頭甘州轉為八聲甘州之類（注十）內中所載歌辭雖半屬中唐作品然亦有在盛唐及其以前者如回波樂作者沈佺期李景伯大酺樂作者杜審言皆中宗睿宗時人億歲樂作者張說清平調作者李白皆玄宗時人凡

此皆聲詩——卽詞之鼻祖。自初盛唐之間已發生者。按原稿至此止

（注一）渭南文集卷十四長短句序

（注二）括字存中宋熙寧元豐間人與蘇軾王安石略同時

（注三）夢溪筆談卷五

（注四）淸照自號易安居士李格非女趙明誠妻生元豐五年（一〇八二）至紹興四年（一一三四）猶生存

（注五）胡仔苕溪漁隱叢話後集卷三十三

（注六）四言如郊祀歌中各篇及魏武帝短歌行等五言如雞鳴烏生陌上桑等

（注七）如子夜懊儂等

（注八）見通典

（注九）崔令欽年代無考友人王國維據唐書宰相世系表推定爲玄宗時人

（注十）見樂府詩集